Michel Acariès
avec Pierre Ballester

Pied-noir, poings nus

De Bab-el-Oued à Las Vegas

Mémoires

Flammarion

Cet ouvrage est publié sous la direction de
Marc Grinsztajn.

ISBN : 978-2-0814-1272-9

À mon père

I

Se remettre au balcon

L'appareil est en approche. Comme une abeille qui va se poser sur un épi de lavande. L'avion bourdonne, semble fouiller l'espace à la recherche de la piste d'atterrissage. Je plaque mécaniquement mon visage au hublot. Un ciel de nuit a maintenant colonisé les premières terres du continent. Mes terres. À mesure de la descente, tout remonte par paliers. Le centre de gravité se déplace, ça doit se lire sur mon visage. Je vais bientôt sortir de mon obscurité, celle qui trouble le sommeil, ronge les ans, parasite tout espace de quiétude. Les roues de l'Airbus percutent le sol de l'aéroport Boumédiène, que j'appelle toujours Maison-Blanche, depuis le temps où.

Il est 20 heures passées. Me voilà les deux pieds écartés sur la passerelle. Je veux happer l'air d'Alger, celui que j'avais gardé en apnée, résidu d'oxygène devenu suffocant, depuis le temps que. Cet air est frais, presque pinçant. Je ne me rappelle plus un mois d'octobre si pénétrant. En me retournant, je comprends que je suis le seul à remonter le col de ma veste.

J'ai amené avec moi mon fils Sébastien, deux amis Algériens, d'anciens bons boxeurs des années 1980, dont Mourad Ferguene. Nous rejoignons dans le hall d'arrivée des passagers débarqués un peu plus tôt d'un vol en provenance de Tunis. Il y a là Brahim, qui pose ses pas dans ceux de ses parents, Rym, une amie tunisienne, et enfin mon frère Louis et son épouse Muriel, elle aussi native du grand Alger. Ils se sont connus bouts de chou, à l'occasion du mariage de ma sœur Jeanne, en 1960. Le petit groupe se retrouve, s'embrasse, cordée de générations qui revient sur ses pas. Est-ce que j'appréhende ce retour ? Non. Peut-on avoir peur de revenir chez soi ?

Une voiture officielle et un monospace nous attendent. Mustapha Berraf, le président du Comité olympique algérien, vient vers nous à bras ouverts. L'homme est élancé, affable, le visage barré de fines lunettes et d'une moustache soignée. Embrassades, présentation de la petite délégation, sourires de retrouvailles.

— Bienvenue à Alger, Michel. Le voyage s'est bien passé ?

Mieux qu'à l'aller en tout cas.

Le petit cortège s'ébroue, direction l'hôtel Saint-Georges. Le cinq-étoiles apparaît bientôt entre des bordées de palmiers, au cœur de la ville découpée en pointillé par les lampadaires. À portée de vue se devinent la villa Mahieddine et le palais de Djenane, vestiges de dignitaires ottomans, dans un parc arboré qui surplombe la mer qu'on devine au loin. Le Saint-Georges est devenu El Djazair. Façades blanches, architecture mauresque, clientèle internationale comme veut en témoigner l'alignement des drapeaux.

— Bien, on passe vous prendre demain à 10 heures comme convenu, c'est bien ça Michel ?

C'est bien ça. Enfin presque.

— En fait Mustapha, ton chauffeur pourrait nous descendre à Bab-el-Oued ?

— À Bab-el-Oued ?

Notre hôte marque un temps d'arrêt.

— Ah… Et quand ?

— Disons maintenant.

— Maintenant ? À 21 heures ?

— Oui, voilà.

— Mais le quartier a changé, Michel. Bab-el-Oued, Saint-Eugène, Notre-Dame d'Afrique, ce n'est plus comme ce que tu as…

— Possible, mais on veut revoir, tu comprends ?

— Oui, Michel, bien sûr. Mais vous allez quand même enregistrer vos bag…

— On le fera en revenant.

— Bon, bon… Mais vous savez qu'à cette heure, le quartier n'est…

— Si tu préfères, tu nous laisses le monospace et tu le récupères ici demain.

Le sens de l'hospitalité de Mustapha reprend le dessus.

— Non, pas question. On vous accompagne.

On regagne nos sièges. Je suis assis à l'avant, vitre à demi baissée. Conduite à droite, loin de mes années de taxi. Louis est calé sur la banquette arrière avec Muriel, le reste de la troupe suit dans le monospace. Je lui jette quelques regards par le rétroviseur tandis que nous progressons.

— Où va-t-on ? questionne le chauffeur.

— Je te dirai. Prends par là, vers l'Amirauté.

En abordant l'avenue de l'Indépendance, je distingue au loin la cathédrale du Sacré-Cœur qui tutoie le céleste de sa haute coupole évasée, rabaissant les immeubles alentour en prie-Dieu. Je reconnais peu, ou vaguement, par une nuit sans lune, dans la bruine de ma mémoire. Je tâtonne des yeux. Je me fie à la boussole de mon instinct : longer la mer, remonter plein nord, bifurquer à un moment. Bab-el-Oued n'est qu'à cinq petits kilomètres mais c'est si loin.

Le véhicule s'engage dans de longues enfilades toilettées et cossues qui contrastent avec les venelles chamarrées où cavalait mon Alger. Louis est silencieux. Qu'est-ce qui passe dans ta tête, Louis ? Dans la mienne, le flou se dissipe, les images se mettent maintenant à défiler sans prévenir, dominos de souvenirs qui se redressent à mesure qu'on remonte les artères. J'interviens.

— Prends à gauche au bout, là-bas.

— Non, tout droit, on va tout droit ! coupe Louis, assis maintenant au bord du siège.

— Non, Louis, c'est à gauche au prochain croisement, je me souviens bien maintenant.

— Mais non Michel, c'est bien plus loin qu'on tourne !

— Je te jure que non, Louis, c'est là !

Et de saisir le bras du chauffeur :

— Tourne, tourne !

Huit ans, Louis, mon frère, mon amour de frère. Tu avais huit ans.

Les deux véhicules sont en approche. Comme deux abeilles qui vont se poser sur une fleur d'oranger. Nous y voilà. Bab-el-Oued, la porte de la rivière, est notre nectar, notre miellat. Le quartier en était gorgé.

On débouche sur le square Nelson. Le square de mes huit ans. Ce détour n'était pas prémédité. L'affaire d'un sursaut intuitif, d'une mémoire qui se reconstitue sans faire appel aux noms oubliés des rues. Les lettres majuscules tombant à la verticale du cinéma *Le Majestic* sont toujours aussi spectaculaires. La jeunesse algéroise se répand sur les trottoirs, sous les immeubles supportés par de fines arcades, entre les colonnes de la porte d'Isly, ah oui, autour du jet d'eau dans son bassin carré… C'est ici qu'on enfourchait des bourricots, sous la frondaison des dimanches d'été, maman cheminant à nos côtés comme le font aujourd'hui les mères et leurs enfants dans le bois de Boulogne, que je suis des yeux quand le temps est au beau. Quelques pas, quelques photographies du regard au-delà des terrasses animées. On redémarre.

— Et là, je vais par où ?

— File droit sur la place des Trois-Horloges.

La place... Je la voyais République, je la racontais Concorde, elle n'est qu'un gros rond-point. Dans ma tête de garçonnet, les Trois-Horloges trônaient sur un de nos immenses terrains de jeu. L'endroit grouillait de vie. Les murs à la chaux des échoppes renvoyaient nos rires qui déchiraient un chambard permanent, fait de trams bondés, de tapis qu'on fouette aux fenêtres, de cris qui volent dans une poussière brûlante, tandis que les effluves du marché voisin charriaient le feu des épices, liserés volatils de curry, de cannelle, de graines de nigelle, et avec eux d'autres embruns tièdes provenant des pains cuits au four, des fruits sucrés, des cuissons de tajine, de ragoûts de mouton, de kebabs, de beignets frits... Tout ramenait à ce lampadaire en fonte noire, surmonté de trois cadrans visibles de tout angle. Trois yeux globuleux qui surveillaient leurs petits. Les Trois-Horloges marquaient notre point de repère, notre gouvernail, notre poteau de cache-cache d'où s'égaillait notre imaginaire. Un totem maintenant de la taille d'un réverbère avec le temps qui est le mien. En repartant, j'y appose ma main comme un pèlerin de la grotte de Lourdes passe la sienne sur la paroi humide.

— Bon, maintenant, tu continues sur l'avenue Bouzareah sur environ deux cents mètres et tu t'arrêteras à la hauteur du 67.

— C'est quoi là-bas ?

— L'une des deux entrées de la cité des Vieux-Moulins.

On descend l'avenue, on s'enfonce dans le temps. Peu à peu, pas à pas, les images gagnent en netteté. La voiture s'immobilise alors.

— C'est là.

Oui, c'est bien là. La nuit a beau aplanir les reliefs, tout s'éclaire comme aux beaux jours naissants. Les portières claquent, mon œil se fige sur le paquebot enlisé, piqué de hublots éclairés, pareil aux dizaines d'autres qui l'entourent. Aucune vague, aucun ressac n'a entamé en apparence sa coque blanchâtre. Les deux barres HLM, qui se font face, dessinent un ovale dans lequel on pénètre sur l'un des côtés par une large volée de marches plates. Les Vieux-Moulins semblent avoir traversé les mers et leurs tempêtes avant de reposer en cale sèche. Tenez, la rampe qui épouse la déclivité des marches est toujours scellée dans le béton gris ; cette rampe que je descendais à califourchon à chacun de mes allers-retours de classe, de course, de jeu. Je glissais de haut en bas du pli des fesses, goûtais aux premiers vertiges d'enfant et… et… D'un geste, j'empoigne la tige métallique, me hisse à sa hauteur à la force des poignets, tente de me déhancher, me démène, m'essouffle. Louis s'inquiète, je dévale finalement un mètre sur une jambe, l'autre à cloche-pied. Bah, c'est rien Louis, pas grave, c'était juste comme ça, pour rire. Juste pour savoir, m'en refaire une idée. Juste que ce cœur fatigué me rappelle mon âge.

Notre petite troupe est sur le point d'aborder la vaste esplanade ceinte par les deux barres d'appartements comme si nous allions fouler la pelouse d'un stade de football surmonté de tribunes. Notre première cour de récréation, mon Maracaña, le Stade Vélodrome de Marseille pour Louis peut-être. Nous passons d'abord sous la loge de Mme De Capole, la gardienne. Une vraie peau de vache celle-là ! Elle pourchassait nos cris, nos quatre cents coups, houspillait le moindre minot qui ne respectait pas la sieste obligatoire entre midi et 15 heures. La façade de sa loge est restée telle que je pourrais la croire à sa fenêtre.

Sans que je l'aie commandé, mon regard se porte alors sur la gauche, vers les hauteurs du bâtiment H, à onze heures dirait un aviateur. Je n'ai plus que ce point dans le viseur. À peine ai-je remarqué que des silhouettes s'agitent au loin, qu'un attroupement s'est peu à peu créé, qu'il se rapproche de nous. Des apostrophes fusent en arabe, bientôt des invectives. D'autres lumières d'appartement s'allument, des torses s'accoudent aux balcons. La tension est probablement palpable. Je dis « probablement » car ma tête n'y est pas ; tout en marchant, j'ai l'oeil constamment rivé sur les fenêtres du 7e étage, bâtiment H. Mustapha et son acolyte du Comité olympique algérien interviennent certainement pour calmer les esprits. Tandis que les palabres se poursuivent, Louis et moi continuons à avancer, têtes en l'air. Nous voilà au pied de la porte d'entrée. Sept étages à monter, une grosse centaine de marches. La rampe n'est plus un jeu mais une nécessité et le reste du groupe nous a rejoints entre-temps. Parvenu sur le palier desservant deux appartements, je cherche mon souffle, le regard de Louis, et frappe à la porte, celle de gauche. Frappe à nouveau. Un homme inquiet apparaît dans l'entrebâillement. Je lui explique qu'on habitait là tout jeunes, qu'on aimerait bien revoir les lieux, voilà, si ça dérange pas, qu'on est venus de Paris, Monsieur, tandis que mes yeux ont déjà passé la porte. Je devine à son regard qui se détourne furtivement du mien que Mustapha a entamé une chanson de gestes rassurants dans mon dos.

J'aurais pu lui dire que ça fait maintenant plus d'un an que j'y songe en me couchant, plus de vingt ans que j'y pense en me levant, que l'opportunité est trop belle, qu'est venu le temps de pactiser avec moi-même, que l'idée originelle est devenue une obsession ; j'aurais pu ajouter que le jeune qui se tient derrière moi, mutique, s'appelle Brahim Asloum, qu'il est champion olympique et champion du monde, que ses parents viennent de Bou Saâda ; j'aurais pu ajouter que celui qui se veut réconfortant derrière moi est le président du Comité olympique algérien, qu'on s'est retrouvé l'an passé à Paris, qu'on a plusieurs fois déjeuné ensemble les mois suivants, que l'âme du projet d'une grande réunion de boxe à Alger a peu à peu pris corps, qu'il me disait que l'Algérie était aussi mon pays, que ce serait formidable que Brahim boxe ici un jour prochain, qu'on venait là en repérages en vue de renaître sur le lieu de naissance. J'aurais pu.

Le jeune homme me dévisage, évalue les autres personnages qui stationnent derrière moi. L'incongruité de la situation me passe au-dessus : voir débarquer sept inconnus qui font le pied de grue sur le palier à minuit passé. La porte s'ouvre alors plus largement. Je rentre chez moi.

Je rapetisse d'un demi-siècle. Mon tout premier réflexe est de porter le bras à gauche de la porte pour écarter le rideau qui masque un étroit placard dans le renfoncement. Les deux étagères confectionnées par mon père sont toujours là. Même qu'en écartant les deux battants, je retrouve le gros téléphone gris à cadran d'où je prenais les appels destinés à mon père avant d'écrire les messages à la craie sur une ardoise clouée au revers d'un battant. Combien a-t-il entendu de commissions, de confidences, de secrets aussi, ce téléphone, l'un des tout premiers mis en ligne dans la cité au début des années 1960. Il fonctionne toujours, seuls les messages ont changé de tonalité.

Mon regard passe alors tout l'espace au révélateur. Au scanner rétrospectif. Je revois ; je revis. La disposition des pièces est inchangée. Pas le moindre mur abattu, pas la moindre cloison de montée. Le même ton neutre des papiers peints, la même faïence qui s'arrête à mi-hauteur, les mêmes tommettes hexagonales carmin au sol, celles qui ont perdu leur vernis, celles encore écaillées, là-bas, au pied de la porte-fenêtre qui ouvre sur le balcon. Le couloir qui mène aux chambres est éclairé par les deux appliques vissées par mon père à ses extrémités. La chambre de mes parents, intacte, puis la nôtre, trois lits à équidistance pour Jeanne, ma sœur aînée, pour Louis, mon petit frère, et le mien au milieu. À croire que le jeune homme a trois enfants lui aussi.

Je dois en avoir le cœur net. J'arrive près du balcon, chaloupe de béton scellée à la façade. Enfant, la hauteur du muret m'interdisait de n'y voir autre chose que le ciel. Je m'aplatissais alors de tout mon long sur la dalle et collais un œil à l'une des pissettes dédiées à l'écoulement des eaux de pluie. Les sarbacanes de mon enfance. Le front collé à ces longues-vues de moussaillon, je restais des heures à mon poste de vigie pour contempler le panorama qui enjambait l'immeuble d'en face, inférieur de deux étages et masquant la plage du quartier de Padovani, avant que mes yeux ne se perdent en mer. Je scrutais les embarcations au premier plan, la bouée rouge et blanc qui gigotait sur les vagues, le quartier d'El-Kettani à tribord d'où se détachait à sa pointe la piscine du Cercle des officiers français d'Algérie, les immeubles à bâbord au milieu desquels je devinais le stade Marcel-Cerdan et, au plus loin, glissant sur la pliure de l'horizon, je regardais passer les paquebots en partance pour Marseille qui me donnaient à peu près l'heure, une fois dégagés des amarres, le long de la route moutonnière.

Je me souviens encore du *Ville de Tunis* et de ses deux cheminées rouge et noir dans le creux de la matinée ; et du *Kairouan*, élégance tout habillée de blanc, dans la chaleur de l'après-midi.

Je ne peux pas résister. Je m'agenouille, m'étire à plat ventre, retrouve ma longue-vue et, bien que les jours d'enfance aient fait place à une nuit d'octobre 2008, les halos lumineux des plages me restituent à l'identique ces jours heureux.

Le voyage avait duré quarante-six ans et sept mois. J'en suis parti à quatorze ans, j'y suis revenu grand-père.

II

Le cabanon perdu

Notre chemin de Compostelle algérien a duré trois jours. Trois jours de marche à remonter la pendule, les venelles escarpées, les mamelons des quartiers, et, partant, l'escalier qui colimaçonne jusqu'aux combles de la mémoire. Nos petits cailloux de souvenirs érodés refaisaient surface au gré du pèlerinage. Les ruelles cannelées de Bab-el-Oued devaient sourire de nos hésitations, Louis assurant que le coiffeur se trouvait sur la gauche, moi lui jurant le contraire.

Notre premier jour dans ce nouveau siècle fut moins oppressant que la première nuit. On s'était retrouvé au petit matin plus détendus, impatients à l'idée d'emprunter notre jeu de piste qui allait zigzaguer dans le gymkhana de notre enfance. Qui a goûté au circuit ramenant au temps de l'insouciance devinera ce que nous avons pu traverser ce jour-là.

La lumière du jour rendait nos pas plus assurés. Le point de départ ramenait bien évidemment à la cité des Vieux-Moulins, ma cité parmi les cités de Bab-el-Oued, le quartier populaire des émigrants français, mais aussi italiens, espagnols, depuis plus d'un siècle. À bien y regarder dans ses hauteurs, en fixant plus longuement les aspérités des façades, les impacts des balles empêchaient d'oublier qu'après les jours heureux, les nuits furent sanglantes et les années de plomb. Les Vieux-Moulins accueillaient chacun, qu'il soit juif, catholique ou musulman. De branches italienne – par ma mère – et nîmoise – par mon père –, les racines des Acariès couraient dans les sous-sols du nord d'Alger depuis trois générations et la question n'était plus de savoir si nous étions Français ou Algériens mais Français d'Algérie, comme pouvait être un Français des Antilles ou de Bretagne. La mixité ou la laïcité – des mots qui ressurgissent quand il y a danger – relevaient non d'un défi mais d'une évidence tranquille, et les religions y trouvaient naturellement leurs petits sans l'ombre d'un ressentiment. Du moins, c'est ainsi que je voyais le cours des choses jusqu'à mes dix ans.

Pour retrouver l'âge tendre, il fallait d'abord partir de l'escalier qui débouchait sur l'immense cour intérieure protégée par la ronde des appartements. Notre première cour de récréation, où nous nous serions damnés pour ramasser le pactole, un monticule de noyaux séchés, et brossés, d'abricots. On jouait au *petit tas* – notre chamboule-tout de la première heure –, trois noyaux surmontés d'un quatrième qu'il fallait dégommer avec un autre ; ou bien au *touche-à-tout* – notre pétanque artisanale –, quand il fallait toucher au loin les cibles alignées ; ou encore au *lancer* – viser le trou découpé dans un carton de boîte à chaussures –, le vainqueur empoignant les amandes dispersées alentour comme un joueur de poker pour gonfler son premier bas de laine, une chaussette de football longue comme le bras. C'était notre premier casino, nos premiers *tokens*, nos premières mises, notre jackpot.

Et puis nos premières parties de foot, sans buts ni limites. Un minot descendait avec son ballon sous le bras ? À sa suite dévalait des huit escaliers une marmaille hurlante que

Mme De Capole ne pouvait plus contenir. Le football avait toutefois son terrain de prédilection, en contrebas de la cité, qu'on appelait *Le champ*. C'était notre stade officiel, un terrain vague, cabossé, croûteux, réparti sur deux niveaux – qu'on appelait respectivement *Le petit champ* et *Le champ* –, où se rejoignaient les mômes des quartiers de La Bassetta, de la rue Jaurès, de la rue de Phalsbourg, pour des matchs qui se finissaient quand les silhouettes ne se distinguaient plus. Même que le dimanche matin, quand les parents remontaient du marché les cabas gonflés, ils s'y arrêtaient pour s'éponger le front et deviser sur leur progéniture qui, torse nu d'un côté ou en tricot de peau de l'autre, imitait en miniature les idoles du Red Star, du Sabo, de l'ASSE, du Gallia, du SCUEB – tombeur du grand Reims, alors vice-champion d'Europe, en Coupe de France en 1957 –, les clubs de l'élite algéroise. Comment aurais-je pu oublier la fontaine, face au lavoir de La Bassetta, où nous nous jetions la tête la première ; comment aurais-je pu oublier le Sélecto glacé, notre Coca-Cola avant l'heure, qui apaisait le feu des joues, et qui me revenait à présent.

Et puis, au détour d'un regard, surgit Fausto Coppi.

Le pourtour de l'esplanade de la cité était toujours cerclé de cette étroite bordure de ciment gris, entrecoupée par les accès aux neuf blocs d'habitations lettrés de A à I. Quand les enfants métropolitains traçaient des parcours dans des bacs à sable, y plantant des figurines colorées en bout de course d'une bille d'agate, nos petits coureurs en fer blanc du Tour de France jouaient aux équilibristes sur ces tronçons surélevés, râpeux, incurvés, aussi larges qu'une poutre de gymnaste. Les lacets du Galibier ou du Tourmalet, mais à l'horizontale. Quant aux coureurs, leurs représentations tenaient de la débrouille et de l'imaginaire : on confectionnait nos héros au moyen de capsules de bière, qu'on rembourrait à l'intérieur d'une couche de liège avant de la peindre aux couleurs des équipes nationales, les Tours de l'époque. Nos rondelles métalliques de Gaul, Anquetil, Bobet, Kübler, Bahamontes, Coppi, se sont souvent cassé les dents sur cette route maléfique. Coppi, mon préféré, peut-être en raison de ma grand-mère maternelle, née Clorinda Toscano, mariée Passaro, qui logeait au rez-de-chaussée de notre bâtiment H, et veillait à notre éducation religieuse jusqu'à la prière au pied du lit. Une femme dévote, à la parole rare, une sainte à la peau diaphane et aux yeux d'un vert troublant.

On appelait notre jeu le « déraillé », sûrement en raison du nombre de chutes irrémédiables résultant de nos pichenettes sur ce rail défiant toute consigne de sécurité. Sitôt les résultats de l'étape connus par le transistor de la cuisine, je déboulais dans la cour, bientôt rejoint par mes copains de jeu, pour catapulter par chiquenaudes nos petits bolides en fer-blanc.

Mes toutes premières économies datent de là. Petit homme et déjà petit chef, à huit ans. J'avais poussé l'intérêt de la chose jusqu'à organiser chaque matin des paris sur le vainqueur du jour. Après avoir écrit le nom de tous les cyclistes du peloton – une grosse centaine – sur des bouts de papier ensuite repliés dans un pochon, je tapais à toutes les portes de la cité – une grosse centaine là aussi – pour proposer un tirage à l'aveugle. Un seul vainqueur, à qui je remettais dix francs (de l'époque) le soir même, mais une centaine de mises à raison d'un franc l'unité... Prémices d'une première vie dédiée, on le verra, aux jeux de hasard – ou de fortune, ou aux démons qui les accompagnent, c'est selon.

*

Je quittais les Tours de jadis pour entamer à pied le mien, étape par étape. Brahim regardait, écoutait, reniflait l'air qu'avait respiré la jeunesse de ses parents ; Sébastien, mon fils, plantait ses yeux où je venais de laisser les miens avant, parfois, de les braquer furtivement sur moi ; Louis montrait, parlait, se retournait sur Muriel, se passait la main sur son visage moins crispé que la veille, repartait sur une exclamation. Et moi, je devais en faire tout autant, je crois, à déterrer tel lieu, recoin, objet, de ces insignifiances de passage qui font la matière inaltérable de la vie.

La petite troupe redescendait les marches donnant sur la rue des Moulins quand Louis stoppa net au pied de l'escalier. Un marchand d'épis de maïs grillés et de cacahuètes y stationnait, pareil à celui qui nous vendait pour quelques centimes ces harmonicas de bulbes jaunes quand nous revenions de l'école. Le fils du fils de notre marchand, qui sait. L'arbre généalogique de notre quartier avait certes changé de feuillage mais la souche de nos premières années respirait encore entre chaque pierre. À peine un pied devant l'autre que là, tout de suite sur la droite, commençait le marché, celui qui se dépliait dès l'aube, à 4 heures du matin. La pêcherie, une halle couverte, une expédition en haute mer à elle seule, je la conserverai toujours en tête. Comme cette perspective d'étals, de couleurs violentes, de senteurs enrubannées, qui plongeait vers la mer dans une agitation lumineuse. Et puis là, en face, à l'angle de la rue du Cardinal-Verdier menant au collège, la minuscule boutique du *Mutchu* – le surnom des Mozabites, une ethnie berbère qui gonflait le nombre des Algérois – comparable à « l'arabe du coin », le petit épicier ouvert à toute heure, dans la France des années 1980. Alger la belle, la blanche, la grande aussi, puisque ses 800 000 habitants la classaient deuxième ville de France avant les événements, une importance alors ignorée, minorée ou méprisée. Je descendais chaque matin chez M. Bloger, qui tenait la boutique de la presse, où j'achetais *L'Aurore* et *L'Écho d'Alger* que je ramenais à mon père. Avec la monnaie, je traversais l'esplanade de la cité pour me rendre chez le *Mutchu* où j'empoignais quelques Globo, ces chewing-gums à pâte verte ou rose qu'on montait en montgolfières sur nos bouches facétieuses. Du *Mutchu*, Louis connaissait surtout le fiston, Mohamed, son meilleur copain de classe, inséparables à l'école, à la maison, à la course, croix de bois, croix de fer, qu'il était chouette notre enfer.

Le *Mutchu* n'était plus là, son fils non plus, mais l'intérieur de la boutique, petite boîte à miracles méticuleusement rangée et proprette, n'avait pas changé. J'ai pu mettre la main sur quelques Globo.

Nous voilà maintenant engagés dans la rue du Cardinal-Verdier qui descend en pente douce vers notre collège, face à la place Lelièvre rehaussée de palmiers parapluies et du clocher de l'église Saint-Joseph où nous nous agenouillions les dimanches matin. Chaque mur, chaque porte d'entrée, chaque empreinte ravivait nos éclats de voix, et avec eux nos premières intonations en pataouète [1] – « Popopopopo, dis-lui la véranda, là ! », « La purée de nouzôtres, la boutique de Coco Dury où on achetait nos crayons, nos gommes ! Est-ce que tu comprends, fils ? » Instinct de conservation, instants de conversations. Ou plutôt d'apostrophes, d'interpellations, de sursauts à en surprendre des passants, d'exclamations à la ronde, à la manière d'une cordée de spéléologues découvrant grotte sur grotte, cavité après cavité, dans le champ de leur lampe frontale. Je retrouvais sans les voir la salle de classe, les cours d'histoire-géo, d'instruction civique,

1. Le pataouète est le parler populaire des Français d'Algérie, mélange de français, d'arabe, d'italien, de castillan, de catalan, qui aurait pour point de départ Bab-el-Oued, d'où il serait originaire à la suite d'une série de déformations selon l'une des versions étymologiques. (*N. d. A.*)

nos tabliers gris ardoise, *La Marseillaise* qu'on entonnait debout, à peine arrivés, suivie du *Chant des Africains.*

Me voilà le fredonnant…

« C'est nous les Africains
Qui revenons de loin,
Nous venons des colonies
Pour sauver la Patrie (pour défendre le pays)
Nous avons tout quitté
Parents, gourbis, foyers
Et nous gardons au cœur
Une invincible ardeur… »

J'aurais voulu que la terre entière voie ça, que toute l'humanité stoppe un instant sa course pour se pencher sur l'un de ses berceaux, découvrir ce cadeau, chérir ce joyau.

Et me voilà gaillard, à repartir d'un pied plus décidé, le torse droit, les traits fiers. Filer maintenant sur les hauteurs de Notre-Dame d'Afrique, la sœur jumelle de la marseillaise Notre-Dame-de-la-Garde, le quartier natal de mon père, de mon grand-père, la basilique de mon baptême, de ma première communion. La pente est scélérate, nous descendons bientôt à petits pas, ce qui n'a pas échappé à Sébastien qui, sans un mot, me prend doucement par les épaules. Tout là-haut, je revois l'emplacement de « Margaux, de Montbéliard » qui vendait des cierges sur sa pile de cagettes. Montbéliard, je croyais que c'était un autre quartier. Le curé nous attendait pour une courte messe, célébrée en notre honneur, dans la danse des vitraux soulignés maintenant, derrière l'autel, d'une inscription en français, en arabe, et en berbère.

« Notre-Dame d'Afrique, priez pour nous et pour les musulmans. »

Hormis pour des mariages, je n'ai plus remis les pieds dans une église depuis ce temps-là. L'intemporalité de l'espace et la puissance du dôme intiment au silence, nous voilà bouche bée, l'émotion à fleur de peau. Alors, je leur parle en silence. Je t'aime mon Louis, avec qui j'ai partagé toutes nos vies. Je t'aime mon fils, à qui j'ai transmis le flambeau de ma carrière. Porte bien haut le nom, hein ?

En ressortant, mon esprit est embouteillé d'images pieuses, de reparties païennes, de ruelles d'enfant traversant les artères gonflées d'un adulte, d'un magma de ressentis disparates que je peine à juguler. Je dois appeler Marie-Jo, mon épouse, restée à Paris. Je bredouille, balbutie. Marie-Jo, comment te dire en peu de mots ? Oui, ça va. On vient de quitter la basilique et on se rend dans l'antre des Acariès. Oui, je t'aime moi aussi.

Notre père.

L'être qui manque et cependant partout. Aurions-nous pu revenir ici avec lui quarante-six ans plus tard ? Je ne le sais pas. Encore trop de colère, de rancœur. Aurions-nous pu revenir sans lui entre-temps ? Je ne le crois pas. Par respect pour lui. Par méfiance aussi. Mustapha Berraf nous avait prévenus à notre arrivée, on ne voulait pas vraiment y croire : Bab-el-Oued n'avait plus le pied noir mais la barbe noire. Et comme on enfouit un amour impossible, nous nous réfugiions dans nos obligations professionnelles, nous faisions mine de, alors que le pays était traversé par d'autres guerres, qu'Alger avait souffert d'un séisme, que Bab-el-Oued avait été recouvert de boue. Oui, c'était compliqué, compliqué. Je ne faisais que voleter autour. L'abeille et son épi de lavande. La moindre information arrivant dans mon salon parisien, dans mes bureaux, me faisait taire les conversations. Mes déplacements à l'étranger pour monter des réunions de boxe m'ont fait tournoyer au Maroc, en Tunisie, autres bouquets de lavande. Je me souviens d'un jour des années 1990 quand nous faisions escale à Tunis avec mon ami Azdine ben Yacoub. Une heure de transit, la baie vitrée qui donne sur le tarmac, un avion aux couleurs d'Air Algérie qui embarque des passagers, et moi le nez collé à la vitre à regarder la passerelle.

— Tu es au pays là, hein Michel ?

Oui, Azdine, on peut dire ça.

Un retour aux sources restait improbable pour moi mais qu'en dire pour mon père ? Sa cicatrice avait coagulé avec le temps, probablement, mais recousue sur une plaie qu'une évocation appuyée pouvait rouvrir violemment. Le sang avait séché, mais comme la lave d'un volcan oublié, battait toujours sous ses tempes.

Notre père avait connu Alger riant de ses dents blanches et se voulait marin. À treize ans, le voilà embarqué comme mousse sur *Le Finistère*, matelot sur le *Sidi Mabrouk* puis sur le *El Sina*, et enfin homme d'équipage auprès de la compagnie maritime Charles Le Borgne, pendant la Seconde Guerre mondiale, qui assurait la liaison entre Alger et Marseille. Au printemps 1942, un bombardier italien engloutira ses horizons. Neuf heures à surnager, six côtes retirées, un poumon perforé, un souffle court à jamais. Il en a gardé une cicatrice marronnasse, boursouflée, de la base de l'omoplate jusqu'au creux des reins, un mille-pattes incurvé, inerte, plaqué dans son dos, que je regardais intrigué mais silencieux quand il se rasait face au miroir, une serviette nouée autour des hanches. Alors, à défaut de grand large vent debout, mon père trouva l'étroitesse d'un siège de taxi pour assouvir un esprit voyageur amputé. D'abord comme simple artisan puis au service du Gouvernement général, à transporter des ingénieurs en longues courses, de Tunis à Marrakech. Les pistes, à défaut de sillages, combleront à demi l'adulte assis.

Mon père.

Le premier de la lignée à s'appeler Michel, à faire le taxi. À monter des réunions de boxe. Pas de championnats du monde, pas les strass d'un casino de Las Vegas et les bimbos qui se déhanchent sur les rings mais la salle des fêtes du quartier de Saint-Eugène. La boxe amateur sur le tas, sur le dur, celle des années d'après-guerre. J'ai toujours connu la boxe à la maison. Mes oncles – ses trois frères Ernest, Robert et René –, comme la plupart de mes cousins, fréquentaient les salles, tout comme lui, qui mettait les gants dans un réduit de la rue de l'Alma. L'Algérie aussi aimait la boxe, jouait avec ses poings comme elle jouait avec ses pieds, et nombre de ses enfants chéris ont franchi les cordes d'un ring de fortune avant de monter à Paris pour disputer les championnats de France de la Porte Pouchet. L'onde de choc créée au détour des années 1940 par Marcel Cerdan, le « bombardier marocain », mais enfant de Sidi-bel-Abbes, qui avait boxé une trentaine de fois en Algérie, une dizaine de fois au stade communal de Saint-Eugène, celui repérable depuis mon balcon et qui porte désormais son nom, avait galvanisé à jamais, au lendemain de la guerre, la fierté du peuple algérien, du peuple français. Et celle de mon père. Quand la conversation faisait un crochet par le Panthéon des hommes illustres, le nom de Cerdan claquait dans sa bouche. Cerdan, le plus fort, le plus grand, le plus courageux. Alors Cerdan devenait pour moi le plus fort, le plus grand, le plus courageux. Et de même pour Louis.

Mon père s'était associé à Edgar Boutboul, un homme jovial alors commissaire du Ve arrondissement d'Alger, sous le fleuron de l'AS Police. Ils ont vu passer les Robert Cohen, Séraphin Ferrer, des durs au mal, et ont même organisé le championnat d'Algérie des poids coqs Halimi-Hamia dans les arènes romaines de Cherchell, à une centaine de kilomètres à l'ouest d'Alger. Interrogez les vieux connaisseurs, fouillez la presse de l'époque : Halimi-Hamia, le juif de Constantine contre le Kabyle de Guergour, le puncheur contre « baby face », c'était l'affiche pour un pays entier, et ne mettez pas ça sur le compte de la pittoresque volubilité méditerranéenne : Halimi deviendra champion du monde six ans plus tard et Hamia sera champion d'Europe chez les professionnels.

*

À peine nous sommes-nous retrouvés encore engourdis sur le parvis de la basilique que nos pas nous portaient maintenant vers le Village Marie, bulbe d'habitations enserrées dans le quartier de Notre-Dame d'Afrique. Les quelques marches raides me hissant vers le perron de la cuisine m'ont bizarrement rappelé la dignité, la simplicité du lieu. La maisonnée des Acariès, celle de mon père enfant et de mon grand-père, forgeron puis gardien de collège, portait toujours en elle l'humilité des petites gens. La petitesse des pièces sombres, le poulailler grillagé, l'étroit potager dans un jardinet ordonné, la courette aux dalles polies sur lesquelles on préparait les lignes de pêche, la haie serrée de bambous. On y coupait les tiges souples dont on rougeoyait les extrémités sur de la braise avant de les resserrer dans un chiffon mouillé pour les raidir, ne restait plus qu'à y nouer un crin de cheval. Que ce soit à l'aube à peine levée ou sous un œil de lune, on prenait place sur la *pastera* de Pépé, une barque munie d'avirons pour débusquer le calamar, la friture, le sar ou le mérou.

La boxe, comme bien d'autres bagages, est souvent affaire d'héritage, d'empreinte génétique, qui se travaille avec le cœur, avec la tête. Je n'avais pas de prédispositions prometteuses, juste un penchant qui allait trouver gant à son poing quand Louis fut en âge d'enfiler les siens.

— Louis, viens, viens, il faut aller au Cabanon.

Le cabanon. On l'appelait ainsi entre nous parce qu'il se situait au plus loin de nos habituels terrains de jeu entre poussières et béton. Parler du cabanon, c'était annoncer la mer, les week-ends prolongés, une partie des grandes vacances. Et la boxe en loucedé. Le cabanon s'avérait être en fait une superbe villa à proximité du bord de mer, cernée de terrasses, dont avait hérité l'une de mes tantes. Là-bas, toute pièce tapissée de blancheur nous paraissait cathédrale, tout objet de décoration précieux, tout tissu délicat. Là-bas, c'était en fait à quelques kilomètres de chez nous, dans le petit village de Guyotville, un ancien hameau de pêcheurs qui connut la prospérité avec la culture de son chasselas doré. *Villa Bella* qu'il s'appelait en vrai notre cabanon, posé sur la route de la Madrague entre jardins et vignobles qui ne se rendaient à la terre ocre qu'à l'approche du ravin de Beni-Messous. Certes, la plage nous attirait mais c'est bien le sous-sol qui nous magnétisait, Louis et moi. C'est là que notre père entassait son surplus de matériel de boxe, sacs, protections, mais aussi des boîtes de bandages et des corbeilles de gants de boxe en crin. Nos premières initiations en cachette. Pas besoin de speaker, de tralala, vas-y cogne frérot. J'étais son premier sparring-partner.

Non loin de là, j'ai pu revoir la Secca, notre coin de pêche, sommier de rochers plats qui affleuraient le fil de l'eau ; j'ai deviné le vivier, maintenant disparu ; j'ai ressenti la fraîcheur de la forêt de Baïnem toute proche et ses pique-niques en famille. Mais en dépit de nos recherches à tâtons, de nos demandes répétées dans le voisinage à questionner les anciens, nous n'avons pas pu localiser notre cabanon. Englouti dans le cours de l'histoire. La dernière fois où nous y étions, c'était le jour de la fête des Mères, au printemps 1962. On allait offrir nos cadeaux à maman quand le téléphone a sonné.

C'est de là que tout a commencé. C'est là que tout s'est fini.

III

Les Événements

Le 13 juillet 1954, alors que le Tour de France allait faire étape à Brest et que Louison Bobet était déjà en jaune, notre petit Louis est arrivé à la maison. Le dernier maillon de la chaîne. J'avais six ans, des noyaux d'abricots plein les poches, et je ne serais bientôt plus seul à dévaler les escaliers en hurlant. Dans notre mallette de jeux, il n'y avait pas de petits soldats en plomb. En novembre de cette année-là, les adultes allaient s'en charger.

Tout m'est arrivé par les oreilles. J'interceptais des bribes de phrases échangées par mes parents, par des passants sur le trottoir du *Mutchu*, ou bien dans les grésillements du poste de radio quand je traversais le salon. Des mots qui assombrissaient le visage de ceux qui les prononçaient. Des mots qui ne me disaient rien. Massacre, exaction, colon, indépendance, insurrection. Et puis bientôt FLN. Les adultes et la radio avaient deux mots pour tout ça : *les événements*.

De ce que j'en comprenais, *les événements* se passaient au loin. Dans les montagnes des Aurès, tout là-bas à droite quand je regardais la carte punaisée dans la salle de classe.

J'avais retenu la Toussaint rouge[1] parce que je trouvais cette appellation étrange, mais quand je questionnais ma mère, elle me répondait par un « c'est rien, c'est rien, va plutôt prendre ta douche ». Mais *les événements* n'avaient pas dit leur dernier mot. L'année suivante, à l'été 1955, ils avaient migré dans le Constantinois, toujours à droite sur la carte mais un peu plus près. J'avais retenu d'autres nouveautés, comme attentat, répression, terroriste, commando, mais sans vraiment m'en faire une idée. On parlait de morts, on ne m'en parlait pas. J'allais prendre ma douche.

Mes premiers souvenirs sont vaporeux, ceux d'un enfant couvé par une mère souvent penchée à son balcon ; par une grand-mère maternelle, celle qui vivait au rez-de-chaussée, qui montait nous voir plus régulièrement. Le ciel grondait au loin, je l'entendais à la radio sans savoir quelle forme il prenait.

Et puis *les événements* se sont précipités.

Ceux-là, je m'en souviens bien parce qu'ils sont venus frapper à la porte de mes huit ans, en 1956. La foudre tombait maintenant sur Alger. Après les jours heureux sont venus les jours d'horreur. Les historiens ont rapporté, mille fois mieux que je ne pourrais le faire, l'escalade dans l'apocalypse, comme ces soixante-douze attentats perpétrés en trois jours de juin à Alger par des commandos du FLN, dont celui du casino de la corniche, les civils mitraillés à Bab-el-Oued le 19 juillet, à une rafale de mon balcon, la réplique sanglante dans la Casbah dans la nuit du 10 août, la bombe meurtrière d'une kamikaze qui explose au Milk

---

1. Toussaint rouge : la date du 1er novembre 1954 est considérée comme le commencement de la guerre d'Algérie (1954-1962) et de l'insurrection des indépendantistes, sous l'égide du Front de libération nationale (FLN) nouvellement créé, avec une série d'attentats perpétrés sur le territoire algérien. (*N. d. A.*)

Bar en septembre… Arrestations, représailles, exécutions sommaires, ripostes ; pour que les plus jeunes s'en fassent une idée, c'était la rue des Rosiers, le métro Saint-Michel, *Charlie Hebdo* et le *Bataclan* réunis qui se succédaient mois après mois, morts après morts. Je n'en voyais pratiquement rien, si ce n'est l'agitation ambiante, les visages figés, une détonation au loin, une présence militaire. L'armée française avait envoyé huit mille parachutistes et j'avais retenu le nom du général Massu tant il circulait dans les bouches de Bab-el-Oued aussi fréquemment que ses troupes dans les rues d'Alger. Massu allait dézinguer le FLN, Massu allait rétablir l'ordre, nous protéger, Massu était la France d'en haut qui venait au secours des Français d'en bas, de ma famille. Papa en était sûr : Massu allait nous sortir de là. Mon héros avait un héros, qui devenait le mien. Pour un peu, j'aurais bien confectionné une autre capsule de bière peinte en bleu-blanc-rouge pour l'aligner au départ du Tour.

Dans mon école ouverte aux vents, j'ai continué à apprendre sans vraiment comprendre. J'entendais loi martiale, grève générale, guillotine, guérilla urbaine, couvre-feu. J'avais une vague idée des significations. Comme un enfant de l'époque qui se dépatouillait avec ses premières érections, je tâtonnais sans saisir. Tout m'échappait et l'histoire m'apprendra que je ne fus pas le seul. Peut-on imaginer, même aujourd'hui, surtout aujourd'hui, que la ville a concentré environ sept cent cinquante attentats – fusillades, explosions, assassinats – en un an, dans ce qu'on n'appelait pas encore la bataille d'Alger ? Qui ne sera reconnue officiellement comme telle qu'en 1999 ?

Je regardais mon père et je hurlais avec les loups.

Est arrivé, début 1958, le temps de l'accalmie. Massu avait dézingué le FLN et un drôle de mot relançait maintenant toutes les conversations des adultes. Putsch. Ça devait être un mot juste, car mon père semblait moins fermé sur lui-même dans les jours qui suivaient. Avec ses amis qui passaient à la maison, je retenais maintenant les noms de Challe, Salan et Jouhaud, parce que c'était des généraux, comme Massu. Que les têtes acquiesçaient dans le quartier dès que leurs noms étaient prononcés. Et puis, après eux, un autre général a monopolisé les attentions.

À la maison, il y avait eu Cerdan et voilà que de Gaulle s'installait à notre table, au bistrot où mon père descendait prendre l'anisette, à la portière de son taxi. De Gaulle champion du monde toutes catégories. De Gaulle, de Gaulle, de Gaulle, comme plus tard l'Europe, l'Europe, l'Europe !

Je n'avais pas connu Cerdan, décédé dans le ciel de l'archipel des Açores quand j'avais dix mois ; j'irai voir de Gaulle. C'était dit. Le 4 juin 1958, j'ai échappé à la surveillance de ma mère pour descendre à pied les cinq kilomètres qui me séparaient de la place du Forum. Les rues avoisinantes grouillaient de monde comme je ne l'ai jamais vu. Je me faufilais entre burnous, treillis et familles pour m'approcher le plus possible du bâtiment du Gouvernement général. La place était saturée de gens debout, le cou tendu vers les colonnades du balcon quand le mien se perdait dans une jungle de bras. Je ne voyais que le sommet des hampes qui supportaient des drapeaux tricolores, des croix de Lorraine et un bout de ciel bleu qu'une escadrille vrombissante a déchiré. À défaut de voir l'homme providentiel, je voulais au moins l'écouter, rapporter les paroles que voulait entendre mon père et, comme beaucoup, comme tous en fait, j'ai retenu les premiers mots délivrés comme la bénédiction d'un Saint-Père au balcon du Vatican. « Je vous ai compris ! » Papa, il nous a compris ! Papa, il a parlé de fraternité, de réconciliation, et la foule applaudissait à tout rompre à chaque fois ! Il a même rendu hommage à l'armée, il a dit qu'il comptait sur elle, aujourd'hui et demain. Il a fini sur la France ! La France ! Et les gens sont repartis heureux.

D'Alger à Constantine puis à Bône[1], d'Oran à Mostaganem, et surtout « de Dunkerque à Tamanrasset » accueillie à grands cris, la visite gaullienne fut acclamée trois jours durant. De levées de foule en liesses populaires, l'Algérie faisait la paix, faisait la fête. Les tout derniers mots publics du saint homme, avant de reprendre l'avion pour la métropole, avaient fait briller les yeux de mon père. « Vive l'Algérie française[2] ! » On allait reprendre notre vie d'avant.

Quatre ans plus tard, après avoir versé nos larmes, on se faisait pisser dessus. Comment voulez-vous qu'un gosse de quatorze ans oublie ça ?

*

J'ai encore peine à l'exprimer. Quand mon coauteur me demande de revenir sur ces *événements*, j'élude, je minimise, feins l'oubli ou hausse des épaules. C'était il y a soixante-cinq ans, que je lui réponds. Autrement dit, fous-moi la paix, moi qui suis pourtant toujours en état de guerre en dedans. C'est loin tout ça, mon fils, que je lui dessine d'un geste de la main, c'était au milieu du siècle d'avant, est-ce que tu comprends ?

C'est pourtant là tous les jours dans les replis de la pensée, toutes les nuits dans les plis de l'oreiller. J'aurais préféré étrangler ma mémoire mais elle me revient comme un radio-réveil qui ne s'éteint plus. La course du temps n'en est pas à raviver la douleur, puisqu'elle me tenaille encore maintenant. Et quand ce n'est pas la mienne, c'est celle de

1. Annaba aujourd'hui.

2. Les derniers mots du discours du général de Gaulle prononcé à Mostaganem au terme de sa visite en Algérie, le 6 juin 1958. (*N. d. A.*)

ces paquets de migrants jetés mois après mois en vrac sur les routes, dans des campements, sur nos écrans. La guerre, l'exil, l'exode. Ils ont fait ce que je suis, ce que mon père a été, ce que nous sommes avec Louis. Je n'ai jamais quitté l'Algérie, on nous a juste balancés dehors comme des sacs de charbon dans une cave. La France d'aujourd'hui, apeurée par quatre-vingt mille réfugiés, laisse deviner à nos enfants la France d'hier voyant débarquer un million de pieds-noirs. L'âge, le recul, et un certain apaisement m'obligent à reconnaître que l'issue était inéluctable, et même naturelle au vu du désengagement global des nations coloniales de l'époque et de l'émancipation d'États indépendants. Oui, l'issue est au pardon, à la concorde, mais pas à l'oubli. Parce que le train de l'histoire ne s'est pas embarrassé de diplomatie quand il a suturé les paysages dévastés de l'époque. Il a foncé droit dans le carnage, a tranché dans le vif, coupant au ras des racines de générations d'expatriés, des gorges d'officiers restés sur place, de harkis, de musulmans modérés, de communautés d'horizons divers qui se saluaient têtes hautes.

Là encore, les historiens ont passé au peigne fin les lignes de l'histoire, ont tamisé les moindres reliefs de la chronologie des faits. Selon les interprétations, « l'Algérie française » proclamée par Charles de Gaulle en 1958 avait été un malentendu, ou une trahison, ou un déshonneur. Quel que soit le terme approprié, qu'il soit ambiguïté, infamie ou traîtrise, la précipitation, à marche forcée, de la transition géopolitique du moment a jeté des centaines de milliers de Français à la mer, dans le mur, à la morgue. C'est la tache indélébile qui souillera à jamais la stature du grand homme d'État, auquel bien du personnel politique se réfère encore. Il faut croire que le dossier n'est pas soldé puisque le secret défense n'est toujours pas levé ; puisque toute déclaration publique soulève encore un tollé. Pourquoi le serait-il alors pour moi ?

*

En l'espace de deux ans, la haine avait changé de camp. Elle n'était plus seulement celle des indépendantistes du FLN cherchant à se réapproprier leur territoire à coups de massacres aveugles, elle devenait le moteur de ces colons activistes, aussi Algériens de souche que les Algériens étaient Français de droit, livrés à eux-mêmes puis aux pires expédients. À mille cinq cents kilomètres de là, les pouvoirs politiques arrachaient un à un les ponts qui enjambaient la Méditerranée. L'un des derniers à rompre se fit dans l'hémicycle de l'Assemblée nationale, en octobre 1959, quand elle valida la politique d'autodétermination de l'Algérie. Paris nous lâchait, Paris nous abandonnait, Paris nous laissait le choix entre la valise jetée dans le port de Marseille ou le cercueil des assassinats. « De Gaulle nous a trahis, il a tourné casaque, il a tourné casaque ! », entendait-on partout, en référence au référendum de 1958 plébiscité par les quatre millions de votants arabes et européens qui installaient non seulement Charles de Gaulle au pouvoir de la nouvelle Ve République, mais marquait l'avènement d'une Communauté française pour les colonies. Et nous, gamins des cités, de détourner à nos dépens la parole gaullienne : « Je vous ai compris, je vous l'ai bien mis », qu'on criait au bas des immeubles.

Des militaires entraient en résistance, bientôt rejoints par des civils. Mon père fut de ceux-là.

Mon père n'était ni militant politique, ni officier nostalgique de Diên Biên Phu. Il était chauffeur de taxi, né à Alger, se levait à 4 heures du matin, trimait six jours sur sept, montait quelques réunions de boxe amateur avec un commissaire d'arrondissement, et vivait dans une cité de Bab-el-Oued avec sa femme et ses trois enfants, dont l'aînée, Jeanne, menait maintenant sa vie sur le continent. Mes appréciations sont fatalement parcellaires et subjectives mais quand les nouveaux *événements* ont conduit à la création de l'OAS[1] en février 1961, et à ses mots d'ordre « ni valise, ni cercueil », mes quatorze ans y ont vu une entrée en résistance plutôt qu'un terreau du terrorisme.

La France déclarait la guerre à la France, l'armée française allait se battre contre l'armée française, des généraux étoilés traquaient d'autres généraux étoilés, des civils tuaient d'autres civils. Les journaux n'en faisaient pas état, la télévision naissante nous ignorait, la radio restait muette. Ils évoquaient vaguement des *événements* comme s'il s'agissait d'une manifestation musclée, d'une émeute locale, d'une saute d'humeur. Bab-el-Oued hurlait de douleur, de colère, mais on ne l'entendait pas. La communauté pied-noire louait ces généraux cinq-étoiles[2] « et pas ce p… de général de brigade » dont on ne prononçait plus le nom, ou alors suivi d'un crachat.

Alger la blanche redevenait Alger la rouge pour occuper le terrain, s'emparer des points névralgiques, marquer les esprits, emporter les cadavres. Plasticage d'un magasin bondé, fusillades en plein jour, lynchages, enlèvements de personnalités… Un collègue taxi de mon père avait été exécuté avec sa femme alors qu'ils rentraient chez eux. L'engrenage de la rage. C'était la guerre, non plus dans les livres, mais dans la rue. Voir, pour de vrai, un corps gisant dans son sang sur le chemin de l'école ; voir un homme se planter

1. Organisation armée secrète. (*N. d. A.*)

2. Raoul Salan, Edmond Jouhaud, Maurice Challe, André Zeller, qui ont mené le putsch des généraux du 21 avril 1961 auquel se sont ralliés quelques centaines de militaires de carrière. (*N. d. A.*)

devant un autre et l'abattre d'une balle en pleine tête ; assister à des assassinats en direct alors que je descendais les poubelles, commis par des jeunes de plus en plus jeunes, qu'ils soient arabes ou européens, qu'ils soient FLN ou OAS. Surtout OAS, je dois le reconnaître. Les plus jeunes de l'organisation, de trois ou quatre ans mes aînés et que je connaissais bien, devenaient fous : celui qui possédait un 7.65 ou un 11.43 logeait une balle dans la tête du premier Arabe venu.

Tout Bab-el-Oued était OAS, si ce n'est dans les actes, du moins par la communion de pensée. Même trop jeune pour être enrôlé à treize ans, je ne pouvais m'y soustraire. J'étais un enfant de l'OAS. Le quartier était soudé derrière une idée commune que l'ensemble des corps militaires ne désapprouvait pas. Nos balcons fleurissaient de drapeaux tricolores – floqués des deux emblématiques pieds noirs – et de concerts de casseroles accompagnant les cinq syllabes d'Al-gé-rie-fran-çaise ; tous les habitants de ma cité – des Français dont beaucoup d'Alsaciens, des Italiens, des Espagnols, des Maltais – soutenaient cette cause, moins celle de l'OAS, notamment les séfarades, en raison des ripostes massives et meurtrières à l'aveugle, des exactions commises sur des civils, d'un déchaînement d'une violence inouïe et continue qui flanquait dans les rues des corps estropiés, mutilés, massacrés. Un M. Levy, du bâtiment D, avait été assassiné aux abords des garages. On ne savait plus qui tuait qui. On ne voulait pas trop savoir.

On savait peu, sinon que l'ordre de marche était œil pour œil, dent pour dent, meurtre pour meurtre. Dans les derniers temps, le *Mutchu* avait tiré le rideau de sa boutique, son fils Mohamed ne venait plus jouer avec Louis, tout le monde soupçonnait tout le monde. Au-dehors, j'aidais à la distribution des tracts en faveur du général Salan, à couvrir les murs d'affiches et de slogans à gros pinceaux. « La France restera », « Vive Salan », « L'OAS frappe où elle veut, quand elle veut, qui elle veut… » On dessinait des caricatures du grand Charles avec un nez de pochetron. À la maison, on écoutait les messages de « Allô, allô, ici Radio France, la voix de l'Algérie française… » sur une fréquence pirate, comme d'autres avaient eu l'oreille collée à Radio Londres et à de Gaulle vingt ans plus tôt.

Des pirates contre des corsaires et un sabordage permanent, bord à bord.

Mon père avait pris les armes. Ou plutôt un fusil. Disparaissait un jour, une nuit surtout, revenait fourbu, marqué. Je ne me sentais pas trop de le questionner. Quand il me devinait le regarder en silence, il tournait parfois la tête vers moi, les coudes sur la table, le menton appuyé sur ses phalanges, craquait ensuite un morceau de pain et allait se coucher. Une fois par semaine, chaque samedi, il recevait des gens, refermait la porte du salon sur eux. L'un d'eux était appelé Jésus de Bab-el-Oued plutôt que par son nom, Jo Giner. J'apprendrai bien plus tard que cet ancien parachutiste, figure bien connue de Bab-el-Oued, était le chef d'un commando Delta, l'une des factions militaires de l'OAS dirigées par le lieutenant Roger Degueldre, qui passait la porte lui aussi. Parfois, d'autres que je ne citerai pas arrivaient de métropole, séjournaient une nuit, entassés dans le salon. Des membres du commando Orléans-Marine. J'ignorais de quoi il retournait. Ils me passaient la main dans les cheveux en partant.

Les hauteurs de la cité des Vieux-Moulins, enfilade de terrasses communicantes courant juste au-dessus de notre appartement, ne servaient plus seulement à étendre le linge au vent de mer, mais abritaient des caches d'armes dans les buanderies. J'aidais à monter ou descendre des caisses de munitions, de grenades, de mitraillettes, d'armes plus lourdes. Je n'avais plus dix ans.

Bab-el-Oued, avec ses milliers de pieds-noirs, militants ou pas, devenait bientôt un fort assiégé par la garde mobile et les CRS. Depuis plusieurs mois je crois, c'était couvre-feu à 21 heures, quartiers quadrillés par les forces policières, rassemblements de plus de cinq personnes interdits. L'indépendance de l'Algérie fut signée le 18 mars 1962 dans les dorures d'un grand hôtel de Haute-Savoie. Les accords d'Évian entérinaient la fin de la guerre, mais pas de la bataille qui suivit dans les décombres de Bab-el-Oued. Mon père me l'a racontée mille fois, comme s'il avait peur d'oublier, comme si ma mémoire ne suffisait pas ; je les scrutais tous les jours de ma jumelle borgne, étendu sur mon balcon, avant que ma mère ne me tire par les pieds.

Pendant une dizaine de jours, entre fin mars et début avril, notre quartier fut en état de siège. Des chars de l'armée de terre encerclaient les points d'entrée, des automitrailleuses avaient été postées aux accès, tandis que pointaient sur le quartier les canons de bâtiments d'escadre qui mouillaient dans la baie d'Alger. Téléphone coupé, interdiction de sortir, d'allumer les lampes. Les gens se passaient le pain de fenêtre en fenêtre. Quand les balles sifflantes se rapprochaient, on descendait quatre à quatre l'escalier pour filer chez ma grand-mère italienne, au rez-de-chaussée. Elle nous fourrait sous son lit, nous interdisait d'en sortir tout en nous criant « l'elicottero sta girando, l'elicottero sta girando[1] ! », le doigt pointé vers le plafond. Des T-6, des avions en mission de reconnaissance armée, mitraillaient par vagues les terrasses de nos immeubles. Des frappes qui n'étaient pas chirurgicales comme on le clame aujourd'hui. Les immeubles en portent encore les traces. Mon père me répétait qu'une petite fille de dix ans perdit la vie parce qu'elle s'était aventurée sur son balcon. Un matin qu'il avait voulu ouvrir les rideaux avec Louis dans ses

1. « L'hélicoptère, il tourne, l'hélicoptère il tourne ! » (*N. d. A.*)

bras, une balle fit éclater la vitre avant de passer entre leurs deux têtes pour se ficher dans le haut d'une cloison.

Selon l'historien Benjamin Stora, la bataille de Bab-el-Oued fit 35 morts et 150 blessés. Le quartier n'était plus que ruines et éboulis. Le terrible massacre de la rue d'Isly du 26 mars[1] avait ajouté du sang au sang. Trois mille hommes avaient été finalement embarqués vers le camp d'internement Paul-Cazelles, laissant derrière eux femmes et enfants désemparés.

Mon père n'était pas venu nous rejoindre au Cabanon le dimanche 27 mai 1962, après ses courses de taxi qu'il effectuait dès l'aube. Une rafle avait été menée dans Bab-el-Oued sur les coups de midi. Les hommes accoudés au bar de Chez Raymond avaient tous été embarqués. Nous n'en savions encore rien. Nous savions juste que c'était le jour de la fête des Mères. Louis et moi fignolions nos petits emballages mais notre mère repoussait l'heure du déjeuner jusqu'à cet appel reçu en début d'après-midi. Au bout du fil, un bénévole de la Croix-Rouge qui téléphonait de son propre chef. Je la revois encore debout dans le couloir, tenant le combiné à deux mains, répétant mécaniquement les mots qu'elle entendait. On lui parlait d'internement, d'expulsion imminente, de préparer quelques effets dans une valise, dont des vêtements chauds, à apporter le plus rapidement possible.

---

1. Le nombre de victimes n'a jamais été officiellement établi (de 46 à 80 selon les sources). Aucune commission d'enquête n'a été créée pour établir les faits et les responsabilités. Les familles n'ont jamais eu le droit de récupérer les corps, la plupart ayant été enterrées clandestinement au cimetière de Saint-Eugène. Les séquences filmées – notamment par la chaîne belge RTBF – ont été censurées et certaines seront diffusées deux ans et demi plus tard dans l'émission *Cinq colonnes à la une,* en septembre 1963. Ce n'est qu'en 2008 qu'un documentaire (diffusé sur France 3) consacrera cinquante-deux minutes à cet événement méconnu et passé sous silence. (*N. d. A.*)

— Où ça, mais où ?

Au camp de Beni-Messous, à une dizaine de kilomètres d'où nous nous trouvions. Un lourd point d'interrogation me tombait sur le crâne. Un camp comme ceux qu'on avait appris en classe ?

Nous avons grimpé à quatre dans la 4 CV de mon grand-père, une coquille verte immatriculée 400–AF–9A. La mémoire de l'enfance est parfois déroutante : pourquoi ai-je encore en tête la plaque d'immatriculation ? Un silence de plomb pesait sur l'habitacle arrondi. René, l'un de mes oncles, conduisait, ma mère assise à son côté, le paquetage sur les genoux, Louis et moi à l'arrière. Je me souviens de baraquements tenus à distance par une haute clôture rehaussée de miradors, des uniformes en armes, des chiens en laisse. Ils devaient être une petite cinquantaine de civils à déambuler dans le terrain vague quand mon père est apparu dans notre champ de vision.

— Michel, Michel !

Mon père est venu droit sur nous, un semblant de sérénité sur le visage. Des rouleaux de barbelés nous empêchaient de l'approcher. Je ne me souviens plus des quelques paroles échangées. Des mots de réconfort probablement ; des promesses aussi. Des serments d'un couple de quarante ans. Et ce paquetage lancé par mon oncle au-dessus de la clôture avant qu'un garde mobile mette un terme à ces retrouvailles sans lendemain. Avec Louis, nous nous tenions un peu en retrait, à sangloter dans les jupes de notre mère qui n'a jamais défailli. J'avais dû la questionner. Mais il va où, Papa ? On l'emmène où ? Ne t'inquiète pas, mon fils, ne t'inquiète pas, on va bientôt revoir papa.

Nous le perdions à nouveau. En fait, nous perdions tout.

IV

La traversée

L'été approchait maintenant, on s'en éloignait pourtant. Les rafles de nos pères, de nos oncles, de nos grands frères ou de nos cousins, internés on ne savait trop où avant de rejoindre on ne savait trop quoi, avaient asséché Bab-el-Oued de ses forces vives. La cité avait été mise au pas, mise à sac, et n'y restaient plus que des femmes éplorées, des aïeuls exténués, des enfants inconsolables. L'espace avait été réduit au silence, seuls les sanglots traversaient parfois de murs à murs. Ma mère n'a jamais pleuré devant nous.

Comme un arbre qui perd ses feuilles au printemps, le quartier se vidait de sa sève nourricière. En moins d'une semaine, notre cité des Vieux-Moulins est devenue un site fantôme. Plus de mômes qui cavalent, de couples qui se chamaillent, de familles qui se hèlent d'une fenêtre à l'autre. Plus le cœur à rien. Le jour, les valises se bousculaient dans les escaliers ; le soir, les étages restaient noirs les uns après les autres. La vie s'éteignait. Bab-el-Oued, la *porte de la rivière,* n'avait plus d'issue ni d'eau. Je n'ai pas connu l'exode de 1940 mais j'imagine qu'il avait ce goût rance de l'humiliation, qu'atténuait toutefois l'espoir d'un retour.

Nous sommes restés deux semaines chez nous, le temps pour ma mère de s'organiser. De se faire à cette idée. De dire au revoir à ceux qui partaient, à ceux qui restaient encore un peu, des fois que. Elle n'a jamais rien laissé paraître de son désarroi. Rien, nib, walou. Maman pouvait pourtant imaginer son mari croupir dans une geôle insalubre, entravé au fond d'une cale, voire bien pire au gré des rumeurs qui circulaient dans la torpeur de la cité. L'épreuve devait la ronger de l'intérieur, dans son lit à demi vide, enfouie dans une dignité de mère courage. Mais rester, même sans résister, tenait du suicide[1], mon père avait sûrement dû la convaincre.

Nous avons quitté la cité un lundi 11 juin pour nous rendre à l'aéroport de Maison-Blanche. Nous étions parmi les chanceux qui avaient dégoté des billets d'avion. Tonton René avait embarqué tout notre petit monde perdu dans sa 4 CV verte. Accéder au hall d'embarquement relevait d'un supplice insoupçonné. Les gens qui se connaissaient se bousculaient, s'agglutinaient, se piétinaient, les bras chargés de valises ou bien pantelants, dans des files d'attente plaquées au sol par les heures. Des cordons de gardes mobiles canalisaient sans ménagement les flux et reflux des passagers en perdition. Les annonces contradictoires de portes d'embarquement, d'heures prévues de décollage, se répondaient d'un comptoir à l'autre. La cohue se mêlait au chaos. Ma mère se retournait souvent.

---

1. Le mémorial national des disparus, inauguré en 2007 dans le jardin du couvent Sainte-Claire à Perpignan, fait état de 2 410 noms alors qu'un groupe de travail ayant eu accès aux archives du ministère des Affaires étrangères inventorie 2 275 noms en 2008, se gardant bien de la déclarer officielle. Cependant, un rapport du CICR (Comité international de la Croix-Rouge), qui fut autorisé à diffusion en… 2004 par le ministère des Affaires étrangères, recensait 3 781 disparus. Enfin, en 2016, la direction des Archives du Quai d'Orsay comptabilisait 3 192 dossiers. Plus que les victimes du World Trade Center du 11 septembre 2001. (*N. d. A.*)

— Louis, Michel, vous suivez ?

On suivait, main dans la main. Louis et moi, on ne s'est jamais lâchés.

Je ne sais plus les mots de ma mère quand il a fallu quitter notre Algérie. Probablement qu'elle avait dessiné de ses mains la course d'un avion dans l'air lourd de l'appartement ; qu'on survolerait la mer qu'on ne regardait qu'à l'horizontale ; que c'est beau la Méditerranée vue d'en haut ; et qu'on retrouverait papa au bout du voyage. Alors, tenez-vous par la main les enfants, et restez toujours près de moi, d'accord ?

Nous sommes restés deux jours et une nuit à l'aéroport. La fourmilière, un temps agitée, avait capitulé de fatigue. Certaines familles, comme nous, avaient posé leurs bagages et leurs corps fourbus dans un recoin de l'aéroport ; d'autres avaient investi des hangars environnants pour se partager quelques gamelles, quelques sandwichs. Nuit blanche à Maison-Blanche. Louis ne parlait pas. À huit ans, il commençait à comprendre, lui, l'enfant de la guerre d'Algérie, de sa naissance à son départ. Ce n'est qu'à la fin du deuxième jour, en début de soirée, qu'on a pu embarquer dans une caravelle, à suivre ceux qui suivaient, à prendre des coups de matraque pour les suivre. Je serrais les poings. Louis ouvrit même les siens devant un garde mobile trop zélé. L'uniforme le regardait, goguenard. J'ai lu beaucoup de choses dans le regard de mon petit frère.

Ma mère avait raison. C'est beau la mer de là-haut, la chantilly des nuages aussi. Deux heures plus tard, elles avaient laissé la place à un plafond gris, puis à un plancher sombre. Avec Louis, on se partageait le hublot tour à tour pour suivre les puits de lumière qui dansaient sous nos pieds comme des bougies sur un gâteau d'anniversaire. Voilà, nous atterrissions à Orly Sud au soir du 12 juin 1962. Cette date, comme pour la 4 CV, c'est toujours ma plaque d'immatriculation.

Je ne me souviens plus du passage devant les guitounes des douanes, ni des valises récupérées sur le tapis roulant. Je garde en mémoire cet attroupement hagard qui s'avançait vers les sorties, quelques cris à l'approche d'un oncle, d'un ami, d'une bouée venue les accueillir. Pour les autres, la Méditerranée devenait un océan aux vagues hérissées de pointes comme une grille de parc. Combien d'entre nous sont passés par les centres d'accueil des rapatriés pour une adresse, un train, un sandwich à La Vache qui rit ? Combien ont fait entrer leurs vies dans des chambres de bonne, dans des camps de toile, au Raincy ou dans l'est de la France ? Combien d'anciens, n'ayant plus la force de poursuivre, se sont recroquevillés tous feux éteints, refusant de s'alimenter ?

Personne ne nous attendait. Ma mère a alors désigné un renfoncement sous un escalier qui était encore inoccupé.

— On sera bien ici. Ne vous inquiétez pas, on va venir nous chercher.

Nous nous sommes assis à même le sol comme une famille syrienne dans le métro parisien d'aujourd'hui, bientôt rejoints par d'autres familles dans le fatras des bagages. Des îlots de naufragés dans une mer de béton. Après quelque temps, un homme et une femme se sont approchés de nous. L'homme s'est alors penché vers ma mère.

— Bonsoir, seriez-vous madame Acariès ?

Ma mère acquiesçait.

— Ah, enfin, c'est vous. Veuillez nous suivre s'il vous plaît.

Je ne sais plus ce que ma mère a répondu, sinon qu'elle nous a demandé de nous lever. Nous avons pris place dans une DS noire, tous à l'arrière. Louis était fasciné par les lampadaires de l'autoroute qui descendait droit vers Paris. Le véhicule s'est engouffré dans un dédale d'avenues avant d'arrêter sa course au coin du boulevard Haussmann et de la rue d'Argenson.

— Attendez-nous ici, on revient.

Quelques minutes plus tard, un visage est apparu à la portière.

— Papa, c'est papa !

Cette fois, on pleurait tous de joie.

*

Comme un barrage qui cède devant la force des eaux, le courant avait projeté à gros bouillons des flots ininterrompus de rapatriés sur le territoire métropolitain. Sur la terre ferme, le phare des pouvoirs publics s'en préoccupait à demi. Le vaisseau amiral et son commandant de bord avaient brusquement fait demi-tour, les députés avaient plongé sous leurs pupitres et nous avaient mis la tête sous l'eau, l'armée française nous regardait du bastingage, le secrétariat d'État aux Rapatriés était submergé. Nous pataugions dans nos voies d'eau, dans la salure de nos larmes quand des planches de salut bravaient la tempête. Le Secours catholique, l'Armée du Salut, la Cimade, le Fonds social juif, et, avec eux, des bataillons pacifistes de bénévoles. Pour nous, ces mains tendues provenaient de la Croix-Rouge. Mon père avait remis notre signalement à celui qui nous avait téléphoné. Et un miracle s'était produit.

Sacré papa. On l'avait quitté derrière des fils barbelés marchant de dos, un fusil dans les reins, on se retrouvait quinze jours plus tard dans sa poitrine ouverte à nos têtes. Économe de ses mots, il ne s'épanchait pas sur ses tribulations auprès de nous, préférant baliser la vie à venir plutôt que de ressasser un épisode douloureux. C'est notre mère qui nous en dira plus dans les semaines suivantes. Avec une quarantaine de ses semblables, notre père avait été embarqué le soir même sur le *Djezaïr*, l'un des bateaux qui assurait alors une rotation incessante entre Alger et des ports français, principalement Marseille et Port-Vendres, pour rapatrier familles ou prisonniers. Après vingt-cinq heures de traversée à fond de cale, ils avaient posé le pied en pays Roussillon avant d'être escortés par des gendarmes jusqu'à Perpignan. C'est en chemin qu'il avait réussi à prendre la poudre d'escampette, accompagné d'un comparse corse qui devint – naturellement – un frère d'armes. À deux, ils avaient gagné clandestinement Paris en train et l'ami corse lui avait trouvé un gîte temporaire. Une chambre à l'hôtel d'Argenson. « Ce sont des connaissances, t'inquiète, ils ne te chercheront pas de noise. »

Sauf que nous étions quatre désormais, dont deux enfants turbulents que le règlement hôtelier de l'époque interdisait de séjour. Comble de discrétion, Louis découvrait la magie d'un ascenseur et n'arrêtait pas d'y grimper comme d'autres entraient dans la ronde d'un manège.

Sauf que les deux battants en bois, à la manière d'une porte de saloon, claquaient sur la grille métallique à chacun de ses passages.

Sauf que tenir dans une seule chambrée en plein été s'annonçait vite impossible. Pendant un temps, la propriétaire, conciliante, nous aménagea en catimini un espace plus vaste dans les combles de son établissement, avec cuisine et chambres séparées. Mais elle fit comprendre à mes parents que la situation ne pouvait être que temporaire, clientèle oblige.

Mon père comprenait d'autant mieux qu'il se voyait déjà ailleurs. Ce n'était qu'une question de jours, de semaines tout au plus. Paris n'était qu'une zone de transit et l'hôtel une escale de passage. Le temps de se refaire le poil, de prendre le pouls des amis disséminés, de reconstituer le réseau des résistants, et l'affaire était entendue : il allait revenir d'où on l'avait expulsé. Prendre le maquis, prendre les armes, reprendre le combat tout en cherchant un nid pour sa famille. Mais la débâcle s'est précipitée. Paquebot, chalutier, avion… Par vagues successives, par paquets déversés, les pieds-noirs d'Algérie se changeaient en réfugiés aux abois. Le 5 juillet 1962, soit trois semaines après notre atterrissage à Orly, la proclamation de l'indépendance de l'Algérie, couplée quelques heures plus tôt au massacre d'Oran[1], achevait la débandade et les dernières volontés. Notre père était terrassé, pétrifié. Il ne pouvait plus s'échapper, ne pouvait plus rester.

Il nous fallait repartir à peine arrivés.

---

1. Le massacre d'Oran fait référence à cette journée sanguinaire au cours de laquelle des éléments armés algériens ont exécuté des civils européens tandis que la garnison française présente sur place a tardé à s'interposer. Cette tragédie n'a fait l'objet d'aucune enquête parlementaire ou gouvernementale, d'aucune étude historique, d'aucun recensement officiel, d'aucune reconnaissance commémorative. Les chiffres des victimes (morts, disparus européens comme musulmans) sont dès lors évasifs. Selon les sources officielles, historiques ou associatives, ils oscillent de 400 à plus de 3 000 victimes. C'est la tuerie la plus meurtrière de la guerre d'Algérie en un laps de temps si court (six heures). (*N. d. A.*)

V

Accusés de réception

Je passais mon premier été hors d'Alger. Hors de chez moi, de ma cité ovale, de mon pré carré. Plus moyen de rameuter les copains pour une partie de foot dans *Le champ*, un chamboule-tout avec des noyaux d'abricots, un Tour de France dans le préau à ciel ouvert, ou un bain de mer au Cabanon. Plus l'envie non plus. Jacques Anquetil irait se le chercher tout seul, son maillot jaune. Les grandes vacances s'annonçaient interminables.

Le temps était pourtant aux décisions. On ne roulait pas sur l'or et les lendemains n'étaient pas goudronnés. Chaque matin, mon père quittait notre soupente pour se mettre en quête d'un pied-à-terre, d'un petit boulot ; ma mère se rendait dans un centre d'accueil des rapatriés pour suivre notre dossier d'inscription, souscrire aux démarches administratives, d'autant plus lourdes qu'on était arrivés à vide. Une demande de reclassement, d'école, de tickets de subsistance, avec ce qu'il faut de justificatifs, d'attestations, d'heures à attendre, de documents civils, même les plus désarmants. Tenez, à la rentrée des classes, j'avais dû redoubler ma cinquième, faute d'une attestation scolaire laissée dans un tiroir aux Vieux-Moulins.

Nous ne pouvions dès lors plus rester dans les jambes de mes parents.

Louis allait être envoyé un mois en colonie de vacances près de Saumur, tandis qu'un ami de mon père m'hébergerait une partie de l'été dans son appartement de Boulogne-Billancourt. Moi, j'allais m'y faire avec mes quatorze ans mais mon petit frère avait la mine du teckel abandonné lorsqu'on l'a accompagné jusqu'au bus en partance pour le Maine-et-Loire. À huit ans, on venait de l'arracher à son monde, il allait devoir se séparer des siens. Au moment du départ, mon père l'a alors pris par une épaule, s'est agenouillé face à lui, conscient qu'il jouait gros.

— Louis, tu peux y aller ou tu veux rester avec nous ?

Louis n'a rien répondu, n'a esquissé aucun geste. Tête basse, il a grimpé dans le bus et, derrière la vitre, nous a fait un signe de la main. Mes parents ont enserré les leurs.

L'après-midi même, j'emportai quelques affaires avec moi pour Boulogne-Billancourt. L'hôte était un pied-noir charmant, attentionné, qui était ouvrier dans les ateliers Renault de Billancourt. Même que peu de jours après mon installation dans une chambre d'appoint, il m'avait remis une pièce de cinq francs pour aller à une séance de cinéma. L'affiche d'un film avait attiré mon regard. En arrière-plan, un graphisme aux teintes de feu sur lequel ressortaient un petit garçon brun et le cou noir d'un taureau. Et puis ce titre, *Les clameurs se sont tues – l'extraordinaire amitié entre un enfant et un taureau.*

La salle était loin d'être comble quand elle fut plongée dans le noir pour diffuser *Les Actualités françaises*, court-métrage d'information qui précédait la diffusion des films de l'époque. Le dossier portait sur les rapatriés d'Algérie, le sujet du jour, du mois, de l'année. La caméra pénétrait maintenant dans un centre d'accueil parisien situé boulevard Gouvion-Saint-Cyr. File d'attente immobile, monceaux de sacs jetés en vrac, gens harassés croupissant sur une enfilade de banquettes en mousse. Zoom sur des portraits successifs :

ici, une femme tête figée en aplomb du sol, là un couple statufié sur deux sièges, plus loin un homme qui somnolait. Et puis cette silhouette voûtée, le visage dans ses mains, le corps pris de hoquets qui se redressa brusquement en devinant une présence en approche. Je me levais d'un bond en hurlant.

— Maman, maman !

Quelques spectateurs interloqués se retournaient sur moi. Ma mère, voilà ce qu'on infligeait sur plein écran à mon amour de mère ! Ces clameurs-là ne se tairaient jamais.

*

Nous commencions à reprendre pied. Par le biais d'une connaissance, mes parents avaient dégoté un logement moins sommaire en banlieue sud-ouest, au Petit-Clamart. Dans un immeuble levé comme tant d'autres à l'époque, l'appartement disposait de cinq chambres autour d'une cuisine et d'une salle à manger communes. Ils y avaient regroupé tout leur petit monde : ma sœur et son mari chauffeur de taxi, mon cousin François et son épouse rapatriés quelques jours après nous, ma tante Annie, mes parents, Louis et moi. On y retrouvait un semblant de confort mais surtout une atmosphère moins pesante. Au 51 de la route du Pavé-Blanc, les fenêtres du quatrième donnaient sur la départementale, en lisière de la forêt de Meudon qu'on devinait derrière d'autres immeubles. Les deux balcons n'offraient de place que pour des jardinières de géraniums. De toute manière, pour ce qu'il y avait à voir…

Mon père avait surtout remis la main sur ce qu'il avait de plus cher après nous : sa voiture. L'Ariane noire rutilante, celle avec cette grille de calandre à dévorer la route, celle de ses courses au long cours, celle des mariages ou des enterrements du quartier de Bab-el-Oued, avait été sauvée du carnage. Ma sœur Jeanne et son époux avaient pu la ramener avec eux par bateau deux semaines après notre départ et la Simca restait en état de marche. Ça ne surprendra peut-être pas de la part de l'ancien chauffeur de taxi que je fus, mais je me souviens des chiffres de la plaque d'immatriculation : 174(…)–9A, pour Alger. À la différence de la 4 CV grand-paternelle, la raison en est simple : ma mère a invariablement joué ces chiffres au PMU jusqu'à la fin de sa vie. La roue tournait.

Et même le vent. À la mi-juillet, mon père tombait nez à nez avec Edgar Boutboul. Oui, Edgar Boutboul, le commissaire du Ve arrondissement d'Alger avec lequel il avait monté des combats de boxe amateur ! Les deux hommes s'étaient tombés dans les bras, depuis le temps. Edgar Boutboul avait en effet gagné la capitale quelques mois plus tôt, alors que son épouse, traumatisée par un assassinat commis sous ses yeux en pleine rue, n'avait pu se relever du contrecoup psychologique. « Notre médecin d'Alger m'a prévenu : c'était soit lui faire un enfant pour la sécuriser psychiquement, soit partir », avait-il raconté à mon père au bord d'un comptoir. Une anisette plus loin, le commissaire lui apprenait qu'il avait pris un congé sans solde puis laissé tomber la police. Il avait flairé une autre piste : monter sa propre société de restauration collective, *Les Repas Parisiens* qu'elle s'appelait.

— Tu cherches du boulot, Michel ? Tu peux commencer lundi ?

Et voilà comment mon père s'était retrouvé chauffeur livreur, à desservir hôpitaux, cantines scolaires, maisons de retraite, cafétérias, comités d'entreprise, au volant d'une estafette… Et voilà comment je m'étais retrouvé embringué sur le siège passager pour un quotidien rondement mené : quitter la nuit l'appartement du Petit-Clamart pour être au siège de l'entreprise, rue Westermeyer à Ivry-sur-Seine dès 5 heures du matin, éplucher avec mon père des stères de pommes de terre et de légumes en matinée, puis faire la distribution dans tout Paris et sa banlieue. Retrouver Papa, rouler côte à côte dans le silence de l'estafette chargée jusqu'aux ouïes, c'était, comment dire, la tournée des grands-ducs.

*

Au milieu d'autres familles, nous avons récupéré Louis fin juillet à la gare d'Austerlitz. De sa colo de vacances, il nous revenait apaisé, souriant même. Les embrassades faites, voilà qu'il nous présentait un tout jeune enfant noir bien frêle qui se tenait à distance.

— Lui, c'est Bruno, c'est un copain. Mais il n'a plus de parents.

Ouch. Mon père faisait mine de ne pas avoir deviné.

— Ah, bonjour Bruno. Bon, dis-lui au revoir maintenant. Vous vous reverrez sûrement aux prochaines vacances.

— Ah non ! Il vient avec nous !

Allons bon.

— Mais Louis, on ne peut pas. On n'a pas le droit. Bruno va retrouver son foy...

— Non, non, il vient avec nous !

C'était tout Louis, ça. Le petit Mohamed du *Mutchu* de Bab-el-Oued avait passé le témoin au petit Bruno de l'Assistance publique. Prompt à aider, à partager. Ici, c'était un quatre-heures ou la moitié de son sandwich ; plus tard, ce sera une table, un lit, un chèque. C'était tout Louis et ça le demeure.

Les Repas Parisiens avaient redonné vie à la famille mais toujours pas la sérénité à mon père. L'a-t-il jamais retrouvée d'ailleurs ? Je conserve religieusement cette photo prise en février 1984, soit plus de vingt ans après les *événements*. Au bord du ring en train d'être monté dans l'enceinte du Palais

Omnisports de Paris-Bercy, à l'avant-veille du Championnat d'Europe des moyens qui allait opposer Louis à l'Anglais Tony Sibson, huit personnages, dont Jean-Claude Bouttier et moi, posaient devant l'objectif, sourires polis. Tous sauf un, plein axe. Mon père tout craché. Blouson de cuir noir sur les épaules, cheveux ras, corps noueux et saillant campé sur des jambes écartées, bras croisés, tête haute, regard droit et lèvres sans sourire. Avec Louis, on a toujours cherché à le lui rendre.

La guerre avait connu son armistice, l'indépendance sa proclamation, l'exode son dernier bateau de malheureux mais mon père n'a jamais trouvé la paix qui avait été conclue par d'autres. On avait rompu son cordon ombilical, tari ses sources de vie. Il allait traîner derrière lui des sommes de rancœur et quand ce n'était pas suffisant, le destin se rappelait à lui.

*

L'habitude avait été prise, le réveil programmé. Chaque matin, c'était lever avant l'aube pour filer au siège des *Repas Parisiens* à Ivry-sur-Seine, dans le Sud-Est parisien. En ce 6 juillet, à 4 heures, mon père me réveillait. Quelques minutes plus tard, l'un de ses amis tombait.

Ce jour-là, mon père n'allait pas décrocher un mot. Depuis plusieurs jours, les journaux en faisaient état : condamné à mort le 28 juin par la Cour militaire de justice, Roger Degueldre allait être exécuté au fort d'Ivry le vendredi 6 juillet, dans une France en partance pour les plages. Degueldre, l'homme des commandos Delta, celui qui montait de temps à autre chez nous, qui parlait le même langage que mon père, allait être passé par les armes. Le sort voulait qu'on traverse ce matin-là Ivry-sur-Seine dans l'heure qui suivait, quand le ciel s'apprêtait à lever ses premières couleurs. Du fort, nous en étions à la portée d'une détonation. Les mains cadenassées au volant, mâchoires écrasées l'une sur l'autre, regard noir, mon père devait hurler en son for intérieur.

Chaque fois qu'il tentait de repousser ses démons, ils lui sautaient à la gorge. Un mois et demi plus tard, le 22 août, nous revenions de notre tournée en début de soirée. L'Ariane s'était engagée dans l'avenue Pierre-Brossolette qui monte au Petit-Clamart, et nous étions à quatre cents mètres de chez nous quand une file de voitures nous a fait ralentir. Tout là-haut, on apercevait un déploiement policier. Ouvrant sa vitre, mon père intercepta des échanges de badauds sur la chaussée et s'adressa à eux.

— Qu'est-ce qu'il se passe là-bas ?

— Ben, je crois qu'il y a eu un braquage ou quelque chose comme ça, répondit l'un d'eux.

— Pas un braquage, un attentat ! enchaîna un autre qui s'accouda à la portière. On a entendu dire que c'était de Gaulle qui était visé. Sa bagnole est criblée de balles.

— Mais il paraît qu'il est indemne, qu'on nous a dit, ajouta un troisième comparse.

Mon père n'en demandait pas plus. Avec une voiture immatriculée 9A, il était bon pour une arrestation en règle, sans parler de son évasion sur la route de Perpignan quelques semaines plus tôt qui n'aurait pas manqué d'aggraver son cas. Merde, de Gaulle canardé. Il y avait déjà eu droit un an plus tôt au Pont-de-Seine[1], voilà qu'il en réchappait à nouveau. Dès qu'il put, mon père fit demi-tour et fila droit

1. Le 8 septembre 1961, un groupuscule de l'OAS avait jeté une bouteille de gaz remplie de plastic au passage de la voiture du président de la République qui traversait la commune de l'Aube. Le 22 août 1962, un commando de douze membres de l'OAS avait mitraillé la DS 19 présidentielle qui se rendait à la base aérienne de Villacoublay. (*N. d. A.*)

devant, jetant de temps à autre un œil dans le rétroviseur du plafonnier.

On a roulé au jugé sur des kilomètres, empruntant d'abord les boulevards des Maréchaux, puis au gré des croisements trouvés sur la route, nous nous sommes retrouvés à hauteur de l'hippodrome de Vincennes. Il s'est garé près de l'entrée et on s'est mêlé à la foule. Merde, de Gaulle quand même. J'essayais de déceler un signe dans l'attitude de mon père mais il demeurait impassible. Machinalement, il s'est mis à parier sur les quatre dernières courses de la nocturne. Et il gagnait à chaque fois ! J'avais l'impression de me retrouver à l'hippodrome du Caroubier d'Alger – abstraction faite de la baie et des allées bordées de palmiers – où mon père m'emmenait fréquemment. Jauger une cote, miser une pièce, jouer gagnant quitte à tout perdre, les courses entretenaient nos flammes du jeu. Avant qu'on ne devienne flambeurs.

Mon père a bichonné son Ariane plusieurs années. Dans la circulation parisienne, elle était son île de France. Une rescapée, une trace de sa vie d'avant, un rappel bravache à ses appartenances avec ce « 9A » imprimé aux fesses. Cette Simca n'était plus seulement un moyen de transport mais un signe de ralliement, une plaque d'identité et non plus d'immatriculation dans la houle des carrosseries. Son habitacle nous habitait. C'est avec elle que mon père avait repris la route. C'est avec elle qu'il reprit le volant de taxi, l'esprit volontaire, à l'image de cette grille de calandre dont la tubulure rappelait les mâchoires d'un requin-tigre prêt à bouffer du bitume.

Je me souviens de ses soirées passées à lire un plan de Paris déplié sur la table de la salle à manger. Sous l'ampoule à nu, mon père mémorisait les rues par cœur, arrondissement par arrondissement, se les récitait en silence les yeux fermés, avant de déplacer les yeux sur un autre quartier. Ce plan était sa pièce de théâtre, sa vie de comédien itinérant sur une toute nouvelle scène, dix fois plus vaste que celle d'Alger avec les ramifications des banlieues. Edgar Boutboul l'avait encouragé à s'inscrire aux cours d'auto-école de taxi, avenue de Wagram, pour obtenir son permis de place ; l'avait prévenu aussi : ce ne serait pas simple, le taux de réussite du premier passage à l'examen était quasi nul. Deux mois plus tard, à la rentrée de septembre, mon père décrochait son sésame, avec mention du jury. Une fibre de la corde qui le retenait à l'Algérie s'était renouée. D'autres allaient céder.

L'appartement du Petit-Clamart était devenu trop exigu pour les cinq familles ; trop cher à l'usage aussi. Fin septembre, nous emménagions dans une nouvelle cité HLM, tout au nord de Paris cette fois, dans le quartier de Sarcelles-Sablon. Un autre univers, celui des premiers grands ensembles montés dans l'urgence du *baby-boom*, celui des barres horizontales désolées de singularités architecturales, celui de ces villes nouvelles qui sortaient de terre dans la grande banlieue pour accueillir en bonne part la main-d'œuvre étrangère qui participait grandement à la reconstruction immobilière du pays, et maintenant les vagues de pieds-noirs. Nous habitions au rez-de-chaussée, avec vue sur d'autres rez-de-chaussée, mais ce n'est pas l'environnement qui nous a marqués cette année-là. C'est le froid.

Un froid de gueux. Les rigueurs de l'hiver avaient débuté mi-novembre pour ne s'éloigner que début mars. Jamais la France n'avait connu pareil événement climatique si long, si sévère, si meurtrier au XXe siècle[1], pas même l'hiver 1954 de l'Abbé Pierre. Jamais nous n'avions vécu pareil choc thermique et bien des pieds-noirs habitués aux hivers

1. Selon les sources, l'hiver 1962-1963 a fait entre 30 000 et 50 000 victimes. (*N. d. A.*)

d'Afrique du Nord ne s'en sont pas sortis. Des vagues de froid exceptionnelles, de vent cinglant, faisaient régulièrement descendre le thermomètre sous les moins quinze degrés. Les pièces d'eau étaient gelées, les salles de classe régulièrement fermées, les routes verglacées ou bloquées, et les murs de l'appartement suintaient d'humidité glacée. Pendant près de quatre mois, nous grelottions dans nos souliers. Bien des événements avaient dû être reportés, notamment le procès dit du Petit-Clamart[1]. Supplice prolongé. Mon père ne pouvait décidément s'en soustraire.

Au froid polaire qui nous était tombé dessus s'ajouta la froideur ambiante. Comme tant d'autres, notre famille avait volé en éclats. La France de l'époque parlait politique de remembrement, nous vivions le démembrement. Ma sœur, mon oncle René et ma tante Annie au Puy-en-Velay, les grands-parents dans le pays nîmois, terre des ancêtres Acariès, des cousins dans le Pas-de-Calais, nous en banlieue parisienne… Qui, de nos générations, n'a jamais croisé un rapatrié aux yeux perdus, à la voix blanche, à la gorge serrée quand le déroulé d'une discussion le faisait s'épancher sur les ruines de sa propre dislocation ? Qui n'a jamais appris une page parmi les milliers de livres ouverts de ces déracinés éparpillés au vent de l'histoire ? Une institutrice dans la plaine du Haut-Rhin, un agent d'assurances dans un village sarthois, un couple de commerçants dans les Alpilles du Vaucluse, un comptable de mairie catalane, un concessionnaire automobile en Picardie, une aide-soignante à…

La séparation nous pendait aussi au nez, Louis et moi. J'allais poursuivre ma cinquième, entamée au Petit-Clamart,

1. Le procès débuta le 28 janvier 1961 et le lieutenant-colonel Jean-Marie Bastien-Thiry, qui avait dirigé l'opération, a été condamné à la peine capitale pour être exécuté le 11 mars 1963 à l'aube au fort d'Ivry. Bastien-Thiry est le dernier condamné à mort fusillé en France. (*N. d. A.*)

dans un collège du quartier de Sarcelles-Lochères, mon frère reprenait les cours primaires dans une école de Sarcelles-Sablon. Je l'y accompagnais chaque matin avant de le récupérer en fin d'après-midi puisque notre mère avait trouvé un boulot dans une usine de capsulage de bouteilles à Saint-Denis. Jusqu'à ce jour où Louis est revenu tête basse à la maison. Il tenait dans sa main un billet de renvoi. Motif : trop bagarreur.

C'est vrai, Louis se battait. Louis cognait de ses poings nus. Et fort en plus. Écorché vif, il vivait l'injustice comme une provocation à laquelle il fallait répondre. Dès son plus jeune âge, je le protégeais de son ardeur, et lui protégeait les plus faibles. Le petit Mohamed du *Mutchu* un jour, le petit Bruno de la gare d'Austerlitz un autre jour, et tout autre qui se faisait malmener dans une cour de récréation les jours suivants. Mais cette fois, à Sarcelles, on s'en prenait à lui. À son accent pied-noir, à sa peau mate. À sa seule présence. La meute des enfants reproduisait à l'identique ce qu'elle entendait le soir à table. Hé, l'Arabe, le Bougnoule, retourne dans ton pays, le Bicot qui mange le pain des Français, le *Rapate* OAS-SS… Son sang ne faisait qu'un tour. Louis montrait les dents, montrait les poings. Et quand ce n'était pas un gamin de CM1, de sixième, ou plus âgé, c'était parfois un père d'élève venu se plaindre. Oui, fallait pas venir se frotter à Louis avec l'insulte aux lèvres, et s'il prenait parfois une raclée par plus fort ou plus nombreux, il remontait sur ses jambes pour leur causer du pays. Un pays perdu.

France terre d'accueil, dit-on. Bien de ses hôtes récitaient ou claironnaient ce que des médias et des personnels politiques peu amènes de l'époque leur dispensaient. Pied-noir, autrement dit pied sale, autrement dit va-nu-pieds, autrement dit sale métèque. On nous représentait en colons cochons de capitalistes, gras propriétaires exploitant les terres et leurs pauvres fellahs, chaussés de mocassins, jeunes

Arabes occupés à leur cirer les pieds aux terrasses des cafés, tout en tirant sur un cigare sous un canotier. La réalité n'était pas encore recevable, celle de ces artisans, commerçants, employés, fonctionnaires, qui battaient le pavé et dont les revenus étaient inférieurs de 20 % à ceux des métropolitains ; celle de ces prétendus nantis, brillants comme des loukoums, qui s'entassaient à leur arrivée dans des internats d'établissements scolaires alors déserts, dans des campements de tentes, des gymnases, d'anciennes casernes, des entrepôts désaffectés, dans des deux-étoiles de sous-préfecture pour les mieux servis ; celle de cette population qui avait tout laissé derrière elle, les clés abandonnées sur le contact, sur la porte, ou, plus près, balancées dans les bassins du port de Marseille par des mains bigrement maladroites, à défaut de tout brûler, dans l'espoir de revenir comme on revient de vacances forcées.

La France des années 1960 était aussi anti-Arabe que la France des années 1940 était antisémite. Et nous étions arabes aux yeux de l'amalgame. On vivait avec ça. On ne parlait que de ça. Mon père avait l'amertume, la rancœur, la colère blanche à fleur de peau. Et parfois le coup de poing facile quand un malin s'amusait à le toiser du regard. Nous en voulions à de Gaulle, pas à la France métropolitaine, que peu d'entre nous connaissaient d'ailleurs, mais cette France nous en voulait. Les manuels d'école nous avaient présenté la nation autrement ; on nous présenta tout aussi autrement. Surtout, on nous tenait pour responsables de ce qui nous arrivait, de ce qui *leur* arrivait. Les milliers d'appelés du contingent qui avaient servi dans les Aurès en sont revenus tout aussi traumatisés. Combien ont été méconnaissables, marqués, bousillés. Et les attentats perpétrés par l'OAS sur le sol de la mère patrie – et pas seulement ceux à l'encontre du général de Gaulle – avaient ajouté de l'huile sur le feu. L'horreur n'avait pas de camp.

Nous sommes restés près d'un an à Paris. Le temps de boucler l'année scolaire, de se retourner. De repartir. Mon père avait préparé le terrain. Deux mois avant le premier jour de l'été, il était descendu seul à Marseille pour sonder les parages et obtenir une plaque de taxi. Il logeait dans un petit hôtel du Vieux-Port et nous appelait une fois par semaine, puisque ses économies se comptaient maintenant en pièces. Quand son numéro de licence lui a été accordé – le 6C, inscrit au bas du châssis, vous connaissez désormais ma boulimie des immatriculations –, il s'est mis à la recherche d'un logement.

Mon père ne voulait plus nous faire revivre cette saloperie d'hiver qui nous avait filé des engelures, qui avait bloqué la circulation, et donc son boulot, qui suintait la compassion ou l'indifférence au mieux, le dédain ou la moquerie, l'injure ou l'hostilité selon les cœurs et les âmes. Une saison morte qui avait congelé tout espoir de retour au pays.

Au moins allions-nous nous en rapprocher au plus près, comme on touche des yeux l'inabordable ou l'interdit.

VI

Le juste milieu

Du temps de l'exode rural, les migrants bretons avaient pris quartier à Montparnasse, les Alsaciens autour de la gare de l'Est, les Bougnats d'Auvergne dans le périmètre de la gare de Lyon. Nous, nous n'avions pas de gare comme acte de renaissance, mais des débarcadères pour la plupart. Marseille constituait une évidence pour tous ceux qui avaient déjà posé un pied sur le Vieux Continent, pour tous ceux qui s'y étaient installés. L'histoire des transhumances maritimes, la couleur des gens, la blancheur du bâti, le foisonnement des sens, le climat, les rives de la Méditerranée renvoyaient un paysage familier et commun. Même un fil à plomb posé sur une carte nous y aurait menés. Marseille vivait comme nous, hors des murs, des couvertures nuageuses, des espaces délimités. C'est ce que nous racontait notre père de ses escales prolongées quand il avait passé sa jeunesse sur des bateaux de liaison.

Certes, ce ne serait pas au Vieux-Port, sur la place de la Joliette, à la Canebière ou dans le quartier de la République, mais tout de même un lieu où l'aigreur de la nostalgie serait adoucie. Mon père avait trouvé un appartement HLM situé dans le XIIIe arrondissement, au dixième étage, bâtiment 2, dans la cité du Clos La Rose, dans les quartiers nord. Tours blanches, barres blanches, d'autres dominos en devenir tout autour, et un fourmillement permanent à leurs pieds. Nous ne serions pas dépaysés dans cette reconstitution de notre vécu. Ah si, le bâtiment était équipé d'un ascenseur, sans portes qui claquent.

J'ai dès lors vite pris mes marques, repris mes habitudes. Le football, au club de La Rose, le handball, à la salle Vallier avec l'US des traminots marseillais. Pour la boxe, il fallait tirer un trait dessus. Nous avions jeté les gants à Bab-el-Oued, mon père ne voulait plus en entendre parler. « Du foot si tu veux, du hand aussi, mais fini la boxe, fini, d'accord ? » Je ne mouftais pas.

— OK Papa, OK, ne t'énerve pas pour ça.

La boxe, si noble fût-elle à ses yeux, appartenait au passé, comme un buffet abandonné sur place.

Mais si mon père se refusait à elle, la boxe s'était entortillée à moi comme un chèvrefeuille à son tuteur. Aucun décret ne pouvait endiguer ce qui coulait dans nos veines. La boxe était l'un des principes actifs de notre chaîne ADN et le patrimoine génétique ne pouvait que se régénérer sur un terreau si fertile. La sève est montée après deux années d'hibernation. Les nouveaux copains du voisinage m'avaient parlé d'une salle pas très loin d'où nous étions, dans Saint-Marcel. Le quartier jouxtait effectivement le nôtre et une ligne de bus y menait en quelques arrêts. Il fallait juste déjouer la surveillance parentale.

Pour être honnête, je n'étais pas un excellent boxeur. Une bonne gestuelle, un petit bagage technique, un cœur endurant, mais pas de quoi jouer les terreurs. Quand j'ai pénétré dans la salle de Saint-Marcel, tapie sous les tribunes du stade de football, mon regard s'est d'abord posé sur le ring – avec l'idée qu'on s'en fait à quinze ans, l'autel des dieux profanes, le trône des puissants – puis a balayé les murs tapissés d'affiches de combats, de portraits musculeux de torses en garde, de gloires du moment. Jo Gonzales, Jean Josselin, Jacques Marty défiaient Émile Griffith, Nino Benvenuti, Joe Frazier sous tous les angles. J'étais nez à nez avec les poings de Cassius Clay quand un petit homme large et râblé m'a apostrophé.

— Tu cherches quoi, toi le minot ?

— Je voudrais m'entraîner, monsieur.

— T'entraîner ? Ah... Et tu viens d'où avec ton sac ?

— De Bab-el-Oued, monsieur.

Il s'est mis à rire.

— Bab-el-Oued ? Mais ça te fait une trotte pour venir !

Il m'a regardé des pieds à la tête, s'est rapproché de moi, m'a dévisagé un temps.

— T'entraîner, hein ?

— Oui, monsieur. On m'a dit de venir ici.

— On t'a dit ça ? Et qui t'a dit ça ?

— Des copains de La Rose.

D'un doigt, il m'a indiqué le parcours du combattant.

— Tiens, va te faire une idée. Les vestiaires, c'est là-bas. Pour le tarif et les horaires, c'est marqué sur la porte du bureau.

— Merci mons...

— Et on paie au mois avec zéro retard, OK ? Et attention, on laisse l'endroit plus propre qu'on l'a trouvé, ennnculéééé !

Pour les oreilles chastes, il faut peut-être rappeler qu'à Marseille, tout un chacun est un enculé à tout âge. Que ce soit au Stade Vélodrome, aux terrasses des cafés, en bas de l'immeuble, sur un terrain de pétanque, à la sortie de l'école, et tout aussi naturellement dans une salle de boxe. Rien d'insultant ou de haineux ; juste une interpellation comme d'autres accents pointus diraient « hep mon ami », « toi là-bas » ou « mon pote ».

Le petit homme trapu s'appelle Jean Molina. Voir débouler un loupiot qui se déclarait d'Algérie ne le rendait pas maussade. Jean – qu'on appellera vite Jeannot – venait de Sidi-bel-Abbès, en Oranie. Et comme si ce lien du sol ne suffisait pas, Jeannot ajoutait deux lignes à son pedigree de pied-noir : né dans la même ville que Marcel Cerdan. Mieux : dans la même rue. Enfin, celle en perpendiculaire. Voilà qui posait quand même son homme.

Je me suis rendu à la salle une fois par semaine, à m'exercer au sac de frappe, à la corde, devant une glace pour parfaire la technique de gestes, et parfois, les grands jours, quand l'occasion se présentait, à emprunter les trois marches qui accédaient au ring. Jeannot avait à faire avec la jeunesse du coin, dont quelques pointures tournaient dans les galas de boxe de la région. Il écumait lui aussi les gymnases depuis son arrivée à Marseille, en 1950. Dix ans plus tard, il faisait tourner la boutique après que son usine de moteurs Baudoin fut délocalisée à La Ciotat. De mécanicien sur la paille, il était passé entraîneur. De boxeur, il était passé chef de meute depuis qu'un décollement de la rétine à l'œil gauche lui avait gâché la vue en 1955, quand il avait voulu passer professionnel.

Mais voir le jour à Sidi-bel-Abbès pour un boxeur, c'est naître dans la cité de La Castellane de Zidane pour un footballeur. Sa provenance l'élevait illico au rang de grand officier avec Légion d'honneur sur le plastron. Et cet honneur, monsieur, ça se défend. Le combat permanent et ultime de Jeannot ? Venger Cerdan en célébrant un jour un champion du monde dans son écurie. Jeannot était persuadé mordicus que l'accident d'avion qui coûta la vie de son héros en 1949 portait la signature maléfique de la Mafia américaine pour éviter qu'il ne mette en pièces Jake LaMotta… Jeannot parlait fort sous sa fine moustache, Jeannot criait souvent, Jeannot était comme on l'aimait, un dur, un tendre. Des champions, il en a façonné, certains l'ont même vengé, mais pour un titre clinquant, combien d'enfants ramassés dans la rue pour leur inculquer un autre savoir que celui des écoles…

Dès qu'il observait une pause, je me tournais vers lui.

— Un jour, je t'amènerai mon frère, tu verras.

— Oui, c'est ça, minot, je verrai. Tu me l'as dit la semaine dernière, et la semaine d'avant aussi. En attendant, tourne plus sur tes jambes, ennnculéééé…

Alors, je tournais, revenais, retournais à Saint-Marcel, tout en ménageant la susceptibilité paternelle en rentrant. Jamais mon père ne me demandait quoi que ce soit ayant trait à la salle, à l'entraîneur, à l'ambiance, bien qu'il pût voir mes affaires rangées dans la chambre, mes bandages sales dans le panier à linge. Et je m'abstenais de lui en parler. Tant que j'étais inattaquable côté résultats scolaires, je pouvais tenir la distance.

Le pacte a duré trois ans. Louis grandissait, s'épaississait, jouait au football – et plutôt bien – dans l'équipe du Rouet, la pépinière de l'Olympique de Marseille, mais me parlait boxe dès que notre père avait le dos tourné. Mieux, les jours sans école, on poussait table et chaises de la salle à manger pour s'en coller quelques-unes. J'étais sans le savoir le premier sparring-partner de Louis. Aucune raison que le fil patrimonial soit rompu, hors de question cependant de transiger avec le géniteur.

Notre mère, elle, était moins définitive. Des jeux de chenapans à qui ça passera, voilà tout, soupirait-elle les yeux au ciel, quand elle nous surprenait. Mais quand l'un de nous deux esquivait un coup en faisant valdinguer dans son élan un bibelot au sol, l'arbitre familial mettait fin à la joute fissa à coups de manche à balai ! Même qu'un jour, oubliant que ledit manche se terminait par un clou, elle m'avait ouvert le front. Le combat s'était achevé dans des « mon pauvre chéri » enturbanné de compresses.

Plus largement, notre ligne de conduite tenait en ce sacro-saint principe : être irréprochable. Ne pas prêter le flanc à la critique, aux plaintes, aux sarcasmes des bonnes âmes marseillaises ; ne pas donner une seule occasion d'un « on vous l'avait bien dit », « on vous avait pourtant prévenu », « que voulez-vous, c'est toujours comme ça avec ces gens-là ». Irréprochables. Enfin, pas loin. Il fallait juste la jouer fine.

Pendant les vacances de Pâques 1968, un gala de boxe avait été organisé par Jeannot à Saint-Marcel. C'était l'ouverture rêvée tandis que mon père sillonnait Marseille dans son taxi.

— Bon, Louis, on y va mais ferme-la, on est bien d'accord ?

— D'accord, d'accord.

Nous y sommes allés quelques heures avant le début de la réunion. Jeannot préparait la salle avec quelques jeunes réquisitionnés quand il m'a aperçu accompagné.

— Ah, ben le voilà le petit frère ! Depuis le temps qu'on m'en parle ! Tu as quel âge, là ?

— Quatorze ans, monsieur.

— Quatorze ans… Bon, il va se mettre en garde pour voir, le petit champion.

Louis prit la pose.

— Bon, maintenant, bouge un peu sur tes jambes, les bras au corps.

Louis s'exécuta.

— D'accord, d'accord, petit. Et si tu allongeais un peu tes bras dans le sac là-bas ?

Louis retira sa veste et envoya ses poings dans le lourd sac de frappe qui pendait du plafond. On ne pouvait plus l'arrêter. Jeannot, qui se tenait alors tout près de moi, m'a alors envoyé une gifle dans la nuque.

— Ennnculéééé, tu m'avais dit qu'il n'avait jamais fait de boxe, le petit !

— Non, jamais. C'est la première fois, je vous jure !

Non seulement Louis cognait fort mais cognait bien. Il avait frappé juste. J'étais à deux doigts de répondre à Jeannot : alors, ennnculéééé, t'as vu ?

*

Louis avait tapé dans l'œil de Jeannot. D'accord pour qu'il vienne avec moi les mercredis, histoire qu'il se fasse les mains. Il fallait juste revenir la prochaine fois avec l'autorisation parentale pour obtenir la licence. Ouch.

— Louis, tu devines comment ça va réagir chez nous ?

— Oui, oui, Michel, je crois bien.

— On fait quoi alors ?

— On fait comme tu penses.

Après tout, je m'appelais Acariès Michel moi aussi.

Falsification faite, Louis a mis régulièrement les gants. Je le regardais du coin de l'œil taper comme un sourd dès qu'il le pouvait, mais surtout commencer un vrai travail pugilistique fait de déplacements, d'enchaînements souples, de variations de rythme. Jeannot aussi le regardait faire, le reprenait, le sermonnait. Le gamin avait du cœur, il lui faudrait maintenant le souffle, la tête, la discipline, l'écoute des consignes, le calme pour canaliser son feu intérieur.

De mon côté, j'entamais aussi un travail de sape. Mon père ne savait rien de notre incartade hebdomadaire. Louis et moi nous gardions bien de laisser traîner le moindre indice derrière nous, le moindre échange verbal à la maison, mais il fallait bien l'y préparer. Quand une réunion locale était montée avec un ou deux professionnels au programme, je lui en faisais part d'un air négligé.

— Tu as vu, papa, y a une bonne affiche demain…

Mon père ne me reprenait pas sauf quand je reformulais la chose différemment.

— N'insiste pas Michel, c'est non. La boxe, j'ai assez donné comme ça.

Je n'en rajoutais surtout pas, de peur qu'il ne flaire quelque chose. Jusqu'au mois suivant.

En plus d'entraîner sa petite équipe de boxeurs, Jeannot mettait sur pied des combats scolaires à la salle du stade Vallier, dans le quartier de la Timone. C'est la boxe éducative d'aujourd'hui : l'escrime du poing. Toucher mais ne pas frapper, jongler avec les bras, se déplacer prestement, faire preuve de technique gestuelle, mais en aucun cas décocher un K.-O. Le crâne sous un casque, Louis appliquait les consignes une trentaine de secondes, mais une tempête sous le crâne, il s'emballait. Le gamin d'en face se retrouvait fatalement raide par terre, Louis se retrouvait immanquablement disqualifié, Jeannot finissait inéluctablement irrité. Toutefois, sa réputation naissante de tueur à gages faisait peu à peu le tour des immeubles, puis du quartier, puis de l'arrondissement.

C'est assis dans son taxi, en prenant lecture de la rubrique sportive locale du *Provençal*, que mon père est tombé dessus. En bas de page, il découvrait un encadré relatif à une compétition de boxe scolaire qui se tenait l'après-midi même à la salle Vallier, un complexe omnisports du IVe arrondissement de plus grande capacité, et les noms des jeunes participants y étaient imprimés. Nous étions à mille lieues de nous en douter. Ce jour-là, Louis avait fait son Louis en catapultant un par un ses adversaires, Jeannot avait fait son Jeannot en s'arrachant un par un ses cheveux. Dans la salle bruyante, un homme se tenait debout, tout au fond. J'ai dégluti en le voyant. Il m'a regardé, puis est reparti sans un mot. Qu'est-ce qu'on allait prendre, moi surtout.

Mon père était assis dans la cuisine, un journal à la main, lorsque nous sommes rentrés. Il a fait comme si de rien n'était jusqu'au dîner. C'est au moment de débarrasser la table, une fois ma mère à l'écart, qu'il nous a pris entre six yeux.

— Bon, on va mettre les choses à plat : Louis, ça te plaît la boxe ?

— Oui, papa, j'aime ça.

— Et toi Michel ?

— C'est là, papa, lui ai-je dit en me frappant le cœur.

— D'accord, les garçons, d'accord. Mais dorénavant, tout passera par moi.

Il n'allait plus nous lâcher.

Lorsque j'ai averti Jeannot Molina de mon petit jeu d'écriture de substitution, son visage s'est rembruni. Avoir signé à la place de mon père, voilà un prétexte rêvé pour tempêter. Mais son sermon ne s'est pas éternisé. Je lui avais mis dans les pattes un boxeur sans salle ni expérience, mais épatant. Il lui restait à voir le paternel pour de vrai afin de sceller l'entente.

*

Pour maintenir la confiance de mon père, je jouais le jeu. Entré dans le cycle secondaire des études au lycée Jean-Perrin à Sainte-Marguerite, je ramenais des notes et bulletins au-dessus de la ligne de flottaison. Du moins jusqu'en terminale. C'est là que ça s'est gâté. Les copains, les filles, les filles des copains. À dix-huit ans, le degré d'émancipation se mesure souvent au taux de testostérone. Des salles de classe, j'ai progressivement bifurqué vers d'autres enseignements. Ce n'est pas que j'étais dépourvu d'aptitudes, c'est juste que la vie me démangeait tout le corps. Oui, j'aurais pu étudier les fonctions logarithmes et éplucher *Salammbô* mais qui sait si Flaubert n'aurait pas été accusé de complicité par contumace…

Pour faire bref, je passais le plus clair de mes après-midi sur les champs de courses. Et le plus sombre de mes nuits dans les bars de l'Opéra. Un bon tuyau dans la cinquième à Vivaux [1] en appelant un autre, un verre sur le zinc en précédant un autre, un pote en ramenant un autre, la dynamique de groupe d'une bande de jeunes a très vite passé les bornes. Je rentrais à 4 heures du matin, juste avant que mon père se lève pour embarquer dans son taxi ; on piquait des bagnoles, juste pour le plaisir de revenir tranquilles du centre-ville ; on poussait les défis un peu plus loin. Bars de nuit, discothèques, tout était à portée de nos mains. Le baccalauréat, ma foi, se passerait bien de moi. Jusqu'au jour où deux voitures de police se sont garées au bas de mon immeuble. J'avais été mêlé à un fric-frac dans une boîte du parc Mirabeau, *La Citrouille*, où se produisait d'ailleurs Marcel Zanini. Mais oui, mais oui, j'étais bon pour le gnouf quand le taxi de mon père fit irruption. Palabres avec la gendarmerie. J'échappais au ballon, moins au savon.

— Celui-là, il va nous en faire une, disait mon père à ma mère, tout en me désignant du menton une fois remontés à l'appartement.

Oui, je filais un mauvais coton. Mais dans les quartiers nord, il était plus facile de nager dans les bas-fonds que de s'élever sur les hauteurs d'un duplex en marbre de Carrare. Avoir vingt ans, non pas dans les Aurès mais à La Rose et alentours, ne facilitait pas l'élévation sociale. Nous n'en avions que faire d'ailleurs. Vie facile, filles faciles, argent facile, on s'autorisait les interdits à discrétion. L'environnement y était pour beaucoup. Si j'étais très éloigné de ce qu'on a appelé la *French Connection* [2] marseillaise et des

1. L'un des deux hippodromes de Marseille avec Borély. (*N. d .A.*)

2. La *French Connection*, qui a donné lieu à une multitude de films, a été une organisation de trafic d'héroïne à grande échelle entre la France (Marseille, mais aussi Paris, Le Havre, Bordeaux) et les États-Unis et le Canada des années 1930 à 1970. La pègre marseillaise,

trafics en tous genres, l'imbrication des quartiers nous faisait côtoyer les voisinages au pied des immeubles ou dans l'arrière-salle d'un bar. Loulous, marlous, voyous, nous étions élevés ensemble aux mêmes endroits. Francis le Belge était né dans le quartier d'en face, à la Belle de Mai, et avait deux ans de plus que moi ; Jacky le Mat, Antoine Guérini, Tany Zampa et leurs sbires circulaient dans les parages. On se connaissait, forcément. En 1967, quand j'allais sur mes dix-neuf ans turbulents, Francis avait déjà quinze mois de prison ferme derrière lui pour proxénétisme ; Jacky le Mat – dit le Matou, ou le Pacha, ou l'Immortel – allait être fiché au grand banditisme ; Tany Zampa avait un casier long comme deux bras pour rackets, casses et divers trafics ; Antoine Guérini venait de se faire dessouder près d'une pompe à essence dans le quartier de Saint-Julien…

La guerre des gangs, des boîtes de nuit, des réseaux de filles, des trafics de drogue, de prostitution, des salles de jeux, de containers d'armes, faisait rage. La nouvelle génération de la pègre était en train de déloger l'ancienne du *milieu*. Des *parrains* succédaient aux *parrains*. Et mon père voyait ça d'un très mauvais œil.

Sans brusquer les choses, il commençait à prendre les devants. Je flirtais avec les zones interlopes, prenais la tangente, lui donnais du souci. Un dimanche qu'on allait voir jouer l'OM au Stade Vélodrome, il a commencé à m'entreprendre.

— Et sinon, tu veux faire quoi de ta vie, Michel ?

Je haussais des épaules, cherchant une réponse dans le vaste ciel. Je lui avais évoqué une vague idée de faire l'armée, de viser peut-être l'entrée à l'école militaire de Saint-Cyr Coëtquidan, histoire sûrement de le contenter, ou plus

disséminée en plusieurs familles, et le crime organisé corse, ont mené les opérations d'exportation à destination des organisations criminelles américaines. (*N. d. A.*)

prosaïquement de prendre le volant moi aussi, vu qu'il avait maintenant de l'entregent dans la compagnie des taxis marseillais.

— Taxi ? Mais tu as le temps pour ça, crois-moi. Fais donc des études.

Des études, alors que j'avais foiré mon année de bac ? En fait, l'avenir sans but qui stagnait dans mon esprit brouillé était limpide dans le sien. Il avait tracé mon début de ligne de vie.

J'avais suivi ses conseils, vu que je n'avais rien à proposer en retour. D'abord devancer l'appel du service militaire pour incorporer le CIABC [1] de Carpiagne, où je verrai de loin les événements de Mai 68 et l'exil furtif du Général à Baden-Baden. Puis passer mes dix-huit mois d'armée dans ce camp militaire pour prendre un galon, celui de maréchal des logis-chef, et une fonction, instructeur de char. Et ensuite intégrer pendant deux ans un IUT d'informatique.

— L'informatique, ça, c'est l'avenir, Michel, avait-il appuyé.

Un avenir, des études ; en gros, ce qu'il n'avait pu entreprendre avec son poumon percé et ses six côtes enlevées.

C'était l'époque où il fumait deux paquets de Gitanes par jour. Qu'il en posait un troisième chaque matin sur le buffet, par-dessus un billet de cinquante francs qui provenait de sa recette de la veille. C'était notre rituel silencieux. L'argent de poche partait lui aussi en fumée. Deux ans plus tard, le lendemain de l'obtention de mon BTS, les portions avaient été doublées.

*

1. Centre d'instruction de l'arme blindée et de la cavalerie. Le camp de Carpiagne abrite désormais le 1er Régiment étranger de cavalerie. (*N. d. A.*)

Le travail de Jeannot commençait à payer. Louis devenait de plus en plus boxeur et de moins en moins chiffonnier de quartier. À force d'enculages proférés et de gestes rectifiés, Louis apprenait à discipliner son corps et son tempérament. Comme un jeune étalon gorgé de sang qui se cabre à la moindre injonction avant d'accepter le passage d'un licol jusqu'à l'encolure, Louis apprivoisait ses ruades. Utiliser les jambes, poser ses pieds, assurer les transitions avec le haut du corps, travailler les enchaînements, allonger les bras sans forcer les coups pour ménager les articulations, décomposer ses gestes encore et encore devant une glace, tel un coryphée qui s'ingénie à se mouvoir jusqu'à l'état de grâce dans les coulisses d'un opéra. Jeannot était son premier maître de ballet. Comme un driver estime un yearling bon pour son premier tour de piste, Jeannot le déclarait prêt pour son baptême du feu. Louis était dans sa seizième année. Pour lâcher le pur-sang, il fallait toutefois passer par le sapeur-pompier de service, à savoir mon père.

Le premier adversaire de Louis dans les rangs amateurs était un Algérien de vingt-six ans, longiligne, et vainqueur de cinq de ses six premiers combats. Sur le papier, l'entrée en matière était audacieuse, pour ne pas dire suicidaire. Sur le terrain, c'était différent. Dans les deux semaines qui précédaient, mon père avait passé le quartier de l'adversaire au peigne fin, à fréquenter ses bars, à questionner ses amis, à passer un œil à sa salle. La séance vidéo d'avant l'heure, faite non pas d'images séquencées mais de ressentis personnels. Mon père avait accepté le combat. Il savait tout de l'autre.

Le soir de la réunion, la salle braillait de tous côtés quand Louis est monté sur le ring. Des encouragements comme des sifflets. Au premier coup de gong, Louis est allé droit sur son adversaire et a déclenché une droite. Extinction des feux.

Louis venait de passer son bac avec mention.

*

Les célébrations nocturnes ont duré plus longtemps. Le quartier tenait là une graine de champion, Jeannot souriait de toutes ses dents, même s'il devait intérieurement tiquer sur cette fougue qui avait abrégé toutes les leçons de la salle. Mon père souriait aussi. Ça faisait bien longtemps qu'on ne l'avait pas vu ainsi, parlant avec qui voulait, trinquant à qui mieux mieux, évoquant même Cerdan qui avait entamé de manière expéditive sa carrière amateur à douze ans. Avec Jeannot, ils avaient de quoi disserter.

La fougue de Louis était tout autant un atout qu'un péché mignon. Il fallait placer un gouvernail sur ce bateau pirate qui partait à l'abordage sabre au clair. Jeannot venait le chercher tous les jours avec sa DS, répétait les gammes, lui parlait, parlait, parlait, souvent des heures après les leçons de boxe. Comme un vieux loup de mer tisonnant sa mémoire auprès d'un âtre, il lui racontait alors son Cerdan et Louis le mitraillait de questions. Mais au-delà de l'épopée, Jeannot insistait sur la nécessité d'avoir un autre bagage qu'un crochet court à la face pour survivre le jour où l'adversaire serait d'un autre métal.

Louis a grimpé les échelons, mais en se tenant aux barreaux cette fois. En se tenant à carreau aussi. Il avait bien compris les termes du contrat oral passé avec notre père.

D'abord, à l'école. Il obtenait son BEPC, accédait en seconde, puis en première G, puis était admis en terminale. La frénésie née de ses premiers pas sur un ring n'avait pas fait dévier notre père de ses principes, ceux auxquels je m'étais plié précédemment. Il lui évoquait des études de comptabilité pour assurer ses arrières et l'avait inscrit dans une école de commerce, place de la Castellane. Mieux valait jongler avec les chiffres entre quatre murs que d'être compté jusqu'à dix entre quatre cordes.

À l'école, mais aussi dans la rue, Louis devenait une petite attraction, de celle qui attire les petits manèges, les petits défis, les petites embrouilles. Une réflexion salace, une provocation verbale, un ton qui monte et c'était la bagarre assurée. Louis passait maintenant son chemin, jouait l'indifférent, se blindait.

Dans la rue, mais aussi à table. Est-il nécessaire de détailler ce qu'une mère méditerranéenne, fière de sa cuisine, de ses plats mijotés, épicés, luisants d'huile d'olive, pouvait poser au milieu des assiettes... Quelle ne fut pas sa tête déconfite lorsque Louis décréta qu'il ne mangerait plus dorénavant que du steak salade ou quelque chose d'approchant.

— Sans sauce ? demandait-elle, consternée.

— Oui maman, sans sauce.

Cours de maths après cours de géo, round après round, Louis suivait ses propres préceptes. Il faisait mouche. Champion de Provence amateur, Louis tapait maintenant dans l'œil des instances et fut sélectionné pour les championnats de France universitaires qui avaient lieu... à Marseille. Reçu cinq (combats) sur cinq, sous les yeux des huiles du comité régional de boxe. Premier titre pour Louis, pour la famille. Pour Jeannot aussi. Une petite réception avait été organisée le lendemain à son collège. On lui avait remis une médaille flanquée d'un ruban tricolore. Nous étions tous émus. Pour la première fois, la France nous reconnaissait.

Louis prenait du volume, commençait à remplir l'espace et mon père ne voulait plus rien laisser au hasard.

— Michel, il faut que tu passes ton brevet d'arbitre.

— Papa, t'es fou ou quoi ?

— Fais ce que je te dis. Va t'inscrire au comité régional.

— Mais pourq…

— Michel !

J'ai suivi les stages et ai arbitré cinq ou six combats amateurs. L'idée ? Pas vraiment celle de diriger un combat mais d'intégrer les instances régionales, d'être au courant des courants d'influence, du choix des arbitres, de ce qui se disait, ce qui se tramait dans les couloirs… Pour quelqu'un qui ne voulait pas en entendre parler quelques années plus tôt, mon père avait plutôt bien rectifié le tir. Et le fait est que Louis traçait son sillon. Son rayonnement devenait tel que l'organisateur marseillais Marcellin Martin fit appel à lui pour boxer en lever de rideau de Gratien Tonna à la salle Vallier.

À Marseille, boxer pour Marcellin Martin, c'était être mis en scène par Claude Chabrol pour un comédien en herbe. Le promoteur marseillais était l'égal de ses grands confrères parisiens – Jean Bretonnel, José Jover – pour présenter des réunions internationales avec des noms ronflants. À Marseille, boxer dans une réunion de Tonna, c'était faire l'avant-première d'Yves Montand pour un jeune chanteur. Fouler la même scène devant le même public pour trois reprises de deux minutes qui se terminaient dans les bravos ou sous les huées. Tonna, c'était une gueule, une carrure, une enclume dans chaque main. Un type charmant en dehors du ring, un animal au-dedans. C'était Requin dans James Bond. Un squale qui se cassera les dents à deux reprises sur le titre mondial[1] mais qui avait fait sauter des colliers pendant quinze ans…

Avec Tonna et d'autres vedettes du moment telles que Jules Bellaïche, Louis tournait comme un satellite autour

1. Face au Colombien Rodrigo Valdés en 1974 (titre mondial des moyens WBC en jeu) et à l'Argentin Carlos Monzón en 1975 (titre WBA). Gratien Tonna totalisera 46 victoires (dont 37 avant la limite) pour 11 défaites de 1970 à 1985. (*N. d. A.*)

d'un astre, ce qui n'empêchait pas des astéroïdes d'être en orbite autour de lui. Les grands galas de boxe du stade Vallier amenaient du monde et, le temps d'une soirée, se faisaient face la fine fleur de la police marseillaise d'un côté du ring, un échantillon de demi-sels et de repris de justice de l'autre. Je voyais parfois le cinéma qui se faisait autour de mon père, en train de se faire serrer la pogne par l'un ou l'autre, le chapeau bas et la clope au bec, l'un ou l'autre se faisant quelquefois plus engageant dans le propos. « Il est bien le fiston, il est bien », qui devenait peu à peu « il est bien le fiston, il est bien, on pourrait en faire quelque chose », qui pouvait s'allonger d'un « on va le protéger Michel, t'inquiète ; lui trouver deux-trois filles, un appartement en ville, lui faire sa garde-robe… ».

Mon père laissait dire, ne trahissait aucune émotion. Mais quand les propositions se sont faites plus pressantes, quand l'étau se resserrait, il est passé au plan B. Et compte tenu de mes états de service du moment, j'en faisais partie.

— Michel, tu vas monter à Paris. Dans un an, je t'envoie ton frère. Parce que ici, ça va mal finir.

VII

Un compas dans l'œil

Dans l'air ambiant de notre Marseille et de sa boxe, les courants étaient convergents. Ils diffusaient un mélange d'embruns, de senteurs sucrées, de poudre, de soufre. Mon père savait comment s'y prendre avec les guêpes et les bourdons qui butinaient dans son périmètre. Surtout ne pas les braquer, les rabrouer, les provoquer. « Il est jeune, on a le temps », « on verra plus tard comment il évolue », « Louis a des dispositions, c'est vrai, mais c'est encore trop tôt pour dire », blabla. Mon père esquivait, reportait l'hypothèse, renvoyait à demain, ajournait un accord qu'il savait irrémédiable. Sauf qu'il avait maintenant affaire à des frelons tigres.

Des frelons qui s'insinuaient non plus seulement dans les belles soirées de boxe – passe-temps légal et trêve tacite sur terrain neutre avec les poulagas en face –, mais aussi à la salle, aux heures d'entraînement. Deux-trois s'y pointaient dès 17 heures, comme ça, l'air de rien, se posaient sur un mur, saluant d'un index l'un ou l'autre torse nu qui passait, ressortaient en silence. Vers les 20 heures, ils revenaient dans l'essaim tandis que Louis prenait sa douche.

— Un petit apéro, Michel ? Ça nous ferait plaisir.

Surtout ne pas refuser, jamais. Je repartais avec Louis à la maison. Mon père finissait la soirée autour de môminettes et d'assiettes de *kémia* picorées à volonté, ces assortiments d'olives aillées, fèves cuites au cumin, effilés de légumes confits, filets d'anchois marinés… Depuis qu'il avait vu Louis haut comme trois pommes se produire à la salle Vallier, il s'était fait une raison. Une certitude. Au-delà de la filiation et des possibles travers obsessionnels qu'elle peut générer, au-delà des souvenirs qui allaient immanquablement remonter, il avait immédiatement détecté chez son plus jeune fils des aptitudes, des facilités et, disons-le, un don, comme on peut le déceler chez un enfant prodige au violon, au dessin, au football.

Il lui fallait juste tenir un an avec un cure-dents.

Je suis monté à Paris à l'été 1970, à vingt-deux ans, accompagné d'un ami marseillais, André Matina. Mon père avait préparé le terrain pour sortir Louis d'un guêpier. C'était sa version officielle, celle que je ne pouvais pas décliner pour le bien de mon petit frère. C'était surtout pour m'éloigner de ce qui m'attirait car, franchement, qu'avait-il besoin de m'envoyer en éclaireur un an avant… Avec André, on s'est trouvé un petit logement. Une chambre de bonne sous les toits au 17 rue Le Peletier – pas loin de la gare Saint-Lazare – qui donne sur le boulevard Haussmann. À vol d'oiseau, j'étais à un petit kilomètre de la rue d'Argenson – qui pique elle aussi sur le Grand Boulevard – où on avait retrouvé notre père huit ans plus tôt.

Question boulot, ce dernier avait là aussi bitumé mon itinéraire, après celui de mes études. Ma cousine Annie, celle avec laquelle on avait partagé notre appartement au Petit-Clamart, était devenue directrice dans une société d'informatique. Le job, avec période d'essai pour commencer, était tout trouvé. Bref, je pouvais difficilement faire le capricieux. Sauf que j'avais la bougeotte.

Le taf en informatique a duré un petit mois. Période d'essai pas transformée, vie pas faite pour moi. J'ai refilé le bébé à André, tout heureux de toucher un petit salaire. Dans la foulée, j'ai travaillé comme guichetier dans une agence de la BNP mais, là encore, je me sentais à l'étroit. Combien de temps ? Un mois, de mémoire. Quant à ma gargote du IXe arrondissement, j'ai dû y séjourner quelques mois avec André avant de dégoter un appartement rue Coriolis, dans un immeuble qui longeait les voies ferroviaires de la gare de Lyon.

Parce que je voulais Paris. Pas le Paris des sorties de bureaux et des turnes mansardées, mais le Paname des champs de courses, des casinos environnants, des sorties nocturnes. Paris, quoi ! Depuis que mon père nous emmenait chaque week-end au Caroubier d'Alger, puis au Vivaux de Marseille, puis à Vincennes ou à Longchamp, le virus s'était propagé. On se prenait à faire le papier[1], à prêter l'oreille aux rumeurs qui bruissaient, aux tuyaux qui s'échangeaient ; on jouait un bifton sur le neuf dans la quatrième, un tuyau percé, et on recommençait. De fil en aiguille, de paddocks en canters, de salle des balances en ronds de propriétaires, nous en sommes venus à parler musiques[2] ou handicaps avec des entraîneurs, des propriétaires, des jockeys, des lads, et tout ce petit monde qui cavalait à bride abattue dans ce vase clos. Et c'était franchement plus emballant qu'encaisser une remise de chèque derrière un plexiglas.

---

1. Faire le papier signifie étudier une course avant d'établir un pronostic (ensemble des performances, aptitudes, origines des participants, nature du terrain…) (*N. d. A.*)

2. La musique désigne l'ensemble des dernières performances d'un cheval. Les musiques se présentent sous la forme d'une série de chiffres (ou de lettres majuscules) suivis de lettres minuscules. Les chiffres (ou lettres majuscules) représentent le classement obtenu et les lettres minuscules le type de course (« p » pour les courses de plat par exemple). (*N. d. A.*)

Mais pour assouvir mes envies et mettre un billet sur un hongre normand dans une nocturne du plateau de Gravelle, encore fallait-il en avoir. Si la boxe relevait du patrimoine, conduire un taxi l'était presque tout autant. J'ai alors mis mes pas dans ceux de mon devancier. À l'identique, à la page près. J'ai bûché le plan de Paris comme le fit mon père huit ans plus tôt. Mémoriser visuellement les rues une à une, les boulevards, les passages, les cours, de Bry-sur-Marne à Bois-Colombes, de Garches à Livry-Gargan, en passant par Notre-Dame ou le palais de Chaillot. J'ouvrais toutes les portes – Pantin, Châtillon, Champerret –, refermais le pavé la tête pleine de généraux et de saints machins. En un mois, j'avais la bible du routard francilien imprimée dans mon disque dur. Quinze jours plus tard, je décrochais mon permis de place avenue de Wagram, comme mon père, après un examen réussi de bout en bout. Comme mon père. Comment aurait-il pu m'en vouloir ?

Il avait briqué une Ariane noire, j'allais lustrer une 404 rouge. Le véhicule m'attendait au garage de la compagnie G7, rue Vicq-d'Azir, entre l'hôpital Saint-Louis et la place du Colonel-Fabien. Comme mon père, j'optais pour les courses matinales, de 4 heures à midi, ce qui me laissait le champ libre après coup. Le champ de courses le plus souvent.

Mais pour miser sur le bon cheval, j'en ai ramassé des noctambules, des insomniaques, des fêtards ! J'en ai vu, dans le rétroviseur, des fessiers se poser, s'avachir, s'affaler sur la banquette arrière, ceux des amoureux transis, des touristes en transit, des femmes trompées en larmes, des amants enlacés en sueur, des types louches, des putes démaquillées, des travelos fatigués dans le Paris de Jacques Dutronc et des aurores crasses… Dès que je mettais le contact, je ne regardais plus qu'une chose : le compteur. Il affichait 2,50 francs, le prix d'un beefsteak. Mon père devait se le dire lui aussi.

Sur son injonction, je devais l'appeler tous les jours d'une cabine téléphonique. À défaut d'avoir un œil sur moi, il me collait une oreille. Je lui racontais des bobards sur le boulot mais mes petites combines ne pouvaient pas durer éternellement.

— Je te jure, papa, j'ai peut-être bifurqué mais je marche droit ! Je suis dans mon taxi à 4 heures au plus tard et je fais mes huit heures d'affilée... Oui, je bosse six jours sur sept... Oui, ça va, ça marche plutôt bien... Non, je ne déconne pas...

Je ne le laissais pas trop parler mais, finaud comme il était, il se doutait bien. Un chien ne fait pas un chat. L'essentiel de mes courses passait sous un guichet, non pas à la BNP, mais dans une salle de paris. Ça gagnait, ça perdait, ça ramassait, ça filait. Et quand il en restait à 20 heures, il n'en restait plus à minuit passé.

Et puis Louis a débarqué à la fin août 1971.

Même si j'avais effectué quelques navettes Paris-Marseille, mon petit frère avait bien grandi. À dix-huit ans, il s'était astreint depuis des mois à une stricte ligne de conduite – pas de sauce, tu es sûr ? – qui dessinait maintenant un corps d'athlète. Sa dizaine de combats amateurs lui avait parallèlement forgé un tempérament et une notoriété naissante.

Là encore, là toujours, mon père avait balisé son arrivée. L'un de nos cousins, François, qui habitait le Petit-Clamart (décidément), allait nous héberger les premiers soirs et mon père m'avait bombardé d'instructions par téléphone pour guider les premiers pas parisiens de Louis boxeur. Initialement, il avait dans l'idée de le placer chez le manager corse Philippe Filippi, qui s'occupait notamment des intérêts de Charles Humez, Alphonse Halimi et... Marcel Cerdan Junior. Mais Marcellin Martin, l'organisateur marseillais, lui avait chaudement recommandé une autre adresse comme un styliste parle d'un grand couturier :

— Michel, si tu veux faire monter le petit à Paris, envoie-le chez Bretonnel, c'est la maison la plus sérieuse.

Jean Bretonnel. Monsieur Jean, disions-nous tous. C'était un nom, probablement le plus important de la boxe de l'après-guerre, que la déférence générale ramenait solennellement au seul prénom. Gouaille de titi parisien, cheveux bien mis, Monsieur Jean vouvoyait ses boxeurs[1] et tutoyait les sommets. Entraîneur, manageur, organisateur, il charriait derrière lui un demi-siècle de réunions d'envergure et une légion de valeureux guerriers, de Robert Villemain à Jean-Claude Bouttier, de Germinal Ballarin aux frères Warusfel. Sept champions d'Europe et une dizaine de combats pour le titre mondial – que ce soit à San Francisco, au prestigieux Madison Square Garden de New York ou au Parc des Princes –, mais jamais de consécration suprême. Ingrat, le noble art. Kubrick, Hitchcock, George Lucas ou Orson Welles n'ont jamais reçu d'Oscar non plus.

Oui, une remarquable maison, une maison sérieuse, mais une maison fermée. Quand Louis et moi sommes arrivés en une fin d'après-midi devant le 23 faubourg Saint-Denis, la grille était tirée. Paris en août.

— Merde, on fait quoi maintenant ?

Je réfléchissais.

— Viens, on va à l'Avia Club d'Issy-les-Moulineaux. En plus, c'est sur le chemin pour rentrer.

Une demi-heure plus tard, nous voilà devant la salle tenue par Marcel Bazin. Ouverte celle-là. Un homme sain et généreux, ce Bazin. On aurait pu l'appeler Monsieur Marcel. Sa salle avait vu passer Jean-Paul Belmondo, Jean-Pierre Marielle ou Michel Creton côté vedettes, Gilbert Cohen et, plus tard, Christophe Tiozzo question palmarès. Plusieurs boxeurs

---

1. Qui le lui rendaient, sauf Robert Villemain que « Monsieur Jean » avait connu tout jeune. (*N. d. A.*)

transpiraient autour du ring, dont Coletta, capitaine de l'équipe de France amateur, qui s'était déjà fait un nom dans la catégorie des super-légers. Fin août, les sparring-partners sont parfois manquants et Bazin acceptait l'idée que Louis monte sur le ring pour faire l'opposition. Échauffement, coup de gong, prise de distance, observation, puis droite expresse à la face : Coletta est étendu de tout son long. Stupeur de Marcel Bazin : un jeunot met K.-O. son champion.

— Louis, c'est ton prénom, c'est ça ? Tu reviens quand tu veux pour signer une licence.

Merci Marcel, c'est sympa, mais on faisait juste un crochet.

*

La salle du SC 10e, au début du faubourg Saint-Denis, était perchée au deuxième étage. Une fois là-haut, on passait une double porte battante sur laquelle une plaque augurait d'un étrange présage : *Entrer sans frapper*. En ce début septembre, notre père avait fait le déplacement de Marseille pour nous accompagner. La maison était sérieuse, on devait l'être tout autant. Jean Bretonnel nous attendait dans son bureau, attenant aux deux rings disposés dans la longueur, qu'éclairaient de larges fenêtres.

— Venez, venez donc, messieurs !

Présentations faites, le ton de Monsieur Jean était très engageant. Marcellin Martin l'avait visiblement bien briefé sur les capacités de Louis. C'est peu après que l'échange est monté d'un cran avec mon père.

— Bien, je vois que nous parlons le même langage. On va s'occuper du petit, lui trouver un travail et une…

— Qu'on se comprenne bien, monsieur Bretonnel. Louis, sa famille s'en occupe, il n'est pas orphelin. On vient vers vous pour parler boxe, pas du reste.

— Ah, bien, bien, monsieur Acariès, pas de problème.

— Je suis d'accord à l'idée de vous confier mon fils mais vous ne prendrez aucune décision sur son plan de carrière sans m'en avertir. Je serai d'ailleurs présent à tous ses combats.

Aborder Jean Bretonnel par un corps-à-corps verbal, voilà qui ne devait pas être courant. Mais après un bref échange de regards, Monsieur Jean acquiesça, sûrement parce qu'il estimait que mon père bluffait. Marignane-Orly et retour, tout ça pour un trois rounds dans une réunion de banlieue… À l'époque, il n'existait pas de carte d'abonnement et les billets d'avion s'adressaient à une clientèle plus réduite qu'aujourd'hui, en tous les cas pas à un chauffeur de taxi. Les deux hommes se serraient finalement la main.

— Le petit pourra se présenter lundi, ponctua Monsieur Jean.

Pour mon père, ce passeport inaugurait le premier aller-retour express d'une longue série.

Je n'étais plus seul à Paris et il n'était pas question dans mon esprit, dans celui de mon père, ni dans celui de Louis qui n'avait d'ailleurs pas encore dix-sept ans, qu'on puisse vivre séparément. J'étais l'œil de mon père, l'épaule de mon frère, et notre fusion s'apparentait à l'osmose de frères jumeaux, boxe ou pas boxe, bien que nous ayons six ans d'écart. Louis et moi étions du même sang, du même nom, de la même terre. Et de la même vie.

Comme dans bien des familles françaises, des familles méridionales, des familles de pieds-noirs, l'arbre généalogique est vaste et ses branches ont poussé un peu partout. Chez nous, il se trouve toujours quelqu'un quelque part ; un neveu, une bru, un cousin, une grande tante, prêts à vous aider, à vous dépanner. Et si par extraordinaire les lignées de l'arborescence venaient à manquer, on sollicitait les fibres amies de la communauté pied-noire. On appelle ça un clan. Nous formions un clan.

J'avais expédié mon bail de location de la rue Coriolis et nous avons trouvé refuge à Noisy-le-Sec, de l'autre côté du périphérique, plein est depuis la porte de Pantin, entre Montreuil et Bobigny. Ce n'était plus mon Paris, encore que. Nous logions au 47 avenue Gallieni, au-dessus du café-restaurant-hôtel tenu par le grand-père de Muriel – la future épouse de Louis –, lui-même rapatrié de Rouïba, à l'est d'Alger. Le *Resto des Routiers*, qui servait midi et soir, occupait des membres de deux familles : celle de Muriel – alors à Dakar avec son père ingénieur et sa mère – et la mienne ; ma sœur Jeanne était en effet l'épouse du grand-oncle de Muriel. Vous suivez ? Nous, on s'y retrouvait les yeux fermés.

Le manège a duré sept ans. Dès les premiers jours de notre emménagement à Noisy-le-Sec, notre rituel s'est installé. Louis partait faire son footing en sifflotant, je partais à Orly en 404, et je le rejoignais en fin d'après-midi à la salle du SC 10e. Je ne le lâchais pas d'une semelle. Bretonnel non plus, à sa façon. D'entrée, il lui avait demandé de venir à 19 heures, et non à 17 heures, l'horaire de la leçon pour les amateurs du club. Louis allait s'entraîner avec les professionnels, du jamais-vu chez Monsieur Jean. Et quels pros ! Les Bouttier, Zami, Warusfel, Capitolin… Des champions de France de leur catégorie, et même plus dans les années à venir. Louis fut spontanément admis dans leur cercle. Pas comme une mascotte ou un chouchou, mais comme un véritable sparring pour ceux de son poids.

Chaque heure de chaque jour que Louis passait à la salle, j'étais là. Monsieur Jean m'avait plutôt à la bonne. J'étais souriant, silencieux, poli, admis comme le frangin, comme son ombre. À la longue, je me fondais dans le décor, me confondais avec les murs qui retenaient la sueur. Mes premiers diplômes de boxe, mes premiers brevets, de ceux qui ne s'obtiennent pas dans une salle d'examen, je les ai travaillés à travers les leçons dispensées à Louis et aux autres boxeurs. Je me posais le fessier sur un radiateur, celui scellé sous une fenêtre, et je les regardais vivre.

*

Mon compteur tournait, tournait bien même. J'avais pour toute première destination l'immense parking des taxis de l'aéroport d'Orly, sur les coups des 5 heures du matin. Un stop qui pouvait durer deux heures, vu la file des collègues. Un jour d'attente, j'avais demandé à une connaissance qui tenait un bar de l'aéroport s'il ne pouvait pas trouver une ou deux heures de boulot par jour pour Louis, n'importe quoi, pourvu qu'il meuble sa journée avant son footing, qu'il se fasse un peu d'argent de poche. Il accepta. Pour son premier jour, j'avais déposé Louis au petit matin près du bar, et j'y suis revenu moins d'une heure plus tard, le temps d'une course jusqu'à Paris. Je l'ai récupéré marchant sur le trottoir du terminal.

— Hé bé, tu as déjà fini ?

— Oui.

— Ça s'est bien pas…

— Non.

— Non ?

— Non. Il m'a dit « hé petit, prends cette caisse et va la… » ; je lui ai répondu « non, toi, tu prends cette caisse et tu l'amènes où tu veux ».

Une demi-heure chrono.

Les ordres, autres que ceux de mes parents, il ne supportait pas. Notez, j'aurais pu m'en douter. À l'école, avant l'entrée en classe, impossible de lui faire tenir un rang, deux par deux. Et parlant de une-deux, au pas militaire cette fois, impossible de lui mettre une arme dans les mains. Le juteux pouvait lui crier dessus, c'était non. Louis a passé le plus clair de son temps au trou. Quand les tournois interarmées des sports arrivaient, on l'en ressortait. Sacré frérot.

Le service militaire est en effet arrivé à lui plus vite que prévu. Sur l'ordre – avisé – de mon père. Louis s'entraînait assidûment mais boxait peu. Hormis les quelques combats officiels – championnats de Paris et les qualificatifs pour les championnats de France –, ça ne se bousculait pas au portillon. Petite réputation, club de renom, sparring-partners redoutables, voilà qui faisait fuir l'adversité comme la citronnelle repousse l'insecte. Jean Bretonnel n'y était franchement pour rien, l'incorporait même dans quelques levers de rideau de ses propres organisations professionnelles, à la fois pour sortir le petit prodige de son cocon et prouver ce qu'il savait faire à présent. C'est ainsi que Louis foula le même ring que Jean-Claude Bouttier lorsque le beau gosse mayennais défia une seconde fois l'Argentin Carlos Monzón pour le titre mondial des poids moyens, en septembre 1973 à Roland-Garros[1], jour de la fête des parachutistes et de la Saint-Michel. Louis touchait des yeux les étoiles, en agrippait quelques-unes avec ses gants, puis repartait dans les néons de la salle.

Mon père, qui montait comme promis sur la journée pour le voir briller les dimanches au gymnase Max-Rousié de la porte Pouchet, n'a pas tardé à recalculer une nouvelle route avec trois chiffres à relier sous son compas : 21, comme l'âge minimal réglementaire pour passer néoprofessionnel ; 19, comme l'âge de Louis ; 12, comme le nombre de mois du service militaire. Il lui faisait devancer l'appel.

Et moi, j'étais déclaré apte pour le service course.

---

1. Défaite aux points. Louis s'était imposé par K.-0 4e contre un dénommé Martin. (*N. d. A.*)

Il ne s'est pas passé un jour sans que je vienne le chercher au bataillon de Joinville[1], à Fontainebleau. 70 bornes aller au compteur, 70 autres pour l'amener à la salle du SC 10e, 70 à suivre pour retourner en Seine-et-Marne, 70 pour finir, jusqu'à Noisy-le-Sec. Pas un jour, sauf ceux que Louis passait au violon, petite musique qui passait mal à l'oreille paternelle depuis une cabine téléphonique ; pas un jour, sauf ceux que je passais à la caserne, avec les autres sportifs troufions. Oui, à force de voir la 404 rouge, son passager et le conducteur, on a fini par me laisser un lit de camp dans sa carrée…

Louis a disputé trente-trois combats dans les rangs amateurs en l'espace de trois ans, dont une bonne partie avec l'équipe de France lors de réunions internationales. La seule perspective de porter les couleurs du drapeau le transcendait, et les instances fédérales, pas folles, poussaient à la roue. Mais rêver de participation aux Jeux olympiques de Montréal en 1976 comportait deux écueils : se frotter à des adversaires des Pays de l'Est qui étaient aussi amateurs que j'étais directeur d'agence BNP, et repousser l'objectif initial qui était de passer professionnel en trois ans.

Ces réflexions, cette stratégie à long terme, nous les devions exclusivement à la sagacité de notre père. Avec le recul que me confère l'âge désormais, combien de pièges, d'erreurs, de facilités, nous a-t-il fait éviter. Combien de vols allers-retours, de conseils délivrés mine de rien, de décisions à distance sans que notre insouciance de loustics les devine. Il nous tenait en laisse sans laisse. On le croyait sillonnant les rues surchauffées de Marseille ? Il nous surprenait dans les tribunes de Vincennes.

---

1. Le bataillon de Joinville était à l'époque l'école interarmées des sports qui regroupait des appelés sportifs de haut niveau. Le site a été dissous en 2002. (*N. d .A.*)

Alors, quoi qu'il nous en coûte, il fallait suivre le tracé de compas de mon père.

Trente-trois combats et trente-trois victoires, disions-nous. Les statistiques annoncent trente-deux ? Elles se trompent. Tout comme le verdict du dernier combat amateur de Louis en mars 1975, en finale du championnat de France amateur, catégorie super-légers, dans la ville de son adversaire Alain Marion. À Creil, dans une salle chauffée à blanc, il avait été déclaré battu aux points. Marion, un combattant, un vrai de vrai, la suite de sa carrière en témoignera, n'avait pas démérité, mais ne le méritait pas. Et ne placez pas ma contestation sur le dos commode de mon parti pris aveugle et consanguin : même le brave Alain Marion était gêné aux entournures ; même les commentaires des médias nationaux de l'époque s'en étaient émus[1]. On découvrait l'injustice, la volatilité des juges, les affres de la défaite. Louis était inconsolable, en parlait encore comme de la plus grosse déception de sa carrière, quarante ans et quarante-cinq combats pros plus tard. Ce n'était qu'un titre national, penserez-vous ? Oui, mais le premier, celui qui aurait ponctué un parcours sans faute, celui qui aurait déroulé un tapis rouge sans le moindre faux pli jusqu'aux portes du professionnalisme. Celui qui aurait fait retentir *La Marseillaise*.

On découvrait la boxe. Elle allait nous découvrir.

---

1. Dans l'émission dominicale *Télé-sports* diffusée le lendemain du combat, le journaliste Pierre Cangioni avait commenté de ces mots le verdict : « Regardez Acariès, c'est un futur grand champion. Pourtant, ce soir, c'est son adversaire que l'on a déclaré vainqueur. » (*N. d. A.*)

VIII

À LA FORTUNE DU POT

L'équipe de France de football était régulièrement championne du monde des matchs amicaux, Yannick Noah venait tout juste de passer ses quinze ans, le rugby se jouait toujours au fond d'une boîte de cassoulet et Alain Prost n'était encore qu'un pilote de karting quand Louis passait professionnel. Dans les années 1970, la boxe était un poids lourd du sport national, mais aussi planétaire. En 1975, on venait tout juste de sortir de l'effarant « Rumble in the jungle » de Kinshasa – désigné combat du siècle – qui opposa Muhammad Ali le musulman à George Foreman le nègre blanc. En France, la catégorie reine en pinçait pour les poids moyens, le roi du ring s'appelait Jean-Claude Bouttier, et ses dauphins Max Cohen et Gratien Tonna guerroyaient autour de son trône. La boxe parisienne vivait fort, électrisait les foules, des cintres d'un chapiteau où s'égosillaient gitans et Ménilmontant jusqu'au parterre où se pressait en nœud pap le Tout-Paris, Bébel, Alain Delon, Gilbert Bécaud, Omar Sharif, Pierre Richard, Jean-Pierre Cassel, Henri Salvador, Tino Rossi, les actrices platine du moment…

La boxe de ces années-là amenait son monde vers son château fort, le Palais des Sports de la porte de Versailles. Ce qui n'empêchait pas les soirées d'exception d'annexer d'autres royaumes comme Roland-Garros de la porte d'Auteuil, le stade Yves-du-Manoir de Colombes, le cirque Jean-Richard de la porte de Pantin ou l'enceinte Pierre-de-Coubertin près de la porte de Saint-Cloud.

Mais pour nourrir l'appétit des connaisseurs, la curiosité des profanes, le feuilleton des carrières et les affiches des lendemains, le Paris de la castagne se retrouvait régulièrement dans des salles confinées où la sueur des rings partageait l'espace avec les sifflets descendant du poulailler, les volutes des cigarettes, la giclée de sang qui tombait sur le jabot d'un bien mis au premier rang. Oui, elles avaient du relief ces arènes, du tempérament, respiraient le populo, transpiraient la besogne et parfois la beauté du geste ; elles participaient aux loisirs canailles des Parisiens qui enchaînaient avec les bastringues, les bals costumés, les soirées guinguettes ou cabarets olé-olé. Rouage du cycle des divertissements, la boxe assurait le show dans divers quartiers chauds. Ce pouvait être au gymnase Japy, un ancien marché couvert posé sur des briques rouges, elles-mêmes rehaussées de vastes arches de vitres, ou à la Maison de la Mutualité de la rue Monge et sa façade Art déco. L'une comme l'autre abritaient de nombreux meetings, congrès et joutes politiques. Le militantisme – souvent de gauche – s'y frottait parfois les mains comme au meilleur d'un six rounds de trois minutes ; Jean Traxel organisait souvent au Cirque d'Hiver Bouglione, bonbonnière circulaire posée à un saut de trapèze du boulevard Voltaire, avec ses fauves fétiches Ronald Zenon et Sylvain Watbled ; Jean Bretonnel avait longtemps jeté son dévolu sur l'Élysée-Montmartre, au pied du Sacré-Cœur. Deux jeudis par mois, pendant plus de vingt ans – de 1949 à 1970 –, la boxe avait fait les belles nuits de cette salle de spectacle sortie de terre pendant que Napoléon bataillait contre les Prussiens en 1807.

Avant que la boxe n'y plante son bivouac, l'Élysée-Montmartre avait été traversé par les bals popu, les réunions emportées des clubs révolutionnaires, la voix éraillée de la Goulue, les jambes du french cancan puis celles des strip-teases coquins. Après quoi apparut le catch de l'Ange Blanc, de Ben Chemoul et du Bourreau de Béthune, les premiers pas timides de Polnareff, Coluche, Souchon, Higelin... Bretonnel y avait présenté ce qu'on faisait de mieux avant de migrer à la salle Wagram, à moins de deux cents mètres de l'école où on m'avait remis mon permis de taxi.

C'est là que Louis a commencé sa carrière professionnelle en octobre 1975. Il est maintenant facile d'imaginer que c'était l'équivalent d'entrer à Polytechnique pour la famille Acariès. Si Louis était le seul à monter sur le ring, nous nous étions tous préparés à l'examen d'entrée. De mon côté, j'avais bachoté en passant mon diplôme de soigneur – qu'on appelle *cutman*[1] dans le jargon – et mes brevets 1er et 2e degré d'entraîneur au CREPS de Montry, en Seine-et-Marne, afin d'être officiellement admis dans son coin de ring. En somme, j'étais au volant d'une 404 mais je pilotais aussi la carrière embryonnaire de Louis en étant son *cutman*, son chauffeur, son secrétaire, son homme à tout faire.

Mon père, quant à lui, avait disséqué la boxe du premier adversaire, Jacky Péreire, surnommé *Le Frappeur de Lorraine*. Nul besoin d'en sortir – de Polytechnique – pour comprendre : ce Péreire était un puncheur comme en témoignaient ses dix précédents combats auréolés de sept succès. Le choix du Lorrain avait d'ailleurs provoqué une passe d'armes entre mon père et Jean Bretonnel.

— Il est trop dur pour lui, estimait Monsieur Jean. Ce n'est pas un cadeau que vous lui faites pour ses débuts.

1. Littéralement l'homme (qui s'occupe) des coupures, en anglais. (*N. d. A.*)

— Je crois au contraire que ça devrait bien se passer. Je connais Louis, j'ai appris à connaître son adversaire.

— Bon, si vous y tenez…

À vrai dire, le désaccord ponctuel masquait un contentieux latent plus embarrassant, qui irait s'amplifiant : la part des gains revenant à Louis. Surtout, celle que s'adjugerait son manager. Monsieur Jean avait en effet un autre surnom dans le milieu : Monsieur 30 %.

— Ça me paraît excessif, Monsieur Bretonnel, d'autant que c'est mon fils Michel qui s'occupe de l'essentiel de sa carrière.

— Hmmm… Que proposez-vous ?

— Qu'il perçoive un pourcentage sur vos propres honoraires.

— Bien, je vais réfléchir à ça.

Mais sans préciser le délai de réflexion. Louis, pour sa part, avait honoré son contrat dans les temps : il s'était imposé aux points après six reprises. 1 500 francs [1] pour dix-huit minutes. Moins 30 %.

*

La salle Wagram ne dépareillait pas dans le frou-frou des Années folles puis dans les représentations artistiques de l'après-guerre. L'acuité de son acoustique avait attiré la Callas, Herbert von Karajan ou Mstislav Rostropovitch pour y enregistrer opéras ou symphonies ; Louis Armstrong, Sidney Bechet, Duke Ellington s'étaient lancés dans des bœufs mémorables après la Libération ; Lino Ventura, alors champion d'Europe de lutte gréco-romaine, s'y était exhibé pour quelques combats de catch. Quant à la boxe anglaise, la filiation remontait au début du siècle avec les premiers de

1. Soit moins de 300 euros. (*N. d. A.*)

cordée que furent Georges Carpentier, Al Brown et Young Perez. Elle s'était poursuivie avec le premier combat sur le sol métropolitain de Marcel Cerdan en 1937, s'embellissait avec deux réunions mensuelles quand Louis y avait jeté ses premiers directs du gauche sous les lustres en cristal de Bohême, entre colonnades et copies de fresques grecques. Sans revenir aux campagnes napoléoniennes, faire Wagram pour un boxeur des années 1970 signifiait faire l'Olympia pour le jeune blondinet Claude François.

Louis s'y est produit une demi-douzaine de fois et, à l'usage, le lieu prestigieux, s'il se prêtait au faste, se souciait moins des contingences appropriées au sport de haut niveau. Avant d'apparaître à la lumière scénique, les boxeurs se préparaient au sous-sol, dans une vaste salle de danse cernée de glaces. Idéal pour le tango cœur à cœur, moins pour un duel corps à corps. Pas la moindre intimité, pas de douche, juste des lavabos et des commodités. Au sortir de ses combats, le torse luisant et l'hématome apparent, Louis traversait l'avenue pour se doucher chez un ami, l'acteur Marc Porel, qui venait de jouer Sergio Manalese dans *Le Clan des Siciliens* puis le petit-fils de Jean Gabin dans *La Horse*.

Vint le soir du 12 janvier 1978 : nous n'étions plus seulement en quête d'une pomme de douche mais d'un seau à champagne.

Après deux ans d'apprentissage dans la sueur et les coups, Louis touchait un premier ciel. Deux ans à se coltiner des sacs de frappe, de la corde à sauter, des séances de cardio ; deux ans à s'envoyer crochets et directs avec ses potes de salle qu'étaient Matéo, Warusfel, Bonnetaz ou Cotin ; deux ans et des dizaines de rounds maîtrisés, parfois acharnés, face à des adversaires bûcherons ou hargneux, rapides et malins, puncheurs ou tacticiens, roublards et vicelards, des Britanniques surtout, mais aussi des Français, un Italien, un Espagnol, un Yougo, un Jamaïcain… Au fil de ses dix-huit victoires pour autant de combats, Louis s'était tanné le cuir, le mental, le CV. Il avait bouclé un soir avec une mâchoire fracturée, un suivant avec un tympan crevé, d'autres avec le visage tuméfié, les mains enflées, les métacarpiens concassés. La douleur qui sort, le métier qui rentre. Le *petit* encaissait à 100 %, commission comprise, montait de catégorie de poids – de super-légers à welters –, prenait de la hauteur, à en juger notamment par l'ovation qui l'acclama quand il était revenu disputer un six reprises à la salle Vallier en octobre 1976, quatre ans après avoir quitté la cité phocéenne. Ce soir-là, pour son dixième combat professionnel, Louis avait boxé en lever de rideau de Gratien Tonna. Le puncheur marseillais avait découpé en deux rounds un dénommé DC Walker comme un chat dépèce un mulot ; Louis fut tout aussi expéditif devant un Yougoslave, compté trois fois avant d'être déclaré out. Marcellin Martin jubilait, Marseille exultait.

Mais ce 12 janvier 1978 de la salle Wagram marquait son destin comme un premier tatouage imprime l'avant-bras d'un rugbyman maori. Cette fois, pas un combat pour s'aguerrir mais un combat pour devenir. Le titre national des poids welters était en jeu face à l'expérimenté Pascal Zito, un boxeur longiligne, intelligent, technique. Dès son arrivée dans les vestiaires au sous-sol, Louis n'était plus seulement en quête d'un objectif personnel mais habité d'une mission collective : des messages d'encouragement, des lettres, des témoignages de soutien tapissaient l'espace qui lui était dédié ; deux heures avant l'entrée sur le ring, on lui avait remis un télégramme.

— *De nouveau, ce soir, mon cœur bat plus fort.*

Quelques mots signés de la main de Marinette Cerdan, la veuve de Marcel, disparu vingt-neuf ans plus tôt. Louis était quasi en transe. Et lorsqu'il s'est présenté sur le ring, il pouvait voir autour de lui la communauté pied-noire qui s'était déplacée en masse pour assister au sacre de l'un des leurs. Parmi eux, la présence remarquée – le speaker s'en fit une joie – de Marcel Cerdan junior. Un Acariès sur le ring, un Cerdan qui lui écrit, un autre Cerdan venu le voir, le tout sous les yeux du père… Allez faire comme si, après ça. Après trois rounds incertains tant l'adversaire dominait les échanges, Louis anticipa une micro-ouverture dans la garde adverse, cisailla soudainement l'air d'un gauche droite qui mettait Zito temporairement au tapis, avant d'enchaîner avec un crochet court qui enfonçait le clou du spectacle.

Une liesse indescriptible. Des drapeaux tricolores s'agitaient de tous côtés, la plupart portant l'empreinte de deux pieds noirs, et *La Marseillaise* retentit aux quatre coins, reprise par des centaines de poitrines gonflées. L'hymne national joué en l'honneur de mon frère, et par capillarité pour notre père, pour des enfants de la patrie dont un jour de gloire venait d'arriver seize ans plus tard. Et Louis au milieu, en porte-drapeau.

L'allégresse s'était prolongée dans les vestiaires, sur le trottoir, puis dans un restaurant de la place des Ternes voisine, rapidement bondé. Les proches, les plus lointains, les amis, les amis des amis, le cercle rompu de mon père se reconstituait autour de nous. Il y avait là, pas loin de lui, parmi d'autres familiers, Louis Bertolini. Qu'avaient-ils à se raconter de plus que leurs yeux ne disaient pas ? Louis Bertolini avait été un compagnon de la première heure, des dernières aussi. Arrêté en 1962, il avait été emprisonné une quinzaine d'années au pénitencier de Saint-Martin de Ré avant de régénérer ses fibres dans la nostalgie de regroupements pieds-noirs à Marseille, canevas privé de support où s'entrecroisaient les fils de leur histoire. C'est là-bas que je l'avais connu, à force de le voir mêler fréquemment ses pas avec ceux de mon père. Il était devenu un ami de la famille, un parrain naturel avec lequel l'entraide était coutumière, mais toujours discrète. Il connaissait du monde, beaucoup de monde, et son épouse, de Casablanca, avait tissé un lien fidèle avec la famille Lopez-Berenguer, dont la fille Maria devint Marinette Cerdan. Et depuis qu'il s'était établi avenue Marx-Dormoy, non loin de la porte de la Chapelle, où il avait monté une société de carrosserie, le maillage de nos familles s'était perpétré dans le lacis de leurs descendances.

Quelques jours plus tard, un autre bain de foule nous attendait tout au sud : Robert Tabarot[1] avait rameuté les pieds-noirs du bassin méditerranéen pour honorer Louis sur le champ de courses de Cagnes-sur-Mer. Nous n'avons pas trouvé qu'un seau à champagne, mais mille…

*

Louis s'était ouvert pour de vrai la porte d'un avenir, je refermais pour de bon la portière du taxi. La 404 avait roulé sa bosse sur toutes les voies carrossables possibles ; avec mon frère, nous allions dorénavant rouler notre boxe sur tous les chemins cabossés du possible.

Louis était certes champion de France mais passé les délices de ce premier aboutissement sportif, il ne constituait pas une source de revenus confortables, surtout amputé de 30 %. Notre nouvelle vie nous faisait déménager de Noisy-

---

1. Grande figure politico-sociale des Alpes-Maritimes et originaire d'Algérie, Robert Tabarot a été à l'initiative de la création des Maison des pieds-noirs. Décoré chevalier de l'Ordre national du mérite après l'amnistie votée en 1969, il avait été l'un des dirigeants de l'OAS à Oran avant de s'exiler en Espagne puis de revenir dans le sud de la France. Il a été champion d'Afrique du Nord de boxe dans plusieurs catégories. Robert Tabarot est décédé en 2015. Sa fille, Michèle, est entre autres députée mairesse du Cannet et ancienne secrétaire générale de l'UMP. (*N. d. A.*)

le-Sec à… Noisy-le-Sec, et d'un univers de cafetiers, au *Resto des Routiers*, à un autre univers de cafetiers, à *La Fortune du Pot*. Dans les semaines qui suivaient, j'achetais cette affaire avec un ami, Gilles Perrin. Sept ans d'expérience et d'observations m'avaient conforté dans l'idée de mettre la main sur cette grande brasserie installée sur la rue Paul-Vaillant-Couturier, près de la place Jeanne-d'Arc, d'une capacité de cent couverts, dotée d'une salle de réception pour mariages, baptêmes et autres célébrations.

Nous avions dès lors emménagé à trois cents mètres de là, au-dessus de la pharmacie Barberousse, dans un petit logement propret avec deux chambres, l'une pour Louis, l'autre pour moi. La pharmacie était mitoyenne du cabinet de René Flourens, un pied-noir établi depuis quelque temps dans la ville sous une plaque de médecin généraliste. Gilles Perrin, mon associé de *La Fortune du Pot*, étant son neveu, les présentations étaient d'autant plus naturelles que Louis devait renouveler sa licence de boxeur. La reconduction du certificat d'aptitude à la pratique sportive n'est qu'une formalité à ce stade. Du moins jusqu'à ce que le docteur Flourens pousse un examen oculaire avec le célèbre tableau mural que les inquiets apprenaient par cœur. Louis s'y collait. Hésitait dès la troisième ligne. Ne s'aventurait guère plus loin.

— Hum, pas bien fameux tout ça.

— Ah ? Et ça donne quoi docteur ?

— Trois dixièmes à l'œil gauche, sept dixièmes à l'œil droit.

Flourens remarqua sans peine la gêne ambiante.

— C'est pour de la boxe anglaise, dites-vous ?

— Oui docteur.

— On est l'un face à l'autre sur un ring, c'est ça ?

— Euh, oui, c'est ça.

— Bon, bon… Et sinon, avec Gilles, ça tourne bien votre petite affaire ?

Louis avait désormais son autorisation médicale dans la poche, sa toute fraîche ceinture de champion à sa taille, mais aussi Muriel, sa conquête de toujours. Ils s'étaient connus en 1960 à Bab-el-Oued, à l'occasion du mariage de notre sœur Jeanine avec l'oncle de Muriel. Ils étaient alors garçon et fille d'honneur et ne se lâchaient déjà plus la main. Louis avait six ans, Muriel, deux ans et demi. Ils s'étaient revus adolescents, quand nous habitions au-dessus du *Resto des Routiers* tenu par son grand-père ; jeunes adultes, ils avaient entretenu une correspondance épistolaire sans relâche, jusqu'à ce que Muriel revienne pour de bon en Île-de-France, après ses études d'infirmière effectuées à l'hôpital de la Timone à Marseille, avec gîte et couvert à deux pas de là, chez mes parents.

La Fortune du Pot ne m'avait pas coûté une fortune mais pas mal de pots. J'y tenais le bar dès l'ouverture pour entretenir les conversations et les *mêlés-cass* servis à la clientèle de réguliers qui venaient s'en jeter un sur le zinc avant d'embaucher au bureau ou sur un chantier. Plus tard avec les loulous du quartier à l'heure de l'apéro, quand Gilles prenait le relais. Mais le soir, une fois le rideau baissé, la brasserie entamait une nouvelle activité.

C'était dans l'arrière-salle, à l'écart de la rue, que ça se passait. Des parties de poker fermé à n'en plus finir sous une lumière tamisée et des cendriers pleins. Un tripot de quartier qui faisait monter les *fulls* par les rois et des sommes coquettes sans jamais être inquiété par la maréchaussée. Nous commencions le plus souvent à sept avec les liqueurs du bar, on finissait à trois ou quatre avec du café noir, les autres ayant quitté la table faute de chance ou de trésorerie. Les joueurs étaient des clients du voisinage, Louis commençait le jeu, je prenais le relais et les parties s'achevaient parfois en engueulades en fonction des ardoises de chacun au petit matin. Une toilette de chat plus tard dans l'appartement d'appoint à l'étage, et je servais des *blanc-cass* aux premiers arrivants.

À défaut de nocturnes à Vincennes ou à Maisons-Laffitte, notre démon du jeu avait subrepticement repris la main. Il s'était installé chez nous, un peu comme le pote d'un pote qui s'incruste dans votre clic-clac le temps de trois jours qui durent l'été. Les habitudes s'ancraient peu à peu dans la durée et derrière les cartes du menu se battaient les cartes à jouer. Et ça n'a pas fait un pli.

*

Louis avait déjà connu une alerte. Une défaite aux points, sa toute première chez les professionnels, dans le Toulon d'Alain Ruocco. Rien de honteux dans l'histoire, sauf qu'il y laissait son titre national acquis trois mois plus tôt. Faut-il vous faire un descriptif du Toulon des années 1970 avec la houle de ses bars éméchés de la vieille ville où se fritait l'autochtone avec le premier marin débarqué ? De la longue rue d'Alger qui dégringole jusqu'à la rade, Alain Ruocco était Toulon, un valeureux, un fier-à-bras qui, même saoulé de coups, repartait en tempête. Ruocco et ses frères du gymnase du port marchand étaient Toulon. Louis n'avait pas pris la marée, loin de là, endiguant les vagues et lançant les siennes, persuadé qu'il était – que j'étais aussi – d'avoir assuré l'essentiel. Mais remettre son sort à la décision des juges et arbitre, inquiets à l'idée de sortir indemnes de la tanière, revenait à jouer à pile ou pile.

Mais, par-delà la revanche qui fut acquise huit mois plus tard, en décembre 1978, au Cirque d'Hiver, c'est la tournure des choses qui marquait le pas. Sans qu'on le réalise vraiment, nos vies passaient de l'âge ado à l'âge adulte sans que nous nous départissions d'une insouciance espiègle, ajoutée à une gloriole naissante. Notre père nous téléphonait chaque jour, sentant peut-être que nous prenions le large, au-delà du carré de ring. Louis avait vingt-quatre ans, était maintenant fiancé à Muriel, et s'il filait à la salle, il s'en défilait parfois. *La Fortune du Pot* était devenue notre salle de jeux. C'est d'ailleurs là, à l'heure du menu du jour, que j'ai rencontré Marie-Jo.

Elle s'était assise à une table, accompagnée de la fille Barberousse, le pharmacien qui nous louait l'appartement. Personnellement, j'avais plutôt des vues sur la fille du proprio mais, comme à la lecture d'un menu, on change parfois de plat. Les deux donzelles n'étaient pas dupes.

— Alors, ce Michel, comment le trouves-tu ? chuchota la fille du pharmacien entre plat du jour et salade de fruits.

— Michel ? Bourré de charme, mais exclu pour moi, trop petit.

C'est vrai qu'elle était élancée, Marie-Jo. Mais deux semaines plus tard, j'avais bigrement grandi à ses yeux.

Marie-Jo travaillait dans un cabinet d'esthéticienne de la rue de Ponthieu, à deux pas du rond-point des Champs-Élysées. Elle était originaire de Lesquin, près de Lille, où ses parents possédaient une ferme avant de partir vers d'autres terres, en Normandie. À première vue, peu de points communs sautaient aux yeux : elle venait du Nord et parlait ch'ti, moi d'Afrique du Nord et je causais *pataouète* ; elle avait grandi dans le frimas des champs humides et moi dans la poussière sèche de Bab-el-Oued ; nos environnements respectifs étaient tout aussi éloignés, et je lui rendais une petite dizaine de centimètres – ce qui n'est jamais bon en boxe, question allonge. Mais je ne m'étendrai pas en revanche sur les arcanes de l'alchimie qui font de deux solitaires agités un couple durable. La meilleure main jamais tenue dans mon jeu.

Marie-Jo occupait un appartement donnant sur le quai de Jemappes, qui longe le canal Saint-Martin. Très vite, j'effectuais la navette entre le Xe arrondissement et le 93, où nous avions pris de la hauteur en nous installant – toujours à trois dans un appartement plus vaste, situé au septième étage d'une tour qui surplombait la place Jeanne-d'Arc de Noisy-le-Sec, avec vue imprenable sur la gare de triage. En somme, sans quitter nos habitudes, notre routine et notre table de jeu, Louis et moi nous nous mettions progressivement en ménage de part et d'autre.

Et ça, la boxe n'aime pas.

Elle n'apprécie pas le confort, exècre la facilité, a horreur du relâchement. Et nous l'a rappelé en moins d'une vingtaine de secondes.

C'était à Wagram, le 15 octobre 1979, avec ce qu'il faut de bonne conscience : une salle acquise, un énième Anglais, d'accord un client, mais le huitième Britannique de la liste, un nouveau huit rounds. Louis avait enfilé deux succès dans l'année, peu probants mais suffisants pour préserver son titre national des poids welters. Arrivant avec quarante-deux combats dont trente-deux victoires, ce Morrison n'était pas à prendre à la légère mais Louis avait eu un mal fou à faire le poids limite de la catégorie, ayant eu recours à des séances de sauna. Raymond Baldeyrou, l'arbitre pour l'occasion, demandait aux deux boxeurs de venir au centre du ring pour écouter ses consignes avant de les inviter à regagner leurs coins respectifs. « Bon, Louis, prends tes marques, allonge ton bras avant, regarde bien ses p… » Vingt secondes plus tard, Louis était groggy dans les cordes, à deux mètres de moi. Stupeur générale. Un enchaînement gauche droite l'avait cueilli au menton. Au sien, aux nôtres. Le pauvre Baldeyrou commençait à le compter debout, bredouillait, s'embrouillait, ne savait plus. Un désastre.

Le soir même, ce n'était plus un habituel conseil de famille mais un conseil de guerre. Parce qu'il apparaît superflu de préciser que notre père avait peu goûté la prestation. Le temps d'avaler un café serré, la carrière de Louis venait de dégringoler de l'échelle montée mois après mois, barreau après barreau. Mon père avait l'œil noir, la mâchoire crispée, le propos cassant, qui était autant destiné à Louis qu'à moi. Je vous épargnerai le langage fleuri des remontrances, juste sa conclusion, avant de repartir pour Marseille.

— Dans ce métier, on est en haut de l'affiche ou on s'arrête.

Le genre de remarque qui pique l'orgueil comme une droite au foie.

Il savait y faire, mon père. Nous avions emprunté des chemins de traverse, pas mal même, et rien de tel qu'une voix paternelle, ferme, décidée, sans repartie possible, pour nous remettre le cœur et les tripes à l'ouvrage. Mis devant le fait non accompli, l'avoir déçu en somme, nous ramenait à notre pacte rompu. Il s'était mis en quatre pour jalonner la carrière de son fils, cassait sa tirelire pour monter le voir, tenait tête à Jean Bretonnel pour le choix d'un adversaire.

Lors des douze mois de 1979 qui suivaient, Louis enchaînait cinq succès – trois avant la limite –, s'adjugeait le titre de la catégorie supérieure, les super-welters, retrouvait sa boxe déliée, efficace, appréciée. Mon frère remontait l'échelle quatre à quatre. Il avait reconquis le cœur des salles, le crédit de mon père, accumulait alors six titres professionnels de champion de France acquis ou conservés en quatre ans, son nom apparaissait désormais dans le classement des dix premiers mondiaux de sa catégorie, dans les têtes des pages sportives. Louis dépassait maintenant la trentaine de combats professionnels, pour seulement trois défaites, et nous estimions qu'à vingt-six ans, son heure était venue de briguer une première chance européenne.

Mais la fortune tournait autour du pot.

Parce que avant de monter sur un ring, d'autres combats étaient à mener, dans les coulisses cette fois. La logique sportive obéit à d'autres raisonnements qu'un palmarès méritoire. Elle était l'affaire de négociations entre organisateurs et managers, de l'aval de la fédération, de leur passivité, formalisme, formulaires, ce qui avait passablement le don d'irriter mon père, naturellement réfractaire à tout processus administratif. « Son tour va venir, ne vous inquiétez pas [...], Louis est encore jeune, il a du temps devant lui [...] C'est une affaire de patience, comprenez... » Patience, patience, patience... Mon père bouillait. Et comme lui, on pensait plutôt cabale, complot, magouille. Sa brouille avec Jean Bretonnel ne faisait que s'accentuer quand le Championnat d'Europe des super-welters à venir fut éventé : il opposerait au stade Pierre-de-Coubertin, en octobre 1980, le Yougoslave Marijan Beneš à... Georges Warusfel, soit le tenant du titre face au copain d'entraînement de Louis.

Nous n'avions rien contre Warusfel, un boxeur capable et un Nordiste charmant, mais à peu près tout contre ceux qui avaient monté l'affiche. Louis était remonté comme un coucou et sa curiosité nous faisait aller à la pesée, organisée à l'hôtel PLM Saint-Jacques la veille de l'événement, ainsi qu'à la conférence de presse qui suivait. Warusfel, que le destin retors mit au monde le jour de la mort de Marcel Cerdan, héritait d'un bulldozer au torse épais qui avait déjà écrabouillé Alain Ruocco puis Gilbert Cohen. On venait de sortir sur le boulevard Saint-Jacques quand Louis s'est arrêté.

— Je veux celui-là.

— Celui-là ? Tu veux dire Beneš ?

— Oui, celui-là.

— Mais tu es fou, Louis ! Tu l'as vu comme moi, c'est un monstre ! Warusfel, il va se faire tuer. Et tu sais comment il a dég...

— Celui-là, je te dis ! Préviens papa.

Le gaucher yougoslave n'a eu besoin que de cinq reprises pour aplatir Warusfel.

La force brute et animale de Beneš, qui faisait le spectacle et le vide autour de lui, donnait des sueurs froides à quiconque. Même notre père n'était pas chaud à l'idée. Mais Louis n'en démordait pas, lui jurant les yeux dans les yeux qu'il s'en sortirait par le haut. Restait alors à convaincre Jean Bretonnel lors de notre entrevue à quatre dans son bureau.

— Refaire venir Beneš à Paris ? Mais vous envoyez le petit au casse-pipe !

Et de se tourner vers Louis.

— Louis, vraiment, vous croyez que c'est rais…

Louis hochait la tête de haut en bas avant même qu'il ne termine sa question. Monsieur Jean pouvait se retourner de toutes parts : il ne lui restait plus de volontaire. Juste le *petit*.

*

Comme dans bien des disciplines sportives, l'essentiel se tient en défense. L'offensive est fille du beau jeu, la défense est mère du palmarès. Le Louis fougueux, impatient, dévastateur, avait progressivement laissé place à un Acariès stratège, calculateur, pragmatique. Au fil des mois, il avait travaillé son coup d'œil, son direct du gauche, la précision des coups portés, mais aussi sa coquille défensive. Une défense hermétique, à la Cerdan en fait, le corps recroquevillé sur lui-même, en *crounch* disait-on, avec ses avant-bras qui ne laissaient rien passer, de la bourre des gants à la saillie des coudes.

Dès lors que Jean Bretonnel en accepta l'augure, le combat fut somme toute assez vite conclu. Le manager de Louis se mit en cheville avec l'organisateur du moment, Jean-Max Skenadji, qui avait alors la main sur les réunions parisiennes les plus importantes, hors celles du Palais des Sports de la porte de Versailles, et se mit en rapport avec le manager de Beneš. Retrouver Paris en mars 1981, se taper un petit Français et repartir avec une bourse épaisse, ma foi, ça ne se refusait pas. Topons-là, messieurs.

Avez-vous vu l'un des *Rocky* de Sylvester Stallone ? Pendant quatre mois, le temps de la préparation, Louis était Balboa. Les quartiers de viande en moins.

L'œil du tigre. Louis était transcendé, motivé comme jamais. Il s'était préparé pendant un mois dans un camp retranché à Castandet, un village des Landes, s'enfermait dans sa bulle, lestait son corps d'entraves, enchaînait les footings, les exercices de force, de souplesse, les rounds, les salles d'entraînement, comme celle de Roger Bensaïd, au ring Daumesnil, qui puait la rage et la faim, celle de José Jover, à l'Île-des-Vannes de Saint-Ouen, où il croisait les gants avec Winterstein, Ferrara, Chinon, Hernandez…

Louis devenait irritable, irascible, c'était bon signe. Pas de soirée, pas de Noël, de Saint-Sylvestre – bonne année, bonne santé, et au lit –, plus le moindre faux pas. Il réservait son seul moment de tendresse à Muriel, qui donna naissance à leur fille Virginie le dernier soir de janvier, avant de repartir au combat d'avant le combat.

Et puis vint le grand soir, le 19 mars 1981, sous le chapiteau Jean-Richard de la porte de Pantin. Il fallait sortir un grand numéro. J'avais confiance en Louis, mais j'étais mort de trouille. Le poids que représentait ce défi était si lourd à porter : c'était presque à lui de me rassurer. Je ressemblais au mari blême auprès de son épouse sur le point d'accoucher. Beneš, c'était un monstre. Un monstre froid, tranquille comme Baptiste, foudroyant comme l'éclair, de quoi creuser par anticipation une nouvelle encoche sur la crosse de ses gants.

La foule bruyante, le ring écrasé d'une lumière violente, *La Marseillaise*, les gants de Louis qui saisissaient le drapeau tricolore, le gong. J'étais livide. Pour la trente-troisième fois, j'étais dans son coin, tout près, si loin. Pour la trente-troisième fois, j'étais dans un état second, tertiaire même cette fois-là. Garder son calme, rester concentré, scruter les moindres détails dans la posture de Louis, de l'autre, être à la hauteur au pied du ring, au côté de Jean Bretonnel et de René Millot, le soigneur attitré.

Les premiers échanges étaient lents, les premières reprises défilaient à la vitesse du balancier d'une comtoise. Louis faisait son match, appliquait les consignes, jouait la défense. Toutes les trois minutes, comme une formule 1 qui regagne son stand pour changer de pneumatiques ou faire le plein, je faisais le mécano : le tabouret, le seau et son éponge, ôter le protège-dents, quelques conseils furtifs, les moins mauvais possibles, tandis que Monsieur Jean et René Millot s'occupaient de sa carrosserie, sa tenue de route, sa jauge d'énergie. Vaseline pour refermer les coupures, et parfois une lotion à base d'adrénaline pour stopper les saignements… Une minute au stand et mon frère repartait sur le circuit réduit à la symétrie d'un carré. Quand Louis soufflait, je respirais avec lui. Quand Louis encaissait, je prenais de plein fouet tout autant que lui. J'accusais les mêmes uppercuts, les mêmes crochets larges, les côtes me lançaient, les tempes, les viscères, les avant-bras qui protègent, faiblissent, cèdent sous la répétition des coups. Entre nous, une osmose, une fusion, une haie de trois cordes infranchissables aussi, comme une rangée de barbelés au camp de Beni-Messous. Je ne pouvais rien faire sinon rugir. Douze rounds de boxe, ça peut résonner comme les douze coups de midi quand il fait beau dehors, comme les douze coups de minuit quand il fait noir dedans. Chaque heure de ces trois minutes qui passent est un révélateur, une tranche de vie. Le boxeur est seul, il s'arc-boute, il se libère, il serre les dents, il cherche une solution de repli, il se refait, il capitule, il espère, il joue sa peau, le temps lui annonce un destin incertain. La boxe est un chant a cappella, un hymne à la vie, à la mort, à la gloire ou à sa perte.

— Attaquez maintenant, Louis, attaquez bon Dieu !

Jean Bretonnel trépignait. La mi-combat était maintenant dépassée. Les assauts de Beneš devenaient imperceptiblement moins tranchants tandis que la condition physique de Louis lui permettait de trouver un second souffle. À l'amorce du dixième round, les deux hommes étaient tête contre tête, coup pour coup, au coude à coude au pointage des juges, à la manière de deux marathoniens qui abordent le quarantième kilomètre dans une même foulée, quand Louis décocha un crochet droit qui fit vaciller le Yougoslave. Beneš était compté par l'arbitre, ouvert à l'arcade droite, bientôt à l'arcade gauche. À la minute de repos, un médecin était venu vérifier la gravité de ses blessures avant d'autoriser la poursuite du combat, du tic-tac de l'horloge. Encore six minutes, encore trois, encore une… Ouuuuui !!! Oui, Louis ! C'est gagné !

Avant même la décision, le ring était envahi de partisans, et nous de larmes. Porté à bout de bras, Louis chavirait. Un magma d'émotions refoulées par le stress jaillissait des tréfonds quand la victoire aux points était confirmée. Louis était tombé dans mes bras, dans ceux de mon père.

— T'appelles maman, hein ?

Oui, Louis, on va téléphoner à maman. On va tous les appeler, de A comme Alger à Z comme Zito. Champion d'Europe mon fils, champion d'Europe mon frère, championne d'Europe la France.

*

Quatre ans que la France n'avait pas fêté un Français champion d'Europe. Après Jean-Claude Bouttier, Roger

Menetrey puis Gratien Tonna[1], Louis portait haut l'étendard de la boxe et les médias affluaient de toutes parts. Et Louis par ici, et Louis par là... Les références à Marcel Cerdan noircissaient chaque recoin de pages sportives. *Paris Match* avait fait le déplacement à Quiberon pour immortaliser Gérard Depardieu – alors en cure de thalassothérapie – en train de pouponner Virginie, la petite fille de Louis et Muriel, qui allait sur ses trois mois, alors que notre petite Marie avait vu son premier jour avant l'hiver, en novembre. On parlait naissance à tout va. Jusqu'aux écuries. Dans la nuit du titre, Ijika, notre toute première jument de propriétaire, avait mis bas dans un haras de l'Orne, chez Philippe Hallaire. Un bai brun tout menu. Comme c'était l'année des « P », on l'avait baptisé Punching-ball. Il n'a pas cassé la baraque.

Nous étions aux anges côté jardin en ce printemps 1980, un peu moins côté cour. La brouille avec Jean Bretonnel s'était muée en discorde. Une histoire de pourcentages, tiens donc. Après la répartition entre Jean-Max Skenadji, le promoteur, et Monsieur Jean, le manager censé défendre les intérêts de son boxeur, il ne revenait plus à Louis que 20 % de la recette, et des explications vaseuses pour le justifier. Notre père avait rué dans les brancards, Monsieur Jean allait s'en arranger, bien sûr, on retomberait sur nos pattes, évidemment.

À défaut d'un règlement à l'amiable, celui des instances avait tôt fait de nous remettre le grappin dessus. La fédération européenne – l'EBU, pour European Boxing Union – imposait de remettre son titre en jeu au cours des trois mois

1. Les champions d'Europe français de la décennie : Jean-Claude Bouttier (1971, moyens), Roger Menetrey (1971-1973, welters), Gratien Tonna (1974 et 1977, moyens) et Lucien Rodriguez (1977, lourds). (*N. d. A.*)

à suivre face au challenger officiel. Pas vraiment le temps de tergiverser. Avec Monsieur Jean, dont j'étais l'unique membre de la famille à avoir encore quelques faveurs, et Jean-Max Skenadji, nous nous étions remis en chasse. Si l'adversaire était connu, l'Italien Luigi Minchillo, il restait à définir le lieu. Autrement dit, remporter les enchères. L'offre du clan italien était supérieure ; ce serait dans le sud de l'Italie, entre Rome et Naples, dans une vaste discothèque de plage.

Avec le recul, nous nous étions bien fait flouer. En temps normal, le tenant du titre a droit à des égards, jouer à domicile pour commencer, afin de bénéficier d'un environnement conforme à son rang. Mais la proposition financière du promoteur Lorenzo Spagnoli avait ému nos prétendus défenseurs. Le traquenard était posé. Un 1er juillet à Formia, en plein cagnard, avec un adversaire qui sentait bon la patate chaude, la moustache épicée et l'hospitalité virile. Vingt-deux de ses trente-trois succès – pour une seule défaite – avaient été abrégés. Pour compenser l'équilibre des forces, j'avais affrété un avion – une grande première – pour la centaine de supporters venus épauler Louis. L'un des premiers à avoir pris son billet pour un séjour *exclusive* n'était autre qu'un jeunot volontaire qui répondait au nom de Jean-Christophe Courrèges[1].

Minchillo fut déclaré vainqueur aux points, bien qu'ayant terminé le combat sous une tente à oxygène. Louis avait tenu tête, et même mieux que ça, mais sans pouvoir monter en gamme dans la seconde moitié du combat comme il savait le faire pour éliminer toute l'interprétation subjective d'une décision des juges. L'ombre de lui-même sous le soleil du Latium. Rien ne l'avait laissé présager. Rien, si ce n'est la fournaise, les jambes flasques, et une énergie

1. Futur manager de Christophe Tiozzo notamment. (*N. d. A.*)

inhabituellement déficiente. Une décision de manager aussi, qui n'avait pas pris la peine de protéger l'ascension de son boxeur.

La nôtre, prise à trois dans l'heure, était relayée par mon père.

— Monsieur Bretonnel, voilà, notre affaire s'arrête là.

— Mais comment ça, monsieur Acariès ? Voyons, ne prenez pas de décision à chaud. Le combat a été…

— C'est notre décision, elle est irrévocable. Nous vous adresserons une lettre en bonne et due forme à notre retour à Paris.

Devant les envoyés spéciaux de la presse française, le propos de Louis se faisait en revanche plus nébuleux. « Nous vous dirons à la rentrée [de septembre] ce qui va se passer. Mais sachez que ma carrière va prendre une autre trajectoire. »

L'Amérique, je veux l'avoir et je l'aurai. Joe Dassin la chantait déjà depuis dix ans.

IX

Relever le gant

Tout partait d'un escalier droit, raide, supportant une trentaine de marches inégales qui débouchaient à l'étage sur ce qui pourrait s'assimiler aujourd'hui à un squat abandonné. Passé un vestibule sombre, encombré de casiers déglingués, quelques ampoules à nu éclairaient un plafond crasse, des murs suintants, des carreaux de vitres brisés, des sièges de voitures arrachés en guise de coin salon. L'odeur était pestilentielle. Un mélange de sueur épaisse, de restes de hamburgers séchés, de rots de sodas, de poubelles éventrées. Quelques affiches grasses masquaient des fissures apparentes : Tony Zale, Muhammad Ali, Rocky Graziano, Joe Frazier. Du lourd. Mais le plus remarquable dans ce décor de film des années noires, c'était la musique. Le crissement entêtant des chaussures sur le revêtement des deux rings fatigués, éreintés, mais toujours debout. *Welcome to New York.*

C'était cette Amérique-là que Louis était venu chercher en quittant l'Europe, à l'automne 1981. Nous en étions tous trois convenus avec mon père : tout en s'affranchissant des compromissions et tripatouilles qui bricolaient des carrières sans grand dessein, Louis devait aller au-devant de ce qui se faisait de mieux, de pire, pour puiser en lui des douleurs qu'il ne connaissait pas encore.

Il avait décollé d'Orly le 9 octobre, profitant qu'un de ses amis s'y rende en vacances pour faire le voyage avec lui. Richard Levy, un pied-noir qui bossait dans l'immobilier, serait compagnon de route et s'improviserait même soigneur. Mais bien qu'à deux, Louis était arrivé à vide, dépouillé. Plus de couronne française ou européenne à exhiber, pas même une réputation. Parce que dans ce gym de la 42e Rue, en plein Manhattan, à proximité de Times Square, des sex-shops et des bastons nocturnes de l'époque, être ou avoir été champion d'Europe ne donnait droit à rien, sinon à du mépris, tout au mieux à de l'indifférence. Ni égard, ni cadeau, ni pitié.

— Hey man, tu veux boxer ?

— Oui.

— Alors paie d'abord ton casier. C'est 20 dollars.

Un vestiaire hors d'âge repoussé derrière l'épaisseur d'une cloison, deux douches qui pissaient une eau froide sur un carrelage coupant, et une dizaine d'ombres qui dansaient sur et autour du ring. Des Noirs, des Portoricains, des Chicanos, des *garimpeiros*, des assassins qui se rentraient dans le lard sans connaître esquive ou pas de retrait. Ici, la poignée de main se faisait poing fermé. Le Times Square Gym avait un rang à défendre, le premier, duquel sortaient des légendes comme le feu forge les glaives. C'est George Kanter qui nous avait indiqué l'endroit adéquat.

Depuis la sortie de la guerre, George Kanter était l'agent de la boxe européenne, surtout française, aux États-Unis. Un organisateur parisien cherchait un nom qui sonne bien ricain pour une étoile montante ? Il appelait Kanter. Un routier patibulaire du Tennessee pour donner le change pendant au moins quatre rounds ? Kanter. Un grand tatoué barbu pour faire peur aux premiers rangs ? Kanter. Intermédiaire recherché, il donnait dans l'export mais aussi l'import. Dans ses belles années, qui ont duré trente ans, il a placé plus d'une soixantaine de boxeurs des deux côtés de l'Atlantique. C'est lui qui avait organisé notamment les trois campagnes américaines de Robert Villemain[1] au détour des années 1940 et 1950 ou bien amené le Belge Jean-Pierre Coopman à Porto-Rico pour tenir cinq rounds contre Muhammad Ali en 1976. Il consignait son réseau dans des petits casiers muraux, et leurs petites fiches, de son bureau new-yorkais. Et vous sortait un palmarès, un poids moyen, un pedigree à la demande.

Cet ordonnancement délicat lui seyait bien. Dans une vie antérieure, dans sa Belgique natale, George Kanter avait travaillé dans l'entreprise familiale de ganterie féminine, à Bruxelles, après des études dans le chic collège londonien de Harrow. L'invasion de l'Allemagne nazie en mai 1940 l'avait poussé à Manhattan où il poursuivait cette activité quand des gants, de confection plus sommaire, l'avaient alpagué. Après tout, ce n'était qu'une question de doigté. Pince-sans-rire, trilingue, la frêle silhouette de Kanter dépareillait dans un univers de gros matous ; toujours tiré à quatre épingles, le costume en soie italienne avec pochette apparente, le souci du détail jusqu'à l'ourlet. Dans ses bons jours, il tirait sur Paul Meurisse dans *Le monocle rit jaune*. Ce qui n'interdisait pas le gentleman d'être un tantinet canaille : quand il annonçait les prétentions d'un volontaire du Wisconsin, il se disait qu'il en gardait bien plus de la

1. Chaperonné par Jean Bretonnel, Robert Villemain a été l'un des plus grands boxeurs français de l'après-guerre… et l'un des plus sous-cotés. Passé en poids moyen après avoir été champion d'Europe des welters, le Parisien (52 victoires, 7 défaites, 1 seule avant la limite, 4 matchs nuls) avait battu Jake LaMotta à New York en décembre 1949, mais l'Américain avait refusé de mettre son titre mondial en jeu. Le Parisien a également été l'un des rares à avoir envoyé au tapis le légendaire Sugar Ray Robinson. Il termina sa carrière en 1952. Robert Villemain est décédé en 1984, à soixante-quatorze ans. (*N. d. A.*)

moitié sous le croisé du veston. Question dollars, il ne prenait jamais de gant.

Louis était resté un mois dans ce gourbi à se frotter aux terreurs qui y posaient leur sac. À raison de 10 dollars le round, il s'était coltiné du rude, du sévère, du méchant. Pour se faire respecter, il ne s'agissait pas de convaincre mais de vaincre. Si le visiteur hardi ne le comprenait pas rapidement, il se retrouvait catapulté en bas de l'escalier. Tenez, première leçon de savoir-vivre : un Noir musculeux avait désigné l'un des rings du menton. Louis avait répondu à l'invitation. D'emblée, mon frère s'est fait secouer comme un palmier par grand vent. Et puis une ouverture, un crochet plein face, et voilà le bien bâti à l'horizontale. La salle s'était alors arrêtée de bouger. Bobby Jo Young qu'il s'appelait. Il était alors classé septième poids welter mondial. Dans cette puanteur rance, Louis sentait bon la boxe.

Nous avons retrouvé mon frère un mois plus tard, comme convenu, dans le Nevada, où il avait atterri quelques jours avant nous. Mon père était bien sûr du voyage, notre tout premier vol hors d'Europe. Et pas n'importe lequel.

Vegas.

Le cosmonaute rêve d'espace sidéral, le mathématicien d'une formule révolutionnaire, l'artiste peintre d'une exposition au Tate Modern. Nous, ce qui brillait dans nos yeux, c'était Las Vegas.

La ville du péché, des *chapels of love*, de l'enfer du jeu – ce qui ne nous déplaisait pas –, et depuis peu le paradis de la boxe, dès que l'État du Nevada s'était vu accorder une loi d'exception légalisant le jeu. Le premier championnat du monde s'était tenu en 1978 au Caesars Palace, l'un des innombrables établissements qui dominaient les airs depuis le début des années 1950. Et qui dit jeux dit casinos, dit attractions spectaculaires, dit combats XXL et autres idées de grandeur, de démesure, de folie. En l'espace de quelques mois, une nouvelle oasis d'hôtels et d'extravagances avait poussé dans le désert. Les touristes déversaient bientôt des tonnes de jetons et Vegas mettait très vite au tapis les temples séculaires de la boxe qu'étaient le Madison Square Garden de New York, le Forum de Los Angeles, l'Astrodome de Houston.

C'est un dénommé Jimmy Bilotti qui nous avait réceptionnés à l'aéroport. Un clone de Danny DeVito. La ville était alors en pleine expansion. Sur le *strip*, le boulevard qui ceint *downtown*, les hôtels-casinos rivalisaient de clinquant, comme des poules de luxe dans les vitrines de la gare de Liège. *Flamingo*, *Sahara*, *Tropicana*, *Hilton*, *Dunes*, *Frontier*, *Ballys*, *Caesars Palace*, *Sundance*, *Golden Nugget*, *MGM*... Ça clignotait de partout dans nos yeux.

Nous n'étions toutefois pas là pour agiter des bandits manchots et lancer des dés sur les pistes de craps mais bel et bien pour donner une tout autre dimension à la carrière de Louis. Notre venue avait été facilitée par des connaissances marseillaises en prise avec l'entourage de Frank Sinatra, et le passage remarqué de Louis au Times Square Gym avait titillé la curiosité, sachant que le courant des ondes passait bien entre New York et Las Vegas. Frank Sinatra n'était pas seulement le crooner qui faisait tomber ces dames. Ses origines italo-new-yorkaises l'avaient amené à côtoyer d'autres sphères se mêlant aux bulles du show-biz, et il s'était pris de béguin pour la boxe dans ses grandes largeurs. Il avait confié ce pan de son univers à Jo Rizzo, à la fois homme de l'ombre, homme de main, homme de confiance. Jo Rizzo, alias Jo la balafre, apparaissait déjà dans le giron des organisateurs lors des campagnes américaines de Marcel Cerdan, et il tenait depuis des lustres une société de paris illégaux – le *Old World* – à Palm Springs, autre îlot luxuriant planté en Californie, à quatre heures de voiture au sud de Las Vegas, et considérée à l'époque comme le paradis des gangsters...

C'est Jo Rizzo qui nous avait reçus en personne dans le hall du *Caesars Palace*. Un accueil tout ce qu'il y avait d'avenant. Nous savions peu ou prou où nous mettions les pieds mais, comme au poker, on abattait deux cartes pour voir en partie le jeu de l'autre. Oui, ils étaient intéressés par Louis. Et pas qu'un peu. Trente ans après le *bombardier marocain* – le surnom de Marcel Cerdan –, ils propulseraient un nouveau chasseur dans le ciel du Nevada. Pied-noir, bon boxeur blanc – ce qui ne courait pas les rues –, catégorie de poids analogue, états de service prometteurs. Un filon qui ne demandait qu'à être creusé. Et quand l'intérêt provenait de ceux qui présentaient ce qu'il y avait de mieux au monde, il n'y avait qu'une réponse possible à leur donner : les écouter. En échange, ils n'avaient rien objecté au fait que je reste au côté de mon frère, à distance le plus souvent puisqu'il fallait bien faire tourner *La Fortune du Pot*, et que mon père et moi soyons impliqués dans l'intérêt commun du plan de carrière à venir.

Et pour joindre le geste à la parole, ils avaient sorti l'argenterie des dimanches de fête. Nous disposions de plusieurs suites dans les hauteurs du *Caesars Palace ;* on passait d'une table de baccara du *Golden Nugget* à une machine à sous du *Flamingo*, d'une Limousine blanche à des tapis rouges, avec du sable du désert qui collait – à l'époque – aux chaussures. Invités ici et là, à une réunion de boxe au *Sands*, à un spectacle de Pia Zadora[1] au *Riviera*... Nous en avions plein les yeux, ils nous en remettaient plein la vue. La veille de notre départ pour l'Europe, juste mon père et moi, nous étions assis au premier rang de la scène du *Caesars Palace*, où Frank Sinatra était attendu. Au cours de

1. Alors jeune actrice, Pia Zadora s'était lancée dans la chanson. Elle avait atteint une renommée mondiale (et éphémère) en 1984 avec un tube *When the Rain Begins to Fall.* (*N. d. A.*)

son show, le tombeur s'était alors mis à entonner *New York New York* – la chanson-titre du film de Martin Scorsese interprétée par Liza Minnelli – tout en ramenant coupes et bouteille de champagne sur le bord de la scène ! Tout en chantant, il s'était accroupi pour nous servir ! Nous trois, médusés, hébétés, éberlués...

Une rapide entrevue dans sa loge, quelques photos, de larges sourires. Sinatra parlait même de devenir le parrain – dans l'esprit affectif, entendons-nous bien – de Louis. Nous étions admis dans le cercle.

Le lendemain, avec mon père, nous repartions de Vegas rassurés et épatés. L'art de recevoir, du grand art, l'art de mettre en place aussi. L'aréopage de Frank Sinatra allait mettre Louis entre les mains de l'entraîneur en chef, le bichonner, lui faire monter les marches de la célébrité avec, comme musique d'accompagnement, les trompettes de la renommée pour le *remake*, le *revival*, la fierté familiale qui allait avec. On imaginait déjà les affiches danser sous les sunlights du *Caesars Palace* : « Louis Acariès, sur les traces de son père spirituel Marcel Cerdan », ou quelque chose d'approchant. Marinette en aurait sûrement sangloté de joie.

Nous avions placé Louis entre de bonnes mains. Pas innocentes, certes, mais capables. Et le fait est que mon frère y trouvait son compte. Il avait trouvé un petit appartement proche de l'université et après quelques jours de bizutage – s'entraîner dans un gymnase de banlieue –, Louis a accédé au prestigieux gym tenu par Johnny Tocco, l'entraîneur de champions du monde en titre tels que le lourd Mike Weaver, le lourd-léger Carlos De León et le super-welter Wilfredo Benitez.

— Alors Louis, ça va ?

— Oui, Michel, ça va. Ça va même pas mal. Je commence à bien m'y faire.

— Tes sparrings, ils sont comment ?

— Pfff, le top. Benitez, Santos, d'autres malades qui ne pensent qu'à te casser la tête…

— Tu ne lâches rien, hein ? On te prépare un truc aux petits oignons.

— T'inquiète, je bosse comme jamais. Je vais me faire une caisse d'enfer, tu peux rassurer papa.

— Et la vie au-dehors, ça va ?

— Ça va. J'ai d'ailleurs rencontré un bon mec, Chuck Talhami qu'il s'appelle. Il est entraîneur à Miami.

— OK, OK… Muriel et ta petite Virginie arrivent à la fin de la semaine.

— Super ! Ils vont trouver un papa bien dans ses pompes.

J'appelais Louis tous les jours du comptoir de Noisy-le-Sec. Un tic hérité de qui vous savez maintenant. Louis bossait, trimait. Footing à 6 heures du matin, la salle en début d'après-midi, et un minimum de présence dans les réceptions et music-halls pour ne pas dilapider ses acquis. Maintenant, il n'y avait plus qu'à attendre un autre coup de fil : celui qui nous dirait de revenir à Vegas et d'accompagner Louis vers sa première scène américaine.

*

À présent, Louis s'était fait une bonne idée d'un entraînement à la dure. Avec mon père, nous nous étions fait une idée de ce qui pouvait advenir. Plusieurs semaines s'étaient écoulées, pratiquement deux mois maintenant, et les promesses de l'automne se perdaient dans les mirages du désert. Nous étions revenus à Vegas pour en avoir le cœur net. Louis s'entraînait toujours ardemment dans le gym, mais l'accord passé avait subi quelques changements : ce n'était plus Johnny Tocco qui dirigeait ses entraînements mais le dénommé Bilotti, celui qui nous avait récupérés à l'aéroport, un homme de main de Jo Rizzo qui était autant entraîneur que j'étais violoniste ; ce n'était plus Benitez ou Santos en face de Louis, mais d'obscurs Panaméens ou Colombiens morts de faim. Nous avons alors approché Jo Rizzo, puisque nous avions tout de même nos entrées dans son périmètre. En pareille circonstance, mon anglais était toujours explicite.

— Alors, vous faites quoi avec Louis ?

— T'inquiète pour ton frère, il doit encore s'aguerrir.

— Mais ça fait plus de deux mois qu'il s'y colle maintenant. Il y a un combat en vue pour lui ?

— Écoute, pour le bien de sa carrière, je crois que tu devrais nous laisser faire. On connaît notre job, on sait qui peut…

— Mais moi aussi, je le connais, le job. Et je sais aussi ce qui est bon pour Louis.

— Oui, sûrement, sûrement… Mais ici, la manière de faire est différente qu'en Europe, tu comprends.

Je comprenais de mieux en mieux.

— Eh bien, pour que tout le monde y trouve son compte, je vais m'installer à Vegas.

— T'installer ici ? Je ne pense pas que ce soit une bonne idée. La famille, tout ça…

Et de nous tendre un contrat qu'on a repoussé dans la seconde.

Hey Jo, tu sais ce qu'elle te dit la famille ?

*

Quand on vous promet la lune, on néglige sa face cachée. La lumière du satellite faisait oublier l'envers de son décor. Décor qui apparaissait maintenant au grand jour : en paraphant le document que Jo Rizzo poussait devant nous, Louis avait plus de chances de rejoindre la file des boxeurs désillusionnés que le Hall of Fame[1]. Pis, il signerait un contrat rédigé en anglais, se livrerait pieds et poings liés à la solde d'un margoulin aux activités bien troubles, et finirait en marionnette suspendue dans le chapiteau des vedettes oubliées.

Louis était resté encore quelque temps à Vegas avant qu'on ait coupé les ponts, sans esclandre ni jurons. Nous ne souhaitions pas souscrire au projet du clan américain qui, au vu de nos réticences, traînait en longueur. Le mal du pays gagnait peu à peu Louis, petit *frenchy* esseulé dans les frasques d'un Vegas qui commençait à lui peser. George Kanter le mit alors en relation avec Chuck Talhami, qui avait l'avantage de connaître et d'apprécier la culture française en plus d'exercer dans l'un des meilleurs *gyms* des États-Unis, à Miami. Parallèlement, avec mon père, nous relevions nos manches : puisque Louis avait emmagasiné un vécu de forçat, il était opportun de lui rouvrir l'arène.

Sans l'aide de quiconque, j'avais endossé définitivement le costume du promoteur pour monter le combat de son retour sur le sol français. C'était en janvier 1982, à l'hippodrome de la porte de Pantin, face à Oscar Albarado, un vétéran des rings, double champion du monde huit ans plus tôt. À force d'avoir trempé les pieds dans le montage d'une réunion, je me sentais désormais apte à plonger dans le grand bain. À mon tour de prouver. J'avais monté le plateau, veillé à l'organisation, géré la logistique, sollicité des organismes publics, des annonceurs, les médias, au four, au moulin, au grain… Je n'avais pas compté mes heures, mes sous et, en retour, une salle pleine, un accueil réconfortant, une victoire

1. Qu'on peut traduire par le « temple de la renommée ». C'est au départ une distinction américaine qui consiste à honorer ses meilleurs ambassadeurs – le plus souvent dans le sport et la musique – et à inscrire leurs noms dans un panthéon de la discipline. (*N. d. A.*)

probante en neuf rounds. Louis était revenu physiquement plus dur, repartait mentalement tout frais, et nous agissions désormais par nous-mêmes, pour nous-mêmes.

Nous connaissions maintenant les bonnes portes à ouvrir, les codes d'entrée, les personnes de bons conseils, celles des prises de décision. Louis avait pris du coffre, reprenait le titre de champion de France des super-welters trois mois plus tard à Pierre Joly, postulait pour la couronne européenne, repartait pour les États-Unis. Mais à Miami cette fois.

Plus question de jouer les apprentis avec les sorciers. Louis avait bien accroché avec Chuck Talhami, qu'il avait croisé à Las Vegas. Talhami était un passionné, maîtrisait la boxe jusqu'au bout de ses doigts, et entraînait au 5 th Street Gym de Miami Beach sous la férule de maîtres à boxer tels qu'Angelo Dundee, Eddie Futch et Cus d'Amato[1]. C'était un homme profondément généreux, sa bonhomie et son regard parlaient pour lui, qui parlait cinq langues, et même une sixième, celle de l'autodérision : « Il y a deux grands hommes qui sont nés à Bethléem : l'autre s'appelle Jésus », racontait-il pour rappeler ses origines libanaises, plus profondément ancrées dans ces territoires mouvants. Après avoir été producteur de films en Angleterre puis interprète à l'Onu, il avait atterri à Miami en 1968 pour façonner les carrières de sacrés combattants tels que Carlos De León ou Héctor Camacho. Cette fois, c'était Louis qui avait suscité son intérêt. Les deux partaient d'égal à égal, avec un projet commun, une ascension en cordée, et non pas un fil à la patte.

1. Angelo Dundee a été l'entraîneur de Muhammad Ali, Sugar Ray Leonard et de treize autres champions du monde ; Eddie Futch a préparé Joe Frazier, Ken Norton, Larry Holmes, Riddick Bowe et cinq autres champions du monde ; Cus d'Amato a été l'entraîneur de Floyd Patterson, José Torres et le mentor de Mike Tyson. (*N. d. A.*)

Nous voulions jouer notre carte, nos propres atouts, notre destin, qui repassait par un titre européen. Et pas n'importe lequel : celui des poids moyens, la catégorie reine, celle qui avait adoubé Marcel Cerdan du temps d'avant, Jean-Claude Bouttier, une décennie plus tôt. L'opportunité s'était présentée en fin d'année 1982 : le tenant du titre, l'Anglais Tony Sibson, abandonnait son titre pour défier l'Américain Marvin Hagler, laissant dès lors son siège vacant. Louis avait été désigné challenger officiel du suppléant, l'Allemand Frank Wissenbach.

Cette fois, je menais la danse. Plus question de se laisser embobiner, de traficoter des enchères malingres pour que Louis se retrouve cerné dans un guet-apens en Allemagne. Il fallait faire venir ce Wissenbach, payer forcément le prix fort, monter une réunion consistante, et mettre dans la boucle les organisateurs du Palais des Sports de la porte de Versailles, à la surface financière plus ample. Toutes les parties prenantes avaient suivi le mouvement. Et comme on n'est jamais si bien servi que par soi-même, j'étais allé à Munich proposer une bourse que le camp allemand ne pouvait refuser.

Il fallait prendre l'initiative, prendre des risques aussi. Celui d'un bide en termes d'engouement et d'affluence, et tout bonnement celui d'une défaite sur le ring, d'une ardoise à rallonge, d'un crédit épuisé. Cet aspect du combat prenait bonne tournure, il ne restait plus qu'à s'occuper de l'adversaire. Que présentait donc cet Allemand ? Côté jardin, un palmarès éloquent de quarante victoires pour seulement trois défaites, dont une très discutable face au tenant du titre européen des super-welters, l'Anglais Maurice Hope, cinq ans plus tôt ; un fausse garde clairvoyant, technique, fuyant. Côté cour, un manque d'agressivité et des livraisons à domicile : tous ses combats s'étaient disputés en Allemagne, sauf un. Et encore, c'était en Autriche.

J'étais allé à Munich. J'irais à Francfort.

Deux mois avant le combat pour le titre, fin septembre 1982, Frank Wissenbach avait prévu de se chauffer les gants dans la Festhalle de Francfort face à un compatriote. Aujourd'hui, on doit mettre six heures pour rallier les deux villes desservies par le réseau autoroutier. On mettait pas loin du double dans les années 1980. Nous étions partis à trois : Richard Levy – l'accompagnateur de Louis à New York – prenait le volant, moi le siège passager, tandis qu'un jeune fan de boxe – André-Arnaud Fourny, qui deviendrait rubricard boxe à *L'Équipe* – se tenait sur la banquette arrière. Nous avions acheté nos billets, suivi avec attention la victoire aux points de Wissenbach, avant de reprendre la route à minuit passé. Comme tous nos Deutsche Mark étaient passés sous un guichet, nous n'avions plus que des piécettes pour le ravitaillement. La fête de la Bière et ses *Bratwurst* seraient pour plus tard. Nous avons passé un bout de la nuit sur un parking de station-service, avec des tablettes de chocolat et un roupillon dans la DS jusqu'au petit matin.

Sept mille personnes avaient assisté au spectacle présenté sous le chapiteau de la porte de Pantin, ce 3 décembre 1982. Ce fut probablement l'un des combats les plus accomplis de Louis. Un K.-O.. magistral, à la Cerdan. Je garderai toujours en tête les images décomposées de cette fin de sixième reprise : coincer l'adversaire dans les cordes, ne plus le laisser respirer, ne plus lui accorder le moindre espace pour déployer ses bras, son buste, continuer à le pilonner au corps pour lui faire baisser insensiblement sa garde, puis sortir un gauche droite à la face pour l'exécution.

Nous étions payés au pourcentage sur la recette, mais quelle recette ! Gagnants à cent pour cent.

X

Guetter l'ouverture

L'idée de revanche n'a jamais quitté l'esprit de mon père. Que ce soit sur le sort ou dans le sport. La seule présence de drapeaux français claquant dans les airs cuivrés de *La Marseillaise* en l'honneur du nom Acariès réactivait en lui un orgueil à jamais inassouvi. Comme s'il mettait lui-même sa foi sur le tapis quand Louis remettait ses pieds sur le ring. De l'hymne national, il pouvait enchaîner les six couplets la main sur le cœur, et sur l'étendard, il décomptait quatre couleurs avec le noir des pieds symbolisant l'Algérie française. Il en était parti, il n'en revenait toujours pas.

L'abandon ne le quittait pas.

Puisque le cours de son histoire ne reviendrait plus en arrière, l'univers de la boxe lui procurerait ses répliques. Il ne contestait pas la défaite en soi, mais ne supportait pas qu'on s'y résigne. Selon lui, un échec réclamait qu'on y retourne, surtout lorsque le verdict était livré à la subjectivité humaine. La capitulation lui avait trop coûté, il convoquait une autre Cour de justice. Un autre prétoire, une autre sentence, et au plus vite. Laver l'affront, éponger l'ardoise, recaler le chronomètre à zéro. L'échec face au Toulon d'Alain Ruocco en avril 1978 avait été effacé huit mois plus tard à Paris. L'autre, face au Brésilien Azevedo en mai 1979, avait été soldé neuf mois après. Il le voulait, il le fallait.

L'honneur était sauf, la fierté sauvegardée. Mon père était porté par cette rage obsessionnelle, irrationnelle aussi quand il s'agissait de planifier avec méthode l'ascension de Louis. Dans un pareil contexte, il ne lui restait dès lors qu'une seule idée fixe : retrouver Luigi Minchillo, qui avait dépossédé son fils du titre européen des super-welters, comme s'il fallait nettoyer une plaie qui pourrait s'infecter. Mon père en avait été tout aussi meurtri que mon frère. Il s'était même rendu jusqu'en Italie pour renouveler une proposition de match revanche à son manageur Giovanni Branchini.

— On vous propose 50 millions[1], c'est une sacrée somme quand même.

— Mais même pour 100 millions, monsieur Acariès, on ne le ferait pas ce combat.

Pour un peu, il aurait mis son taxi et son appartement en hypothèque. C'est pourtant la reculade du camp italien qui nous fit avancer.

D'abord, en accélérant notre décision familiale de faire monter Louis en poids moyen, faute d'un combat qui le fuyait, pour qu'il devienne le champion d'Europe de cette catégorie. Ensuite, en abordant sous un autre angle les personnages clés qui régentaient la boxe. Même si la pratique était usuelle, céder 30 % de ses gains à un manageur nécessitait un toilettage en règle. On pensait toujours pourcentage, mais différemment.

Notre toute nouvelle base de calcul remontait à quelques mois avant le succès de Louis face à l'Allemand Wissenbach, couronne européenne des poids moyens en jeu. En avril 1982, Louis allait disputer à l'Antillais Pierre Joly le titre national des super-welters au Palais des Sports de la porte de

1. Cinquante millions de francs, soit 75000 euros. (*N. d. A.*)

Versailles, dont la direction était depuis des lustres entre les mains de deux gestionnaires de spectacles ayant pignon sur rue : Robert Thominet et Charley Michaelis. Joly-Acariès, l'affiche claquait bien et nous étions plutôt sûrs de notre affaire quand nous avons été tous les trois reçus dans le bureau de Michaelis. De nos jours, on dirait que Louis était *bankable* ; en gros, que son seul nom sur un programme de boxe assurait plus que la mise. J'avais pris la main.

— Voilà, monsieur Michaelis, on ne veut pas entendre parler de bourse pour Louis pour ce combat.

— Ah oui ? Et vous verriez quel genre de rétribution à la place ?

— Au pourcentage, sur la recette de la réunion.

— Au pourcentage ? Mais ça ne se fait pas comme ça, voyons… Et quel pourcentage ?

— 20 %.

— 20 % ? Mais c'est n'importe quoi ! Vous plaisantez !

— On en a l'air ?

— Mais c'est insensé ! Vous voulez nous ruiner ! Vous imaginez ce que représentent 20 % ?

— Plutôt bien, oui. Ça vous laisse quand même 80 %.

— C'est juste impossible ! Im-po-ssi-ble !

— Jusqu'à maintenant, peut-être. C'est à prendre ou à laisser.

— Non, non, vous n'êtes pas raisonnable…

— Alors, raisonnez et rappelez-nous.

Deux jours plus tard, Charley Michaelis me rappelait.

— Bon, vous pouvez passer me voir dans la journée ?

On y était dans l'heure. Je le revois assis derrière son bureau, dans une étrange posture, la fesse droite posée sur une chaise, le genou gauche à terre. Les tourments de la négociation avaient dû lui filer une sciatique ou un lumbago. Non, c'était plus grave que ça. Charley Michaelis était en fin de toutes ses vies.

Difficile d'imaginer, à voir cette grande carcasse maladroitement prostrée au pied de son bureau, que Charley Michaelis avait été pendant plus d'un demi-siècle le bébé le plus célèbre de France. C'est sa bouille potelée et son torse replet qui illustraient les emballages du savon *Bébé Cadum* au sortir de la Première Guerre mondiale, à peine débarqué des États-Unis dans les bagages de son père. Bon joueur de hockey sur glace sur la patinoire du Vél d'Hiv des années 1930, il avait été mobilisé par l'armée américaine pour jouer l'agent de liaison avec la deuxième division blindée du général Leclerc, avec laquelle il entra dans le Paris libéré d'août 1944. Dans une France en reconstruction et sevrée de divertissements, son à-propos comme son entregent firent venir en France des hordes de grands shows à l'américaine. Michaelis voyait grand, spectaculaire, inédit, et le spectateur regardait les yeux écarquillés ces nouveaux arrivages *made in USA* quelques années après les défilés de blindés Sherman. Comme un dompteur faisant entrer les fauves sur la piste sous le roulement des tambours, Michaelis annonçait des numéros à vous coller la chair de poule. Allez, ladies et gentlemen, suivez le guide, entrez dans la danse, profitez du spectacle ! Et que virevoltent, sous les projecteurs, les patineurs de *Holiday on Ice* comme des paons de nuit, et que déboulent les basketteurs fous des *Harlem Globe Trotters*, le gigantisme révolutionnaire du cirque Barnum, les courses de stock-cars et leurs carambolages de tôles, mais aussi des forts des Halles comme Marcel Cerdan, qui y évolua à six reprises entre 1945 et 1948, pour pimenter les soirées…

Toujours une idée de show pourvu qu'elle soit business. Il aurait fait rejouer la traversée des Alpes par les éléphants d'Hannibal ou rapatrié les tyrannosaures de *Jurassic Park* si des autorisations avaient seulement existé. Quand le Vél d'Hiv de sinistre mémoire fermait ses portes en 1959, quand ses spectacles de rodéo avec cow-boys au lasso et Longhorns fumants avaient piqué du nez dans le sable, d'autres spectacles ouvraient les portes du Palais des Sports de la porte de Versailles. Michaelis innovait, lançait des troupes, des modes, avait fait venir par trois fois Sugar Ray Robinson au détour des années 1960. Oui, il en avait vu passer des vedettes, des paillettes, des recettes, et voilà qu'un Acariès lui cherchait des noises.

20 %, Michaelis ne décolérait pas. Peut-être plus par le fait de se faire imposer un choix qu'un nombre. Qu'il accepta à contrecœur.

— Je vais vous dire, je regrette de faire ça.

Quatre mille cinq cents places vendues, une chaude ambiance, un match serré, un nouveau titre conquis par Louis. Non, rien de rien, il n'a rien regretté. Nous non plus.

La boxe n'est pas qu'une affaire d'orgueil, de courage, de sacrifice, de vérité brute, de rêve du grand jour ou d'idoles d'un soir. Il faut savoir aussi encaisser, et donc négocier au plus fin. Je ne volais pas encore de mes propres ailes dans les cimes du boxing-business mais j'étais maintenant en suspens au bord du nid d'aigles. De la table de jeu ; celle où ne s'assoient que les grosses pointures derrière une porte capitonnée, dans un salon privatisé à l'étage, à l'écart du brouhaha des machines à sous, entre halos de cigares, serveurs en livrée et mises en millions. D'où je me trouvais, les pieds sur la barre de seuil, j'entrapercevais la mécanique des usages. Schématiquement, le monde de la boxe se partageait entre deux tables de jeu : la première concernait les mises sur les poids lourds, non plus des jetons mais des plaques. Don King en était à la fois le croupier et le joueur le plus finaud. Il servait et jouait en brassant pratiquement 80 % du juteux business de la catégorie depuis dix ans. La seconde occupait les promoteurs mondiaux des autres catégories desquelles émergeaient les poids moyens en termes de valeur marchande. On y trouvait là les Américains Bob Arum et Dan Duva, les Britanniques Barry Hearn, Barney Eastwood et Mickey Duff, et les Italiens Rocco Agostino, Umberto Branchini et Rodolfo Sabbatini. Les carrières des boxeurs, comme les jetons, se montaient par millions ou filaient entre les doigts.

Par-dessus les épaules de ces grands faiseurs de renommée, roués et fortunés, j'apprenais de tous sur tout. Une éponge, un calque. J'écoutais, j'observais. Ce n'était pas sans me rappeler les parties de cartes dans l'arrière-salle de *La Fortune du Pot* : étudier les profils des joueurs en face, leurs approches, leurs tics, parler à bon escient, laisser courir, faire le mort, pousser sereinement ses jetons, avancer au bluff… Un homme m'avait fait admettre en douceur dans ce cercle privé.

Mon poker mentor.

C'était Rodolfo Sabbatini. Un Romain à l'abord jovial qui se distinguait d'emblée par une voix de rocaille – entretenue par cinq paquets de Camel par jour – distillant des propos tout en rondeur et civilité. Je l'avais rencontré une toute première fois au bord du ring de Roland-Garros en 1973, quand Louis disputait un combat d'encadrement du championnat du monde des poids moyens ayant opposé Jean-Claude Bouttier à Carlos Monzón. Sabbatini avait alors une dizaine d'années de métier derrière lui après avoir été, dans un premier temps, journaliste de sport, et s'imposait déjà comme l'un des plus influents promoteurs de la planète[1]. C'est lui qui avait notamment porté le chéri de ces dames, Nino Benvenuti, au titre mondial des moyens, puis construit la folle carrière de l'Argentin Carlos « El Macho »

1. Au cours de sa carrière de promoteur, Rodolfo Sabbatini a organisé 107 championnats d'Europe et 40 championnats du monde. Il décédera en janvier 1986 à l'âge de cinquante-huit ans. Maudites cigarettes. (*N. d. A.*)

Monzón, ce *peón* de Santa Fe qui demeura pendant sept ans champion du monde des moyens, soit quinze combats victorieux de rang entre 1970 et 1977.

Je croisais fréquemment Sabbatini autour des grandes réunions de boxe, mais c'est en Italie que nos rapports se sont stabilisés. Sur les recommandations de Pierre Cangioni, alors journaliste pour TF1 et commentateur chevronné de football et de boxe, le promoteur romain s'était déplacé à Formia pour juger sur pièces de ce boxeur français dont on lui avait dit grand bien. « Viens Rodolfo, il faut que tu voies cet Acariès qui boxe en plus à deux pas de chez toi. » Sabbatini s'était laissé convaincre. Au-delà de racines italo-corses communes, les deux hommes se vouaient une confiance mutuelle qui tournait vite à l'amitié. La présence de Sabbatini au pied du ring n'avait guère ravi Jean Bretonnel qui sentait alors le vent tourner, mais la défaite de Louis face à Luigi Minchillo – plutôt sa léthargie au cours des premiers rounds – dans la touffeur de Formia pouvait refroidir ses ardeurs. Pierre Cangioni insistait pourtant auprès de son ami italien et plutôt que de rentrer la queue basse à Paris, nous nous sommes retrouvés le lendemain du combat à Rome, dans une rue adjacente à la Piazza del Popolo.

Rodolfo Sabbatini avait tissé un réseau international d'envergure, travaillant en étroite collaboration avec plusieurs homologues étrangers pour monter conjointement des affiches de standing international, dont l'Américain Bob Arum. C'était un personnage accort, doué d'humanité et de simplicité dans ses rapports avec les autres. Son bagage intellectuel, son intérêt marqué pour la psychologie humaine, son intelligence de diplomate autodidacte et son sens de la repartie dénotaient singulièrement dans le giron pugilistique. Je me souviens d'un déjeuner dans un grand restaurant parisien. Nous étions quatre à table et Rodolfo décryptait méticuleusement la carte des vins depuis plusieurs minutes. « Et toi, tu prends quoi ? », demandait-il aux convives, tout en replongeant dans sa lecture face au sommelier qui attendait debout à son côté. « Et toi, c'est quoi déjà ton plat ? ». Le sommelier patientait, au garde-à-vous. Puis s'enhardit.

— Auriez-vous arrêté votre choix, monsieur, ou puis-je vous aider à…

— De l'eau.

— De l'eau ?

— Oui. Deux bouteilles.

Et de refermer la carte.

Sabbatini adorait le vin mais s'en serait passé pour une malice.

Pierre Cangioni nous avait tous trois – mon père, Louis et moi – menés à ses bureaux au cœur de la ville romaine. La carrière de Louis l'intriguait. Dans le même temps, il cherchait un point de chute.

— Il me faudrait aussi quelqu'un en France pour développer le business.

Mon père m'avait jeté un regard furtif. Je prenais la balle au bond.

— Je pense être celui qu'il vous faut.

— Oui ?

— Disons que je suis celui qu'il vous faut.

La phrase de lancement.

Celle d'une collaboration sans faille, d'un lien de confiance, d'une amitié au long cours. Tel un pape allongeant son bras pour un baisemain, il m'ouvrait la voie aux chapitres.

*

En somme, comme au poker, les annonces dépendaient d'abord de ce que vous teniez en main. Un titre européen – ce qui n'était pas une mince affaire à l'époque –, valait un carré de rois qu'il fallait maintenant monnayer au prix fort. En boxe, quand le détenteur d'un titre doit combattre son challenger officiel[1], il y a deux manières de procéder : la première consiste à négocier de gré à gré entre promoteurs et manageurs des deux camps, ce qui se produit le plus souvent. Si un accord n'est pas trouvé, le combat est alors porté aux enchères auprès de l'organisme international qui tranchera après consultation des deux offres financières, présentées sous enveloppes cachetées en présence des deux parties le plus souvent. L'enveloppe doit contenir le montant proposé pour la tenue du combat, un chèque de dépôt représentant 10 % de l'offre globale, ainsi qu'une indication du lieu et de la date de la réunion. En jouant à l'aveugle, l'issue est de fait plus aléatoire, incertaine. Sauf à savoir ce que devrait proposer le joueur d'en face – un peu comme on devine ses cartes –, c'est une extrémité qui agace la plupart des *matchmakers*.

Quel que soit l'enjeu, 60 % des offres de bourse reviennent a minima au champion sortant. Et même un peu plus s'il accepte de se déplacer chez son adversaire. Nous n'en étions pas là. Le titre, on l'avait, plus question de se faire coincer dans un four à pizzas avec des juges emmaillotés en *calzone* et cuits *al dente*.

Pour être franc, nous étions entre deux cuissons : soit faire mijoter le capital en remettant le titre européen des poids moyens en jeu dans des conditions favorables, soit pousser les feux et tenter illico sa chance au plus haut niveau mondial. Car avec Rodolfo Sabbatini dans mon jeu – ou moi dans le sien –, cette opportunité était alors bien réelle. L'homme qui allait devenir mon père spirituel avait pour principal partenaire de jeu Bob Arum. L'avocat new-

1. Dans une période de six mois au niveau européen, de neuf mois au niveau mondial. (*N. d. A.*)

yorkais avait non seulement fait main basse sur les meilleurs des poids moyens – et leurs contrats –, mais avait aussi ses entrées dans la jungle des télévisions américaines, lesquelles diffusaient à tour de bras les multiples réunions organisées à Las Vegas, Atlantic City, et à l'étranger quand l'affrontement justifiait de traverser les océans. Sabbatini sans Arum se coupait de cette manne ; Arum sans Sabbatini se privait de visibilité planétaire. Les deux composaient une paire d'as qui faisait pratiquement tout le business de la catégorie à l'échelle mondiale.

Ainsi, lorsque Louis devenait champion d'Europe des moyens, la piste américaine fut réactivée. Pensez : Acariès devenait crédible aux États-Unis et, avec lui, réapparaissait l'hologramme de Marcel Cerdan. Sabbatini n'avait guère eu besoin d'apporter de calculette pour convaincre Bob Arum, qui prenait langue avec… Marvin Hagler. Oui, Marvin *Marvelous* Hagler, l'incontestable, l'indéboulonnable maître de la catégorie, invaincu depuis quatre ans et dix championnats du monde. Hagler n'était manifestement pas contre l'idée, avait confiance en Sabbatini qui l'avait déjà produit à Monaco en 1979, à San Remo en 1982, l'Américain finissant d'ailleurs ses vieux jours à Milan. Et Louis, et nous, on se sentait capables de renverser la table. Un enchaînement de résultats crédibilisait d'ailleurs nos vues : l'Allemand Wissenbach avait battu aux points l'Italien Vito Antuofermo, qui avait lui-même obtenu le match nul contre Hagler, en novembre 1979 à Las Vegas. Voilà qui tenait debout. Les contrats étaient établis, n'attendaient plus que les signatures des deux parties. L'affaire nous a occupés une bonne partie de l'année 1983, pour finalement capoter en début d'année suivante,…

Alors, pour patienter, rien de mieux que de faire tourner des affiches franco-françaises, des duels qui émulsionnent les foules et la presse pour faire monter la mayonnaise. Et les

1. Michel (à d.) et Louis posant dans le salon de leur oncle Jean à Bab-el-Oued. Inséparables dès leurs premiers pas.

2. Cinquante ans après, la cité des Vieux-Moulins de Bab-el-Oued est restée pratiquement inchangée. C'est de là-haut, au 7e étage du bâtiment H, que Michel regardait son Alger, allongé sur le balcon.

3. Collège Lelièvre 1956. Les photos de classe, sucres d'orge de l'enfance. Michel (cerclé, assis au 1er rang) a huit ans.

4

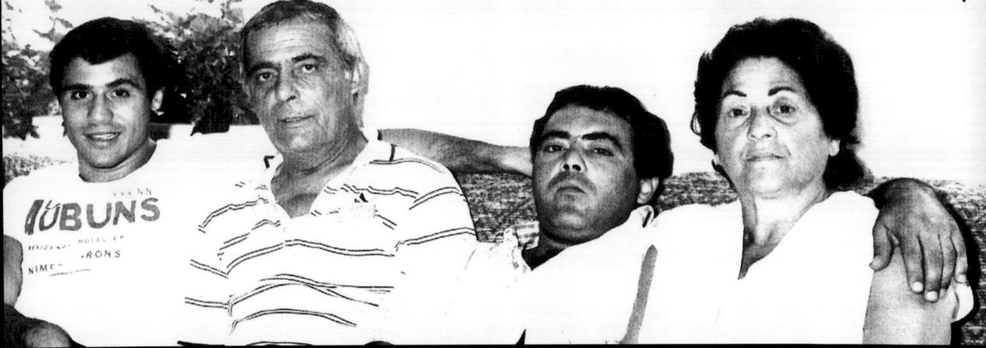

5

4. Les parents Acariès et leurs deux fils dans l'appartement marseillais de la cité du Clos de La Rose au début des années 1970.

5. Une fois son consentement accordé, Michel Acariès père (à g.) a constamment veillé sur la carrière de son fils Louis (ici lui laçant les gants dans une salle d'entraînement à Marseille).

6. Michel à l'hippodrome Borely de Marseille, fin des années 1960. La quête perpétuelle du pari gagnant.

6

7. Michel (à g.) et Louis sur leur trente-et-un à Paris, quand le nom Acariès commence à résonner dans le monde de la boxe, fin des années 1970.

8. Les marches de la gloire, milieu des années 1980. De haut en bas : Yves Rénier, Richard Berry (à g.), Louis Acariès, Christophe Lambert, Thierry Lhermitte.

Collection personnelle Michel Acaries

9. 1981 à Las Vegas. Frank Sinatra accueille le « nouveau Cerdan ».

10. Michel dans les bras de Don King, avec le sourire complice de Louis, début des années 1990 dans un hôtel à Caracas. Embrassades un jour, engueulades un autre…

10

Collection personnelle Michel Acaries

Collection personnelle

Chika Photography 1993

11. Louis qui serre la main de Marvin Hagler, sous les yeux du promoteur italien Rodolfo Sabbatini et de Michel Acariès. Un combat avait alors été envisagé entre le champion d'Europe et le champion du monde des moyens.

12. Milieu des années 1990 : Michel Acariès au côté de Gilberto Mendoza, le président de la WBA, avec lequel il a organisé de nombreux championnats du monde.

© Pierre Lablatinière / Presse Sports

Collection personnelle Michel Acariès

© F. Laurette / pvl / Maxppp

© Tschaen / Sipa

13. Michel montrant la ceinture WBC conservée (à six reprises) par Anaclet Wamba (ici avec son entraîneur Bernard Dambrosio en second plan). De 1991 à 1994, Wamba régnera sur la catégorie des lourds-légers.

14. De 1997 à 1999, Laurent Boudouani défendra cinq fois (pour une seule défaite) son titre WBA des super-welters aux États-Unis, dont deux (comme ici) au Hilton de Las Vegas. À la fois technicien et puncheur, le Savoyard savait tout faire sur un ring.

15. Cœur énorme et technique irréprochable : Bruno Girard a su intelligemment mener sa carrière sous la férule de Louis Acariès, son entraîneur. Le Solognot a été champion WBA des super-moyens puis des mi-lourds pendant deux ans (2000-2002).

16. Détenteur de l'un des plus gros palmarès de la boxe française contemporaine (onze titres mondiaux disputés de 1995 à 2005, neuf remportés dans deux catégories de poids différentes), Fabrice Tiozzo a travaillé avec Michel et Louis Acariès dans la seconde partie de sa carrière.

17. Mahyar Monshipour peut exulter. Pendant ses huit années d'invincibilité (1998-2006), le style spectaculaire du frappeur d'origine iranienne a régalé les foules. Monshipour a régné sur la catégorie des super-coqs WBA pendant trois ans (2003-2006).

18. Brahim Asloum, l'enfant boxeur chéri des Acariès. Après deux échecs au plus haut niveau, il devient champion WBA des mi-mouches au Cannet en décembre 2007. Asloum est le premier boxeur français à avoir été champion olympique (en 2000 à Sydney) et champion du monde.

19. Sébastien Acariès, fils de Michel, n'a pas dix ans qu'il soulève déjà une ceinture mondiale, planté au milieu d'un ring (celle d'Anaclet Wamba en l'occurrence). La relève est assurée.

20. Louis et Michel ; Michel et Louis. Unis par les liens du sang et ceux des gants, les deux frères ont obtenu la consécration côte à côte.

intérêts du capital. Défendre son bien contre Pierre-Franck Winterstein avait le mérite d'entretenir la flamme avec une chance raisonnable de ne pas se faire souffler la place et, partant, de préserver sa valeur marchande. Winterstein, alias *Gassen* – l'homme fort en gitan – magnétisait la communauté des gens du voyage et présentait sur le papier un bagage itinérant de vingt-huit succès, dont vingt-trois abrégés le plus souvent par son court crochet gauche, et un match nul. Autant dire que les médias en avaient tartiné des couches pour annoncer la nouvelle terreur, épatant jusqu'à la Fédération européenne de boxe qui le désigna précocement challenger officiel. Ils oubliaient juste qu'il n'avait pas vingt-quatre ans, que ses adversaires précédents n'étaient pas sortis de la cuisse de Jupiter, et que la foudre tombe le plus souvent sur des arbres vulnérables. *Gassen* était un vrai boxeur, courageux, mais un dur encore tendre.

Le stade de Coubertin de la porte de Saint-Cloud avait fait le plein en ce 25 mars 1983, et notre appréhension résidait autant dans le scénario du combat que dans la cohabitation entre les communautés gitane et pied-noire. C'est vrai, il y avait de l'électricité dans l'air, et même quelques étincelles dans les travées, jusqu'à l'électrocution de *Gassen* au quatrième round qui coupa le courant. Le capital sympathie et financier était préservé.

C'était bien, mais pas assez. Du moins plus assez. Mon séjour à Las Vegas m'avait fait découvrir un même spectacle d'homme à homme, mais dans un décor de péplum. Un ring posé dans l'amphithéâtre d'un hôtel casino, avec lasers lumineux sortant des plafonds, musique du diable, écrans géants, bimbos déroulant leurs jambes résilles au fil des rounds et mise en scène féerique, tout cela avait une autre gueule qu'un gymnase amélioré au milieu duquel s'égosillait un speaker. Sans un *Caesars Palace* à la ronde, il me fallait taper fort, épater la galerie, offrir du jamais-vu pour le prochain combat de Louis, prévu cinq mois plus tard contre Stéphane Ferrara, le suivant sur la liste, l'étoile montante, la nouvelle coqueluche, déclaré challenger officiel.

Désormais, Louis s'entraînait régulièrement à Miami avec Chuck Talhami tandis que je quadrillais des bouts de France à la recherche d'un site prestigieux. D'idées en suggestions d'amis, de possible en faisable, j'étais finalement tombé sur un petit joyau. Le ring est une arène ? Ce serait les arènes de Nîmes. Pas du toc ou du stuc rococo, ça, Monsieur ; pas des statues en plâtre ou des colonnades en bois laqué mais de l'antique, du dorique, du véridique ! Et tant qu'à parler gladiateurs des temps modernes, autant faire revivre leur esprit dans un théâtre approprié.

Simon Casas, ancien toréro de renom et directeur des arènes, souscrivait des deux mains au projet. Le pugilat des Jeux anciens renaîtrait dans l'antre romain de la tauromachie française. Question boxe, je parvenais à monter trois championnats d'Europe[1] au cours de la même soirée, du jamais fait jusqu'alors en France. Question logistique, je logeais la troupe des artistes et leur personnel dans… des camping-cars au Grau-du-Roi, en lisière de la Camargue. C'était une nouveauté à l'époque, plutôt bien vécue, un peu comme on passe aujourd'hui un week-end dans une yourte ou dans un bungalow haut perché. J'avais tout programmé, anticipé, millimétré, jusqu'à coller moi-même les stickers des réservations sur les sièges ou vérifier la rigidité des bâches de protection. Je n'avais juste pas prévu qu'un petit campeur apparaîtrait neuf mois plus tard, mon fils Sébastien…

Enfin, côté show, ce serait un son et lumière permanent, une mise en scène de Cyril Reginald plongeant

---

1. Poids mouches : Montero (France) – Camputaro (Italie) ; lourds : Rodriguez (France) – Syben (Belgique) ; moyens : Acariès (Fra) –Ferrara (Fra). (*N. d. A.*)

l'amphithéâtre dans une atmosphère quasi irréelle. Douze mille personnes, des Gardois, des estivants, des supporters, s'étaient amassées dans les gradins pierreux pour une soirée tiède de début août sous la Voie lactée, dans les étoiles aussi, lumineuses, féeriques. Et gagnantes. Louis s'imposa aux points, Montero et Rodriguez avant la limite. Le feu d'artifice pouvait crépiter. Des salves de bleu, de blanc, de rouge.

*

J'étais lancé. Louis avait fait le vide dans sa catégorie et je faisais le plein autour de lui. Pour sa prochaine défense de titre européen des moyens, je devais maintenant prendre d'autres risques, viser haut pour tous les deux, Louis sur le ring, moi alentour. Frapper les corps, frapper les esprits. Pour l'adversaire, il y en avait un tout trouvé : Tony Sibson.

Sibson, c'était une bonne tête de teigneux anglais, le cheveu raide, le sourire d'un pirate des Caraïbes, une voix étrangement fluette pépiant au-dessus d'un torse massif, et un crochet gauche fulgurant qui ne s'embarrassait pas de nuances. Son palmarès non plus : champion d'Europe de la catégorie à cinq reprises entre 1980 et 1982 avant d'abandonner son sceptre pour une opportunité mondiale, cinquante et un succès en cinquante-cinq combats, les trois-quarts ne dépassant pas la deuxième moitié du combat. Originaire de Leicester, dans le cœur de l'Angleterre où la boxe anglaise a accouché de ses premières codifications vers la fin du XIXe siècle, le garçon s'était fait très vite un surnom – *Sibbo* – dans les pubs du Royaume-Uni et sa boxe, en corps à corps le plus souvent, laminait l'opposant. Sibson avançait sur l'homme comme il avait grandi, à la hargne, à la dure, en force. Apprenti maçon à quatorze ans, il avait ensuite gagné sa croûte dans un abattoir de chevaux et le bonhomme savait visiblement malaxer la carne. Il avait fallu un bourreau nommé Marvin Hagler pour l'empêcher de ravir un titre mondial un an plus tôt[1].

Louis avait un client en ligne de mire, je devais maintenant composer avec l'acheteur. Son promoteur, Mickey Duff, n'avait pas non plus le profil d'un humoriste de café-théâtre. Dans le business depuis le début des années 1960, il monopolisait les grandes réunions de boxe de Grande-Bretagne avec un savoir-faire bien à lui. Sa devise ? « Si vous êtes à la recherche de loyauté, prenez un chien. » Il avait le mérite de la clarté. Avec lui, nulle négociation possible, sauf à lui laisser la viande et de ne garder que l'os pour le chien. Nous nous sommes donc retrouvés à Rome, au siège de l'EBU – la fédération européenne – pour régler ça au bras de fer, avec nos offres de bourses glissées dans une enveloppe. J'avais toutefois gardé un atout dans ma manche.

Ce jour-là, j'avais joué *all-in* diraient les joueurs de poker. J'avais poussé tous mes jetons au milieu de la table. Surtout ceux que je n'avais pas ! Après avoir ouvert les enveloppes et comparé les deux offres de bourse en présence des deux parties, Enza Jiacoponi, la secrétaire générale de l'EBU, me déclarait vainqueur des enchères. Acariès par K.-O. Mickey Duff était d'une humeur de chien.

J'avais mis 2,6 millions[2] de francs dans l'affaire. 260 briques ! Cinq fois plus que la plus lourde enveloppe remise par mes soins jusque-là ! Mais mon offre mirobolante, déclamée comme l'équivalent d'une suite de couleur par Enza Jiacoponi, se révélait tout compte fait plus proche d'un brelan de neuf : en raclant les fonds de tiroir, je disposais tout au plus en banque des 10 % réglementaires rédigés sur le

1. Marvin Hagler s'était imposé par arrêt de l'arbitre dans la 6e reprise le 11 février 1983 à Worcester (Massachusetts). (*N. d. A.*)

2. Ce qui donnerait aujourd'hui 360 000 euros en conversion brute mais c'était il y a plus de trente ans… (*N. d. A.*)

chèque de dépôt devant accompagner ma proposition financière. À quelle échéance ? Compte tenu du délai réglementaire d'organiser l'événement dans les six mois, j'avais spécifié la date limite de janvier 1984, qui correspondait à l'ouverture prévue… de mon atout.

L'avantage de remporter des enchères élevées, surélevées même, résidait dans les 60 % revenant au détenteur du titre. Et quoi qu'il puisse advenir, un bide ou un fiasco, on se serait toujours arrangés entre frangins. Il restait cependant à trouver les 40 % manquants, soit tout de même plus de cent patates ! Et c'est là que je faisais tomber l'as de pique de ma manche.

L'idée s'était mue en projet, le projet en phase de réalisation, et le compte à rebours de l'inauguration, prévue en janvier 1984, était désormais enclenché : le Palais des Sports de Versailles ne souhaitant plus monter d'événements de boxe en raison de nouvelles taxes imputables aux spectacles sportifs, la Ville de Paris avait lancé en 1979 le chantier d'une grande salle dédiée – dans un premier temps – aux disciplines sportives au cœur de Paris, sur les ruines des entrepôts de négociants en vin. L'enceinte s'appellerait le Palais Omnisports de Paris Bercy, autrement dit le POPB, un octogone ingénieux – largement contesté à l'époque, comme toute nouveauté en somme – et surmonté d'une toiture aux pans végétalisés jusqu'au sol. La direction en serait confiée à Jacques Goddet et à Robert Thominet, ceux-là mêmes qui géraient les intérêts du Palais des Sports, tandis que la direction sportive reviendrait à Andy Dickson. Ce transfert des compétences jouait pour nous.

Andy Dickson prolongeait là quarante ans de rubrique sportive au *Parisien,* propriété du groupe Amaury tout comme le Palais des Sports de la porte de Versailles, ce qui l'autorisait à donner un coup de main pour monter des plateaux de boxe aux côtés de son père. Le papa, Jeff Dickson, avait en effet coanimé les beaux jours du dôme en aluminium de la porte de Versailles avec son compatriote et acolyte Charley Michaelis. Andy Dickson adorait mon frère Louis et ne se privait pas de l'écrire dans les colonnes de son quotidien. En somme, avec Andy Dickson qui badait Louis, avec Charley Michaelis qui n'avait pas regretté de lâcher 20 % sur les recettes du précédent combat de mon frère, avec les équipes techniques qui travaillaient sur les deux sites, nous entretenions d'excellents rapports qu'il eût été incongru de ne pas prolonger.

Dans la perspective de son ouverture, la direction du POPB était à la recherche d'événements dignes de remplir la grande salle dotée de quinze mille places pour lancer son nouveau joujou. Et quinze mille billets vendus, d'un côté (le leur) comme de l'autre (le mien), ça modifiait sensiblement l'épaisseur de la liasse comparée aux 4 500 sièges du Palais des Sports. Lorsque je leur avais soumis cette idée de championnat d'Europe des moyens entre l'ancien tenant du titre – Sibson – et le nouveau – Louis – au printemps 1983, ils avaient sauté à pieds joints sur le ring. Vous comprendrez dès lors que j'étais plutôt sûr de mon coup de Trafalgar lorsque Enza Jiacoponi découvrait les offres portées aux enchères dans son petit bureau de Rome, quelques mois plus tard.

*

Les feux passaient au vert. La direction du POPB avait suivi le mouvement en tant que loueur de salle, l'EBU m'avait confié les rênes de l'organisation, et Louis reprenait son passeport pour s'entraîner alternativement à Miami, avec Chukh Talhami, et à New York. Mon frère s'envolait maintenant pour les États-Unis avec Gilles Perrin, notre pote de Noisy-le-Sec, mon associé de *La Fortune du Pot*, notre copain de quartier, des foires d'alors, et bientôt l'ombre de Louis où qu'il aille. Pour la tambouille dans un appartement new-yorkais, l'intendance inhérente aux déplacements à l'étranger, les petits services. Gilles était son Rémy Bricka[1], aux cuivres comme à la guitare. Aussi serviable qu'indispensable. Le Bernardo de Zorro.

C'est au cours d'un de ses séjours à Manhattan, accompagné de notre père, que Louis fit la connaissance d'un personnage au profil singulier. Pour être précis, cet homme fin au cheveu lisse et noir portait plus d'attention à notre père qu'à son fils, qui suait sang et eau sur un ring du Times Square Gym. Voilà près d'une semaine qu'il y passait ses fins d'après-midi, entouré de ses propres boxeurs, mais c'est bien mon père qui l'intriguait. Il semblait fasciné par son visage dur, asocial d'abord – mon père avait une gueule – et, surtout, sa posture : quand Louis s'entraînait, Papa ne le quittait pas des yeux, les pieds resserrés autour d'une bouteille d'eau. Il trouvait la pose étonnante, presque touchante, au vu des petits sachets de cocaïne qui circulaient autour, de la main à la main, une fois les bandages retirés, par des athlètes cherchant à atténuer les douleurs ou à s'aérer la tête, après avoir bu aux mêmes goulots. Eh, c'était le Times Square des années 1980, pas un collège de jésuites… Le jeune homme se rapprochait de mon père, qui tourna sa tête vers lui.

— Vous savez que je suis français ?

— Français, vous ? Mais ça fait une semaine qu'on est là…

— Vous cherchez un bon sparring ?

— Pourquoi pas, oui.

1. Homme-orchestre et chanteur des années 1970-1980 capable de jouer d'une dizaine d'instruments qu'il portait sur lui. (*N. d. A.*)

— J'en ai un de bien pour vous. Ronald Thermidor, un Haïtien de Harlem. On l'appelle *Terminator* mais ne vous arrêtez pas à ça : il a tout pour faire travailler Louis.

— Vous connaissez mon fils ?

— Bien sûr. Je connais tout le monde ici.

— Et vous avez un petit nom, vous aussi ? Alien, King Kong, Godzilla ?

— Jean-Pierre Charvet. Mais ici, tout le monde m'appelle *Frenchy*.

Natif de Nice, Jean-Pierre avait d'abord passé son adolescence en Israël, terre de sa mère rescapée des camps d'Auschwitz, avant de bifurquer plein ouest et s'installer à New York. Il y était arrivé seul, la vingtaine passée, avait fait *taxi driver* – le même que celui de De Niro, la bande à damier sur toute la longueur – dans une de ses fameuses carcasses jaunes qui tournent en permanence dans les rues et les films. Très vite, il préférait conduire la nuit, s'aventurant dans les quartiers chauds du Bronx, de Lower East Side ou de Spanish Harlem ; très vite, son taxi faisait le tour des boîtes de nuit puis des *Gyms,* pour embarquer les boxeurs qui sortaient de leur entraînement nocturne. Un après-midi, il avait poussé la porte de l'un d'eux, le Gleason's, à deux blocs du Madison. Pendant plusieurs mois, il passait ses nuits au volant et ses après-midi au sac de frappe ou en *shadow*, à mimer le geste parfait, avancer l'épaule, envoyer un *jab*[1]. Le Gleason's grouillait en son temps de Latinos au sang chaud et à l'hospitalité virile. Ici, les gringos, on n'aimait pas trop ça. Jean-Pierre repartait les yeux pochés, revenait. « Tu as du cœur toi, hein ? », lui lançait Victor Machado, l'entraîneur du lieu. Les deux hommes se lièrent d'amitié et Jean-Pierre poursuivit son cursus qui l'emmena

1. L'équivalent d'un direct, mais le coup est moins appuyé et plus rapide. (*N. d. A.*)

d'abord à être *cutman* lors de quelques réunions, puis *match maker* chemin faisant. Il avait bientôt une douzaine de boxeurs sous contrat qu'il envoyait à Vegas, Chicago ou ailleurs. Il avait l'œil, Jean-Pierre, pour trouver chaussure au pied d'un organisateur qui cherchait l'adversaire idoine pour son poulain. C'était ça, un bon *match maker* : celui qui dégote l'oiseau rare. Pour que le petit protégé progresse, pour que le public s'y retrouve, et qu'au final, devant une foule ravie, il en sorte vainqueur.

C'est ce *Frenchy* que Louis et mon père avaient trouvé ce jour-là au Times Square Gym. Il savait pas mal de choses sur les us et coutumes de l'endroit. Comme cette fois-là quand l'entraîneur du moment, Panama Lewis, offrit la possibilité à Louis de raquer 10 dollars pour faire un round avec un tueur dénommé Troy Darrell. « Darrell, non, ne le fais pas ! » Jean-Pierre avait connu l'art de recevoir, les combines pour dégoûter le boxeur étranger qui s'aventurait par ici : les gants plus légers, débarrassés de leur crin à l'intérieur, donc plus percutants ; ou le baume poivré enduit sur leur surface, entre autres cadeaux d'accueil. Il en avait touché deux mots à Panama Lewis, qui faisait mine de ne pas comprendre. OK pour un round mais dans les règles, all right ? Et avec Jean-Pierre dans le coin de Louis. Aux deux tiers de la mise de gants, Darrell commençait à se coller à Louis, pour récupérer, souffle court. Louis s'écartait alors brusquement, bras en bas, comme s'il ne comprenait pas.

— Ben alors, ce n'est pas toi qui devais me tuer ?

Jean-Pierre n'adressait pas la parole aux rares boxeurs européens qui venaient s'essayer à l'école de la 42e Avenue. Une poignée d'Anglais, d'Allemands, quelques Français qui passaient un jour, parfois deux, rarement au-delà. L'endroit était prisé pour son authenticité, son dépouillement, et des initiés s'y arrêtaient, comme des cars déposent des touristes devant la tour Eiffel, jamais bien longtemps. Dans ce coupe-gorge, on n'y donnait pas la leçon mais on était brutalement expédié au front, tête nue et baïonnettes aux poings.

Cette fois-là encore, pour ses pieds qui ne quittaient pas une bouteille d'eau et sa gueule de cinéma, mon père avait changé le cours des choses. Le soir même, les trois s'étaient retrouvés attablés au *Palm Two*, un restaurant de viande de la 72e rue. Le courant était passé. Le week-end suivant, Frenchy avait invité mon père et Louis dans sa maison de Park Slope, un quartier de Brooklyn. Tandis que Louis papotait dans le salon avec son épouse et ses deux filles, Jean-Pierre avait installé mon père dans un fauteuil de sa chambre, face à l'écran de télévision. Il lui avait passé des retransmissions de combats en cassettes VHS. Il en possédait près de deux cents, de quatre heures chacune, qui tapissaient le mur porteur et consacrait deux heures par jour à la littérature pugilistique. Le son coupé, il demandait à mon père son avis sur tel ou tel boxeur, un peu comme une dégustation à l'aveugle.

— Et lui, vous en pensez quoi ?

— Wouh, c'est un tout bon. Déplacement, agilité, contrôle émotionnel, instinct de tueur… Il s'appelle comment ?

— Mike McCallum[1].

Mon père avait passé avec succès le *Frenchy* test.

Jean-Pierre Charvet était resté encore quelques années à New York, entretenant son large réseau d'agents, d'entraîneurs, de promoteurs américains, avant de nous rejoindre

1. Le boxeur jamaïcain venait d'être champion WBA des super-welters, couronne qu'il défendra à six reprises avant d'être champion WBA des moyens puis champion WBC des mi-lourds. En 55 combats disputés, *bodysnatcher* (le dépeceur) cumulera 49 victoires, 5 défaites et un nul. Il ne subira aucun K.-O. (*N. d. A.*)

en France. Avec lui dans l'équipe, on mettrait Paris en bouteille.

*

Avec Gilles et Jean-Pierre dans son monde américain, Louis prenait de mieux en mieux ses marques. De mon côté, je gardais un œil sur l'évolution du chantier du POPB. Qui prenait un peu de retard ; qui prenait finalement pas mal de retard, au point que je ne pouvais pas respecter la date de janvier.

— Un mois de plus ? Bon, d'accord, mais pas plus, Michel.

Enza Jiacoponi était bonne fille. Le combat était officiellement annoncé pour le 25 février 1984, soit trois semaines après l'ouverture du POPB. L'inauguration, en grande pompe, présenterait les Six-Jours cyclistes de Paris, histoire de renouer avec l'Histoire, de reprendre, là où on les avait laissés, cette nostalgie saucée à l'accordéon et les pistards tournicotant la socquette légère sous les lampions des populaires, vingt-cinq ans après la fermeture du Vél d'Hiv, où on saucissonnait pour 5 francs dans le poulailler.

Dans cette configuration, on peut imaginer la vie d'un promoteur de boxe comme un superviseur de chantier attendant, un whisky *old age* à la main et poches grandes ouvertes, que la salle se remplisse. Il était dit que l'événement allait être exceptionnel. Il le fut dès l'ouverture de la billetterie.

En tout début d'année 1984, les tickets allaient être mis en vente. À toute nouvelle salle, nouveau procédé, celui des débuts de la billetterie informatique pour la sortie de quinze mille places. Le soir de leurs impressions papier, le programme tombait en rade. Un bug dont on ignorait encore le nom. Une catastrophe dont je mesurais les conséquences. On m'en informait par téléphone. J'étais sur place dans le quart d'heure, mes notions en informatique sous le bras. Avec deux jeunots pétrifiés par un logiciel méconnu, j'avais passé la nuit à reprogrammer l'ordinateur pour qu'il crache les tickets perforés qui lui restaient dans le ventre. Merci papa.

Si la nuit porte conseil, elle pouvait aussi porter la poisse. Comme celle du 15 janvier qui suivit. Fuseau horaire oblige, j'apprenais au petit matin que Tony Sibson s'était fait rétamer dans un casino d'Atlantic City, dans le New Jersey. Le British s'était fait étendre au huitième round par un certain Don Lee dans ce qui devait être un dernier combat de chauffe. Putain d'English, qu'est-ce qu'il allait bien foutre au *Sands* d'Atlantic City à cinq semaines de l'événement… Voilà qui compliquait sérieusement la fête. Bien la peine d'avoir réparé l'ordinateur.

C'est Andy Dickson qui m'appela en premier.

— Salut Michel, tu as vu ?

— Oui, j'ai vu.

— Bon, dans ces conditions, ça va être compliqué, tu comprends…

— Tu veux dire quoi par là ?

— Ben, que l'affiche ne peut plus tenir. On arrête tout.

— On arrête tout ? Vous me laissez dans la pampa, c'est ça[1] ?

— Non, non, mais ce n'est plus…

Si, si en fait. Je raccrochai pour appeler George Kanter à New York.

— George, démerde-toi pour contacter l'organisateur et m'envoyer au plus vite la cassette du combat ! Je la veux pour après-demain.

— Mais Michel, ça va…

1. J'admets avoir utilisé un langage plus fleuri en l'occasion, que mon coauteur a préféré édulcorer… (*N. d. A.*)

— Après-demain, tu piges ?

Et de convoquer la presse pour enrayer la spirale du fiasco annoncé. Devant un parterre de journalistes circonspects, il me fallait sortir le grand jeu du bateleur de foire. Images à l'appui, le message était clair : c'était un accident, non, un incident, non, une péripétie. Regardez, mais regardez donc, ouvrez vos yeux ! Là, tenez, ce Don Lee de mes fesses est mis knock-down dès le premier round ! Il est raide comme un cadavre ! Sibson a cru que c'était fait, qu'il en avait fini. Il a ensuite déroulé comme s'il était à la salle et s'est fait cueillir par un coup malheureux, un *lucky punch*, et l'arbitre s'est empressé d'intervenir pour mettre un terme au combat, voilà tout. C'est arrivé aux plus grands, non ?

Pour un peu, je me serais pris pour Mickey Duff.

La thèse de l'accident était retenue dans les titres des journaux du lendemain. Les dirigeants du POPB m'avaient laissé tomber comme une chaussette sale – me présentant une ardoise de cent briques pour la location de leur salle – mais je continuais seul à faire tourner la machine.

Le 3 février 1984, j'étais à l'inauguration du POPB au côté de Jacques Chirac et des huiles parisiennes pour donner le coup d'envoi des Six Jours de Paris. Le maire de la capitale n'aurait manqué pour rien au monde ce rendez-vous entre coups de fourchette et coups de pétard qui lançait sur la piste les Moser, Bondue, Saronni, Zoetemelk pour la toute première ronde nocturne des cyclistes. Jacques Chirac appréciait le sport, la boxe, et depuis l'avènement sur la scène européenne de Louis début 1981, la mairie de Paris se tenait au premier rang de notre cercle de partenaires au même titre qu'*Europe 1* et *Paris Match*.

— Alors, monsieur Acariès, tout est calé pour le 25 ?

— Oui, monsieur Chirac, on va faire une grande soirée.

— Tant mieux, tant mieux.

Une drôle de soirée plutôt.

Ce soir-là, tout le tralala, les tsoin-tsoin et les flonflons étaient de sortie. Ce soir-là, sous les yeux de Jacques Chirac et de son aréopage, de Jean-Paul Belmondo, Julien Clerc, Mireille Darc ou encore Christophe qui ne criait plus Aline mais Louis, mon frère était l'invité du bal qui retenait tous les regards. À 23 h 20, à l'amorce du combat, les cylindres des projecteurs n'avaient d'yeux que pour lui. À minuit passé, comme dans le passage maudit d'un conte de Perrault, il était citrouille. Louis avait perdu son titre. Non, on le lui avait enlevé. Trop de bizarreries, d'anomalies : le gong qui sonnait dans la septième reprise alors qu'il restait vingt-sept secondes à l'horloge et que Sibson était alors sévèrement malmené ; un combat qui allait à son terme des douze reprises que l'Anglais terminait bouffi, rougi de coups, une arcade sourcilière éclatée ; une décision rendue à la va-vite par le speaker sans que le décompte des points des trois juges ait été détaillé comme c'était l'habitude[1]. Nous étions médusés, consternés. Comment avait-on pu rendre pareil verdict ? Certes, Louis avait été trop attentiste au cours des quatre premiers rounds mais c'est pourtant lui qui avait asséné les coups les plus tranchants pendant les deux autres tiers du combat. La foule grondait et à mesure que nous nous éloignions du ring, la colère montait en nous sur chaque pas. Une fois dans le vestiaire, mon père, livide, explosa.

— On a été braqués. Braqués.

Une voix surgissait alors dans son dos.

— Non, monsieur Acariès, *nous* avons été braqués !

Jacques Chirac nous prenait tour à tour par les épaules. Avant de sortir, il s'adressait à nous trois.

---

1. Le décompte fut le suivant : 117-116 pour l'arbitre belge et 118-117 pour le juge allemand en faveur de Tony Sibson, 118-116 pour le juge italien en faveur de Louis. Soit deux juges contre un et un petit point de différence au final. (*N. d. A.*)

— Le jour où vous ferez le championnat du monde, faites-moi signe, je vous donnerai le parc des Princes.

Ce ne serait pas contre Marvin Hagler, plus maintenant, puisqu'on dégringolait de l'échelle. Même inconsolables dans l'instant, dans le jour qui suivit, dans le mois qui s'éternisa, nous n'avions pas tout perdu. La comptabilité des juges avait été défaillante, moins celle de la recette. Quatre millions de francs pour une affluence record de quinze mille personnes. Quatre cents bâtons… de dynamite. On avait tout fait exploser.

XI

Point d'impact

— Allô Michel ? C'est Charles. Je venais un peu aux nouvelles…

— Salut Charles, ça va, on fait aller…

— Ça reste quand même une belle réunion et le POPB était plein à craquer…

— Oui, de ce côté-là, on ne se plaint pas.

— Et Louis, il en est où ?

— Il vient de repartir pour les États-Unis.

— C'est bien, c'est bien, ça va l'empêcher de gamberger.

— Oui, mais je ne te raconte pas les dernières semaines : il était sens dessus dessous.

— Je comprends, oui… Écoute, Michel, je suis désormais à la tête du service des sports d'une nouvelle chaîne à péage qui sera lancée en novembre prochain et on cherche à diffuser de beaux événements lors des premiers temps du lancement.

— Tu quittes l'AFP ?

— Oui, le projet télé est ambitieux et le sport sera une clé de voûte de la programmation.

— Avec de la boxe ?

— Oui, de la boxe. Nous avons des droits de retransmission du golf, du foot, et on aimerait étoffer l'offre avec de belles réunions.

— D'accord, d'accord, mais tu verrais…

— Et si tu essayais quelque chose avec Louis ?

— Avec Louis ? Mais quoi ?

— Je ne sais pas, réfléchis. Un truc important…

— OK, OK, je vois ça. Rappelons-nous dans une semaine.

Je connaissais Charles Biétry depuis belle lurette. Responsable du service des sports de l'Agence France-Presse, il avait couvert une flopée de réunions de boxe et suivi du même coup la carrière de Louis. Nous nous entendions bien et je sentais en lui une passion doublée d'un profond respect envers la boxe et ses acteurs. En fait, il n'y avait bien qu'un seul mot que je n'avais pas bien saisi au cours de son appel : chaîne à péage. Ça signifiait quoi péage, ici ? Qu'il allait bosser pour une télévision d'autoroute ?

Louis était retourné à New York après des semaines d'apathie, de colère, d'abattement, mais jamais de résignation. Il lui fallait effacer les hématomes, la rancœur, et rien de tel qu'un sac de frappe et un sparring-partner panaméen dans une salle glauque pour se défouler et reprendre le fil du métier.

Dans un premier temps, je contactais Rodolfo Sabbatini pour prendre la température. Nous étions au début de l'été 1984 et la perspective d'un combat en fin d'année dépendait de bien des paramètres : l'état du « marché », les opportunités possibles avec tel promoteur, tel boxeur… À son tour, Sabbatini en touchait mot à son alter ego de New York Bob Arum, manager de Davey Moore, avec lequel il travaillait par ailleurs régulièrement pour vendre les droits de diffusion à une chaîne de télévision américaine.

Charles me rappelait comme convenu une semaine plus tard.

— Bonjour Michel, ça va? Alors, tu as eu le temps de réfléchir à ce que je t'ai dit ?

— Oui, un peu. Au fait, elle s'appellerait comment ta chaîne ?

— Canal Plus, mais ça reste entre nous, d'accord ? Donc… Y aurait-il une possibilité ?

— C'est possible, oui.

— Super ! Et ce serait quoi ?

— Il y a un boxeur qui vient de battre Wilfredo Benitez.

— Oui, Davey Moore… Davey Moore ? Tu pourrais faire ça ?

— Je ne te dis pas que je peux le faire, mais qu'il y a des possibilités pour envisager quelque chose comme une demi-finale mondiale.

— Mais ce serait génial ! Une demi-finale mondiale Acariès-Moore, le tombeur de Benitez !

— Oui, d'accord, mais il y a encore des questions à régler. Combien d'argent ta chaîne mettrait ?

— …

— Charles, tu m'entends ? Combien vous pourriez mettre ?

— Bon, Michel, il faut comprendre que c'est une chaîne qui se lance et qu'elle n'a pas de gros…

— Combien, Charles ?

— Hormis le dispositif technique et…

— Quoi ? Tu n'as pas d'argent à proposer ? Mais tu es fou !

— Je vais ess…

— Je te dis qu'une demi-finale mondiale contre un assassin est imaginable et tu me réponds que tu n'as pas une tune devant toi ? Et je dis quoi à Louis, moi ? Reviens te faire défoncer la tronche pour pas un rond ?

— Je sais, je sais. Mais tu es son frère, tu sais être persuasif.

— Putain Charles, tu fais chier, là…

Oui, il m'emmerdait le Charly, mais je l'appréciais beaucoup par ailleurs. Et me voilà à tourner autour du téléphone. Appeler Louis qui se trouvait à six heures de là.

Louis. Il fallait prendre des pincettes pour lui annoncer un truc pareil. Trouver les mots, les angles d'attaque, et laisser ensuite passer la grêle. Parce que j'imaginais très bien sa réaction, disons, éruptive, quand je lui exposerai la situation boxe, mais sans évoquer encore la participation financière.

— Alors, Louis, ce Moore, tu en dis quoi ?

— Ouais, faut voir. Et on touche quoi ?

— Tu connais Charles, c'est un pro, on peut lui faire confiance.

— D'accord, mais on prend combien ?

— Avant le combat, rien, mais…

— Rien ? Comment ça rien ?

— C'est une toute nouvelle chaîne, Louis, et il y aura un championnat du monde en jeu pour…

— Allez vous faire voir[1], toi et Charles !

— Réfléch…

Louis avait raccroché.

*

Nos deux têtes – celle de Charles, la mienne – avaient dû lui servir de punching-ball pendant quelques jours. La réponse de Louis, j'aurais pu l'écrire avant. Sanguine, impulsive, spontanée dans un premier temps. Il fallait lui laisser du champ, lui lâcher la bride, faire descendre le mercure du thermomètre ; que Louis soit en mesure de faire mûrir sa réflexion, de comprendre que notre pacte moral après l'échec face à Sibson – rester en haut de l'affiche, ne

1. Là aussi, les jurons ont été adoucis… (*N. d. A.*)

plus en redescendre –, était ainsi respecté. Et, hors considération financière, qu'il se fasse ensuite une idée plus précise, objective, à froid, de ce Davey Moore qu'il croisait d'ailleurs souvent dans les salles new-yorkaises.

Davey Moore, un Noir longiligne à la musculature saillante, était de ces boxeurs racés, élégants, mais terriblement puissants des deux bras. Un prodige même puisqu'il était devenu champion du monde des super-welters en 1982, à l'âge de vingt-deux ans, pour son... neuvième combat professionnel, en s'imposant à Tokyo face à un Japonais invaincu. Originaire du Bronx, il avait défendu son titre à trois reprises et hormis ses trois premiers combats, les quinze autres avaient été écourtés par son punch. Oui, un sacré client ce Moore : s'il avait connu un échec, des *manos de piedra* (mains de pierre, son surnom) du Panaméen Roberto Durán, il venait d'exécuter en deux rounds Wilfredo Benitez[1] au stade Louis-II de Monaco, le 14 juillet 1984. Moore était plus jeune (de six ans), plus grand (de six centimètres), irrésistible, et Louis le savait.

Ils avaient déjà croisé les gants à New York, notamment au Gleason's Gym[2], la salle mythique située sous le pont de Brooklyn, et Louis avait été impressionné par la gestuelle et l'efficacité de celui qui n'était pas encore un adversaire putatif.

1. Ancien champion du monde dans trois catégories : léger, welter et super-welter.

2. Une multitude de champions du monde s'y sont entraînés, 131 pour être précis. Citons parmi eux Jake LaMotta, Muhammad Ali, Roberto Durán, Michael Spinks, Julio César Chávez, Larry Holmes, Thomas Hearns, Mike Tyson... C'est également dans cette salle qu'ont été tournées des scènes de *Raging Bull* (en 1980 avec Robert De Niro) et *Million Dollar Baby* (2005, réalisé par Clint Eatswood, avec Hilary Swank et Morgan Freeman). (*N. d. A.*)

Oui, il fallait lui laisser un peu de temps, Charles. Prendre notre mal en patience, border en amont les conditions générales du combat avec Bob Arum, et prier pour que Louis accepte avant qu'on ne le finalise contractuellement.

Une énième conversation par téléphone mettait fin au doute.

— Écoute, Michel, tu m'emmerdes avec ça. Fais comme tu veux.

Avec ses mots à lui, mon frère me donnait son accord, comme toujours. Il avait ouvert la porte, j'ouvrais les vannes : match conclu avec Bob Arum, payable après le combat grâce à la billetterie, au sponsoring, aux droits télé… du moins s'il y en avait eu ; Canal Plus pied au plancher, et le POPB la tête au plafond pour recevoir un nouveau bain de foule.

Je revois tout. Je revis tout.

10 décembre 1984 – 14 500 spectateurs – 21 h 50

Je suis dans le coin, comme toujours, avec ce bon Chuck Talhami qui dégage de la sérénité en toute occasion. Louis est blême, comme toujours, avec son masque de porcelaine qui lisse toute émotion. En face, Moore fait le mariole, danse des épaules, lance des sourires surgis de la blancheur de son protège-dents. Il tape à l'œil avec son peignoir rouge sang. Mais il va devoir trouver autre chose. Autre chose que les insultes proférées au cours de la pesée de la veille, provoc' de foire aux biceps, esbroufe de caïd de préau : n'est pas Ali qui veut. Louis est prêt. Il s'est entraîné comme un damné en Italie. Rodolfo lui a dégoté un site aux petits oignons à Ancône, sur la côte Adriatique. Ce soir, c'est quitte ou double, mon Louis. Tu perds, on est mort. Tu gagnes, on reste en vie. Rouge ou noir, double-paire par les dix ou suite royale. Au tout premier rang, la triplette Biétry-Bouttier-Zabel s'est mise en nœud pap' pour cette grande première sur Canal Plus. Ils ont les mains moites eux aussi.

Le gong résonne, c'est parti. Louis se plante au centre du ring, garde haute. C'est bien, ça, montre-lui qui est le boss, frérot. Moore tourne autour de lui, lance quelques jabs du gauche pour tester, bloqués par les gants, les avant-bras. Les deux s'observent entre leurs mains rondes. Moore s'enhardit un peu, Louis laisse faire. Premier round, deuxième, troisième… Louis joue la prudence, la patience. Ses bras habillent tout son torse voûté, se déplient parfois. Louis attend. La foule attend.

Si elle avait su, Louis.

On a consulté des toubibs. Ça doit faire maintenant quatre ans qu'on passe de cabinet en consultation pour y remédier. Le premier à mettre un nom dessus a été le docteur Jean-Marc Brunet. Louis s'en était ouvert lors de son séjour à Las Vegas : il se sentait bizarrement affaibli au fil des rounds qu'il enchaînait. C'était un problème d'hypoglycémie, lui avait répondu le praticien canadien. Concentration de glucose anormalement basse dans le sang. Ce n'est pas une maladie, c'est un dérèglement du pancréas, d'une hormone, l'insuline, qui chez lui a du mal à contrôler le taux de sucre libéré dans le sang. Le médecin lui avait prodigué un régime diététique et de l'homéopathie pour l'endiguer. Le protocole a fonctionné un temps, puis Louis a ressenti les mêmes symptômes. Alors, on a consulté ailleurs. On nous a parlé de dérèglements de glandes endocrines, la thyroïde, les surrénales, l'hypophyse, des trucs comme ça. En gros, ça pouvait venir de partout. Alors, Louis a suivi d'autres recommandations : des repas pauvres en glucides, des légumineuses, bouffer des fibres, des protéines, des aliments à faible index glycémique, à faible teneur en gras… Toujours pas. On s'est même rendu à Vevey, en Suisse, voir le docteur René Aebischer, un tout bon qu'on nous disait. Le médecin a effectué des prélèvements sanguins dans un lobe d'oreille après chaque round d'entraînement.

Diagnostic différent, magnésium, repas à heures fixes, des cures de vitamines, de chou, de tout, et l'hypoglycémie toujours revenait. On peut en sourire aujourd'hui, à l'aune des staffs médicaux qui encadrent les préparations des athlètes de toute discipline sportive ; notre nomadisme médical se perdait dans des mirages. On a tout essayé, mais non, il lui faudrait faire avec. Et surtout se taire pour ne pas se déclarer vulnérable, faire le dos rond, celui que Louis dessinait avec ses épaules rentrées, calfeutrer cette carapace qui lui tenait lieu de bunker, ménager le stock de munitions, ouvrir le feu par intermittence, et adapter sa boxe, originellement fougueuse, à une autre, forcément plus défensive, académique, attentiste, afin de pouvoir tenir douze reprises. Louis boxait contre nature, d'où ces débuts de match à combustion lente pour ne pas finir exsangue à mi-combat.

Mais voilà que Louis sort de sa coquille, déjà… Début de la quatrième reprise : uppercut, uppercut encore ! Oui, Louis, c'est bon, il les a bien sentis au menton, le Moore. Oui, ton crochet gauche redoublé ! Moore recule, serre les dents, les fesses. C'est maintenant l'épreuve de force, du front contre front, souffles et sueurs mélangées, à toi à moi ! Il ne s'attendait pas à ça, le Ricain ; que tu lui tiennes tête, œil pour œil, à la vie à la mort. Mais ne te grille pas, hein ?

Cinquième reprise. Louis est transcendé. Moore s'en tire avec des coups bas ou dans la nuque, des pouces dans les côtes pour casser le rythme, mais le tempo n'est… Tu l'as piqué ! Là, là, Moore est piqué ! Un crochet droit à suivre, le voilà acculé aux cordes ! Formidable, Louis, il est à ta pogne, mais gardes-en !

Neuvième reprise. Putain de Moore. Il a traversé l'ouragan, envoie la foudre à son tour. Ça cogne, ça tire des boulets comme si c'était le dernier. Il reste vingt secondes, les visages sont marqués, déformés par la rage de survivre à l'autre, l'affrontement devient animal. Le gong sonne la fin du round, Louis baisse alors sa garde, s'apprête à regagner son coin et là, pan ! Je revois ce bras droit déplié de bout en bout : Moore lui assène une droite de plein fouet au menton… Louis ne comprend pas, se tient aux cordes bras en croix, s'affale doucement. Je lui hurle dessus. « Ne bouge pas ! Ne bouge surtout pas ! » Je me précipite sur lui, la foule siffle, gronde, des projectiles pleuvent sur le ring envahi de toutes parts. L'arbitre italien se fraye difficilement un chemin dans cette meute agitée pour se pencher tour à tour vers les deux juges assis en vis-à-vis. Palabres, confusion, esclandre. Non, ils ne peuvent pas faire autrement…

C'est dit par le speaker de la réunion, c'est fait ! Le camp américain peut gesticuler jusqu'à Noël, Davey Moore est disqualifié ! Disqualifié, éliminé, bazardé, on s'en fout ! Louis, mon Louis, tu vas l'avoir ta chance mondiale ! Papa, Papa ! Viens-nous rejoindre, Papa ! Viens qu'on t'embrasse ! Elle est pour toi aussi, celle-là ! Elle est pour nous. Eh, vous vous rappelez de Zito, de Ruocco, de Minchillo ? Et de Peterson, de Milton, de Sibson ? C'est derrière, tout ça ! À nous le titre de champion du monde !

*

Six mois. Nous avions six mois devant nous pour sortir le grand jeu et entrer dans l'histoire. La France n'avait pas célébré de champion du monde depuis vingt-six ans[1].

---

1. Alphonse Halimi, Français de Constantine, avait été sacré champion du monde des poids coqs en avril 1957 au Vél d'Hiv en s'imposant aux points face au sourd-muet italien Mario D'Agata. Après avoir obtenu le titre unifié sept mois plus tard aux États-Unis, il perdra son titre le 8 juillet 1959 à Los Angeles face au Mexicain Jose Becerra (K.-O. 8e). (*N. d. A.*)

Louis allait maintenant sur ses trente et un ans et avait acquis une notoriété qui dépassait largement la seule communauté pied-noire. En vrai, Louis était devenu le porte-drapeau esseulé d'une boxe en manque de champions et de vibrations, que je levais à ma manière au-dessus des vivats, comme le rite immuable qui nous faisait aller du vestiaire au ring, les gants de Louis posés sur chacune de mes épaules, ses petits pas trottinant dans les miens, tandis que je fendais la foule sous les trompettes de la renommée.

Pour mes débuts de néopromoteur international, Louis Bertolini m'avait libéré un bureau dans son entreprise de chaudronnerie, *Méca-Tôles*, rue Marx-Dormoy, pas loin de la porte de la Chapelle, et trouvé un appartement plus conforme pour loger ma petite famille dans l'immeuble où il résidait, au 68, cours de Vincennes. Les « A » d'Acariès au troisième, les « B » de Bertolini au sixième. Toujours côte à côte comme les deux lettres de l'alphabet. Pour leur part, Louis et Muriel louaient une grande maison avec jardin avenue de Neuilly à Nogent-sur-Marne puisque Virginie avait désormais une petite sœur, Audrey. Le pavillon, situé dans une zone tranquille, était si vaste qu'on décidait d'y aménager nos bureaux. Mine de rien, notre petite entreprise commençait à prendre tournure. Nous ne disposions pas d'une suite dans un cinq-étoiles pour parler affaires comme Don King ou Bob Arum mais, au moins, des points d'attache plus structurés que ce que nous connaissions jusqu'alors.

Côté ring, la mairie de Paris, activée par Jacques Chirac en personne, nous trouvait un refuge dans le gymnase de la porte de la Plaine. La vie s'organisait. Avant la folle soirée qui suivit au *Milliardaire*, une boîte en vogue de la rue Pierre-Charron, Jacques Chirac m'avait reformulé sa promesse dans l'antre de Bercy : le parc des Princes serait nôtre pour cette apothéose. La vache, le Parc, rien que ça. Depuis sa rénovation[1], jamais une réunion de boxe n'y avait été organisée. Mais si l'hôte de la mairie de Paris soufflait vent arrière, son administration traînait des pieds, avec son formulaire d'autorisation, toute la démarche paperassière, en plus de celle qui m'imposait de régler des taxes imputables à l'organisation d'un spectacle de sport. Mes appels n'y changeaient pas grand-chose. J'avais au bout du fil un adjoint, son chef, le responsable du chef, le supérieur du responsable. Les choses devaient se faire dans les règles, un récépissé après l'autre, une case cochée en suivant. Je patientais. Je m'impatientais. Après plusieurs semaines, n'y tenant plus, je me présentais auprès du chef du cabinet du maire, Jean-Eudes Rabut. Un trentenaire aux beaux effets qui me tenait peu ou prou le même langage lancinant que le vocable administratif. Je commençais à bouillir.

— Merde, j'ai la parole de Jacques Chirac ! Qu'il m'a donnée deux fois !

— Oui, nous sommes au courant, monsieur Acariès, mais comprenez que…

— Comprenez que dalle ! Ça fait deux mois qu'on tourne en rond et vous voulez en plus que je paie une taxe qui sort du chapeau ? Vous allez me la donner cette autorisation, oui ?

Oui, la mayonnaise me montait par-dessus le col. Et le sien, que j'empoignais.

— Maintenant, ça suffit comme ça. Ça fait des semaines que je poireaute, vous m'entendez !

Pour ça, on m'entendait.

— Allons, messieurs, s'il vous plaît, qu'est-ce que c'est que ce vacarme ?

Alain Juppé venait d'apparaître dans la pièce. Alors conseiller de Jacques Chirac à la mairie de Paris, il devait

1. Sorti de terre en 1897, le parc des Princes a été l'objet d'une profonde rénovation qui a été inaugurée en mai 1972. (*N. d. A.*)

avoir son bureau contigu à celui où je me trouvais. Le bruit et la fureur, déjà, n'étaient pas sa tasse de thé. Je lui expliquais mon irritation.

— Oui, je suis au courant de la promesse faite par Jacques Chirac à votre endroit. Laissez-moi m'en occuper.

Quelques jours plus tard, Paul Violet, alors éminent conseiller de Jacques Chirac, prit en main le dossier, accompagné d'un jeune adjoint chargé des sports, Guy Drut. Le profil idéal dans cette course d'obstacles. Mais c'est surtout l'intervention de Paul Violet qui traça la piste.

*

Le parc des Princes était prêt à temps. Mais que de lourdeurs, de précautions, de prévention. Huit millions de francs rien que pour ignifuger le tissu des loges, celles que j'avais créées pour l'occasion. Imaginez pour le reste.

La location avait plutôt bien fonctionné. Plus de douze mille personnes s'étaient massées dans les tribunes du virage de la porte d'Auteuil, formant un arc de cercle humain autour du ring planté à hauteur du but de football. La pelouse du Parc avait été scindée en deux parties : l'autre moitié regroupait les camions de la régie technique et toute la logistique nécessaire pour la retransmission télévisée sur Canal Plus et NBC, la chaîne américaine qui avait déboursé 150 000 dollars pour l'événement. Dix ans qu'un grand *network* n'avait plus diffusé en direct un combat disputé en France.

Le championnat du monde, labellisé IBF[1], avait attiré le grand monde en cette soirée du 1er juin 1985. Aux côtés des Lino Ventura, Richard Berry, Marie Laforêt, Richard

1. L'IBF – pour International Boxing Federation – était la troisième fédération internationale de boxe, créée un an auparavant, qui s'ajoutait aux plus anciennes WBC et WBA. (*N. d. A.*)

Anconina, Line Renaud ou Omar Sharif, s'étaient ajoutées les vedettes de Roland-Garros – Martina Navrátilová, Yannick Noah – qui en finissaient avec leur première semaine de tournoi. Un plateau de gala dans les tribunes, sur le ring également avec Marc Ruocco – le fils d'Alain –, Taoufik Belbouli – futur champion du monde –, Jean-Baptiste Mendy – prochaine coqueluche parisienne…

Louis allait évoluer dans la cour des grands. Il s'était entraîné à la dure en Italie, avait peaufiné sa préparation chez un ami du Val-d'Oise, Pierre Coveliers, loin des turbulences que pouvait susciter l'événement. Face à lui, une foule acquise, une consécration attendue. Et un Portoricain.

C'est loin tout ça. C'est si près encore.

Plus de trente ans se sont écoulés et j'ai encore le regard qui traverse les cordes du ring pour ce quinze-rounds qui serait l'un des derniers prévus sur cette distance.

Détenteur du titre mondial IBF des super-welters, Carlos Santos relevait d'un choix somme toute raisonnable. Rodolfo Sabbatini et Bob Arum nous avaient soumis cette proposition et notre conseil familial n'y avait rien trouvé à redire, au contraire. Sabbatini connaissait bien l'adversaire pour l'avoir fait venir en Italie trois ans plus tôt. Pour y boxer, et même y séjourner plusieurs mois. Santos était dans les cordes de Louis : un gaucher naturel et endurant, agile et difficile à cadrer tant il se désaxait constamment, un CV éloquent – vingt-sept victoires, un nul – mais plus artiste que tueur. Santos distribuait deux, trois coups au mieux, puis reculait, tournait, se régénérait. Louis aurait bien sûr du mal à fixer cette cible mouvante, à l'allonge supérieure, mais qu'est un marathonien délié sur un ring devant celui qui peut lui couper la trajectoire, les jambes, la tête ?

Ce match me hante encore.

J'aurais peut-être dû tout annuler.

Louis avait tenu les quinze reprises. Avait tenu à aller au bout du combat, de ses forces, de l'orgueil qui fait qu'un homme puise en lui des ressources insoupçonnables, qu'à mesure de racler elles s'amenuisent jusqu'à la panne sèche. Violente. Alarmante. Mon père, mon père pourtant si fier, était venu dans son coin au terme du onzième round. Lui attrapait la jambe.

— On arrête fiston ?

— Non, non…

Lors de chaque minute de repos, Louis restait debout dans son coin, de peur de ne pouvoir se relever du tabouret. Rétrospectivement, on dirait aujourd'hui qu'il était surentraîné. Je voyais bien que quelque chose clochait au cours des semaines précédentes, me faisais pourtant rassurant auprès des médias – « la forme de sa vie », « jamais vu comme ça », blabla, comme pour exorciser un sort qui n'avait pas le droit de choisir une date à notre place. Louis ne pouvait pas lâcher les chevaux, ni ses coups, ne pouvait pas non plus lâcher prise, question d'honneur. On ne capitule pas, monsieur, quitte à y rester. Santos, c'était un risque calculé. Sauf que le risque était supérieur au calcul. L'hypoglycémie, mais pas seulement.

Un dernier tour de ring, un salut au public bras levés, comme si. Mais à peine arrivé dans le vestiaire, à l'abri des regards et des clameurs, Louis s'était écroulé sur un banc. Nous avions fait le vide autour de lui et ne restaient en permanence que mon père, moi-même, et le docteur Mazaud.

Pendant plus de deux heures, Alain Mazaud était près de lui comme on veille un presque mort. À l'époque, pas de Samu, de médecins urgentistes, de cordon sanitaire, de défibrillateur. Juste une estafette de la Croix-Rouge dans les parages et un détachement de pompiers. Juste un corps inerte et un toubib qui tentent d'échanger, de deviner. Louis livide, mon père statufié, moi qui tentais de rassurer les journalistes qui patientaient au-dehors. Quelques mots dispensés pour faire bonne figure et je me retrouvais à marcher dans la pénombre de la pelouse désertée par les bruits et les lumières. Ce soir-là, j'avais pleuré, beaucoup, par à-coups, même sur l'épaule d'un journaliste, Jacques Vendroux, que je croisais dans ma déambulation solitaire. Alain Mazaud s'activait. Jamais il n'avait vu Louis dans cet état. Une perfusion de sérum physiologique glucosée à 5 %, une réanimation de campagne pour juguler divers facteurs convergents : l'épuisement physiologique, l'anémie, le paroxysme de l'effort, une déshydratation sévère, la chaleur accablante des spots du ring, et puis cette hypoglycémie qui l'avait vidé de toute son énergie. Louis restait conscient mais dans les vapes, pissait noir, du moins ce qui pouvait goutter, ne bougeait pour ainsi dire plus. Plus la force de réagir, de vomir, de souffrir. Mazaud était soucieux, ne parlait pas. Ou juste pour dire « malaise critique », « urgence contrôlée ». Sortant de la bouche d'un médecin, mon doute se changeait en effroi.

Des sportifs qui allaient au-delà du connu, Alain Mazaud en avait suivi jusqu'aux confins de leurs capacités. Médecin du Tour de France au début des années 1980, de l'équipe de France de cyclisme, d'équipes professionnelles qui s'en allaient défier l'oxygène des cols embrumés avec un apport médicamenteux encore empirique et dérisoire, ce généraliste et médecin du sport s'était retrouvé embringué dans l'une de mes organisations. J'avais besoin d'un médecin expérimenté pour superviser le volet sanitaire de ma réunion montée dans les arènes de Nîmes, à l'été 1983, et un ami commun nous avait mis en relation. Alain Mazaud allait devenir le médecin de ring de mes réunions, le médecin traitant de Louis qu'il tira d'affaire, de moi-même avec à propos, de ma famille, et continue à l'être.

Ce soir-là serait le dernier. Le rideau se refermait sur quarante-cinq représentations ponctuant dix ans de carrière. Plus jamais un combat de boxe ne fut organisé au parc des Princes. Plus jamais je n'ai remis les pieds dans ce stade. Plus jamais Louis ne monterait torse nu sur un ring.

Ce soir-là était crépusculaire. L'aurore tarderait à se lever.

XII

Boxe-office

Coups de blues. On ne se remet pas d'un combat de boxe comme on rentre d'une gueule de bois. Ce n'est pas tant son corps abîmé qui avait poussé Louis à la réclusion – il était sur pied deux jours plus tard –, mais les meurtrissures de l'âme. Mon frère avait perdu son dernier face-à-face, mais plus encore le fil de sa carrière. Il nous fallait faire le deuil d'une décennie de boxe au plus haut niveau, avec ce que cela supposait de taux d'adrénaline, de notoriété, d'intérêt, éventés dans la traîne de nos souvenirs.

Pendant plusieurs semaines, et même plusieurs mois, Louis était devenu… disons, soupe au lait. Il sortait peu, parlait peu, repoussait les sollicitations, préférait s'entourer de sa petite famille dans son pavillon de Nogent-sur-Marne. Là encore, je devais faire preuve de tact, lui laisser reprendre son souffle, attendre la petite étincelle qui réactiverait ses sens. Ou la provoquer en douceur.

Mon frère cogitait en fait devant deux options possibles, mais encore vaseuses, lointaines : soit continuer dans l'univers de la boxe d'une manière ou d'une autre, soit jeter définitivement l'éponge et embrasser une nouvelle carrière dans le milieu des chevaux de course dans lequel nous avions nos entrées. La boxe ou les boxes ; un gymnase au plafond bas ou un ring à ciel ouvert mille fois plus grand. Louis était devenu très ami avec François Boutin, l'entraîneur de l'écurie appartenant à Jean-Luc Lagardère, alors patron de nos partenaires *Paris Match* et *Europe 1*. Ses appétences comme ses aptitudes dans ce cercle familier pouvaient naturellement lui préparer un autre terrain de cavale.

Parallèlement, je repartais de zéro moi aussi. Après quinze ans passés à cornaquer son devenir, je me retrouvais sur le tas. Un savoir-faire mais pas d'écurie – de boxeurs ou de chevaux –, un réseau consistant mais plus d'offres à soumettre, des soutiens – la mairie de Paris, *Paris Match*, *Europe 1* –, mais plus d'organisations possibles. Notre PME artisanale avait traité avec des multinationales et menaçait maintenant de déposer le bilan.

Dans un premier temps, à l'automne 1985, je maintenais le contact avec mes relations professionnelles. Comme un demandeur d'emploi, je me tenais informé du marché et, fréquemment, avec Louis, nous nous rendions dans les bureaux d'*Europe 1*, rue François-Ier, pour serrer des pognes, garder le fil, saluer le directeur de la rédaction Bruno Dalle, et squatter le premier bureau vacant pour appeler la terre entière à grand renfort d'exclamations vocales, comme on sait faire. Certains journalistes de la station nous dévisageaient mais nos relations avec Bruno Dalle et Jean-Luc Lagardère étaient connues de tous.

C'est en m'y rendant une énième fois, en fin d'automne 1985, que je remarquais une nouvelle enseigne dépassant des façades de la rue Jean-Goujon voisine. *La Cinq* venait d'y installer ses premiers bureaux. Après bien des turbulences politico-médiatiques, la nouvelle chaîne généraliste, fondée par le duo Jérôme Seydoux et Silvio Berlusconi, allait bientôt émettre sur le territoire national. « La Cinq, votre nouvelle amie », disait le tout premier slogan de la petite dernière, dont les programmes étaient majoritairement dédiés aux jeux, aux shows à paillettes, aux séries américaines, qui faisaient le succès de *Canale 5*, la chaîne italienne de Berlusconi. Mais aussi au sport. Qu'à cela ne tienne.

Je fouillais mon répertoire téléphonique. Christian Dutoit s'y trouvait toujours. J'en référais à Louis.

— Louis, tu sais qu'une nouvelle chaîne va être créée ?

— Oui, j'en ai entendu parler.

— Elle va diffuser du sport, de la boxe…

— Ah oui ?

— Et pourquoi ne te rapprocherais-tu pas d'eux ? Je suis sûr que tu pourrais les intéresser.

— Ouais, ouais…

— Et tu sais que le directeur des programmes est Christian Dutoit ? Tu te souviens de Christian ?

— Je crois, oui.

Moi, je me souvenais bien du temps où Christian Dutoit était le directeur des programmes et de la production d'Antenne 2, qui avait diffusé un combat de Louis à Coubertin, avec Christian Quidet au micro.

— Allez, on va y faire un tour, Louis. Ça ne te coûte rien.

— Pffff…

La première version du catalogue de La Cinq promettait en effet une case programme consacrée au sport dans son ensemble. La première émission, *Records*, laissait très vite l'espace à un magazine, *Le Grand Show du sport*, présenté par Guillaume Durand. Berlusconi, les paillettes, les décolletés, le bling bling à l'italienne, à fond les formes, ses champions du moment… La boxe allait y trouver son compte. Nous aussi. Fan de Louis, Christian Dutoit entérina l'idée. Dans un premier temps, mon frère avait bougonné, renâclé, jusqu'à ce qu'il se retrouve à commenter des combats dans les studios milanais du groupe Fininvest, détenu par Berlusconi. Lancé en plateau par Guillaume Durand, Louis posait ses premiers pas de consultant, un terme qui n'existait pas encore.

Et il a rouvert grand les yeux.

À l'époque, pas de TNT, d'ADSL, de chaînes câblées ou de *triple play*. La boxe sans la box. Et même un sacré débours dans notre propre paysage audiovisuel au regard de ce qui se pratiquait chez nos voisins, l'Angleterre ou l'Italie en premier lieu. La chaîne *Milano Due* diffusait des combats en boucle et c'est dans l'un de ses studios que Louis découvrait les images des grandes réunions américaines que Canal Plus ne retransmettait pas encore, ou parcimonieusement. Louis réalisait son privilège de spectateur. Quand il revenait d'Italie, il me racontait les débuts tonitruants d'un jeune Noir râblé, déboulonnant tout ce qui tenait debout devant lui, un certain Mike Tyson. Et puis, peu de temps après, il avait un autre nom en bouche.

— J'ai vu un boxeur, une vraie merveille. Il sait tout faire.

— Et il s'appelle comment ?

— Chávez. Julio César Chávez. Un Mexicain qui…

— Chávez ? Mais il est champion du monde, Louis !

— Ah oui ? Comme quoi je ne suis pas encore trop abruti…

Je laissai un temps. Avant de reprendre.

— Dis-moi… Et si on avait un virtuose pareil, on pourrait se refaire, non ?

— Bien possible. Il va faire un malheur, ce Chávez.

— Alors ?

— Alors, renseigne-toi.

C'est Jean-Pierre Charvet, mon *Huggy les bons tuyaux* de New York, qui me débroussaillait le terrain. Chávez avait pour agent un certain Johnny Boss, un ancien poids lourd américain aussi rouquin que sédentaire : en raison de sa phobie des transports, il ne bougeait pas de son bureau new-yorkais. De Chávez, il n'en connaissait que le palmarès et la nature des contrats.

Le palmarès ? Carrément impressionnant. Originaire de Culiacán, capitale de l'État de Sinaloa, au nord-ouest du Mexique, réputée pour sa production agricole et ses champs de tomates à perte de vue, Chávez s'était constitué un tableau de chasse de tireur d'élite : depuis ses débuts professionnels en 1980, il avait aligné cinquante victimes en autant de combats, quarante-deux n'en ayant jamais vu le bout[1]. Champion WBC des super-plumes depuis septembre 1984, Chávez avait défendu son titre mondial à trois reprises, l'une d'elles sous les yeux ébahis de Louis devant un petit écran en Italie. De champion, Chávez n'en avait pas que la graine mais aussi les pousses.

Les contrats ? Pour le savoir, il fallait plutôt se tourner vers celui qui en avait en permanence dans sa mallette. Car le boss, le vrai, n'était pas Johnny poil de carotte mais un autre poids lourd à la chevelure beaucoup plus spectaculaire : Don King.

Don King – comme on dirait Don Diego de la Vega ou Don Quichotte – avait fait main basse sur la catégorie des poids lourds depuis dix ans, mais ne détestait pas mettre quelques billets sur d'autres boxeurs appelés à enrichir un palmarès, et son portefeuille, en tant que promoteur ou

1. Le palmarès complet de Julio César Chávez est tout aussi spectaculaire : 107 victoires (86 avant la limite), 2 nuls et 6 défaites, de février 1980 à septembre 2005, soit pendant vingt-cinq ans… Il a été sacré dans trois catégories de poids (super-plumes, légers, super-légers), détient le record du plus grand nombre de combats titre mondial en jeu (37), et a connu une invincibilité longue de 90 combats lors de ses quatorze premières années professionnelles. (*N. d. A.*)

manager, souvent les deux. Chávez était de cette veine-là. En vieux briscard qu'il était, King avait appâté le jeune Mexicain en le couvrant de cadeaux – montres, bijoux, manteaux, liasses de dollars – qui faisaient leurs effets lorsque le jeune boxeur revenait chez lui, dans son gros *pueblo* de Culiacán. À charge pour Chávez de signer des contrats en blanc et en anglais, dont il ne comprenait pas un traître mot.

Personne ne s'opposait pourtant à ce que nous mettions sur pied une réunion de premier ordre au stade Pierre-de-Coubertin, programmée pour mai 1986. Pour notre première soirée d'organisateurs, orpheline de Louis boxeur, nous avions mis les petits plats dans les grands et cassé la tirelire pour proposer des bourses à l'avenant aux intéressés. Au programme, deux championnats du monde, rien de moins ! Chávez-Barrios en super-plume et Roman-Monserrat en super-mouche. Des moins de 59 kg pour les premiers, moins de 52 kg pour les deux autres, mais du lourd chez les petits poids, croyez-moi. L'Argentin Barrios était alors un vieux renard argentin des rings, difficile à manier, tandis que l'autre affiche présentait le puncheur Mexicain Gilberto Román (44 succès, les trois quarts avant la limite, 3 défaites) face au jeune loup panaméen Edgar Monserrat. Bref, une soirée *punchy*, pétillante, dansante, virevoltante ; du tango, du malambo et *para bailar la bamba* au programme !

Du 100 % *latino* !

Du 100 % fiasco.

Un bide. Un four. Et un bouillon. À peine le tiers des tribunes rempli, un public aphone, une soirée cauchemardesque autour du ring. Nous avions vu exotisme sud-américain, découverte de réels champions, boxe léchée pour puristes, mais nous nous étions totalement gourés. Personne en France ne connaissait encore Chávez – si ce n'est

Louis –, peu s'intéressaient à ces mitraillettes de 50 kg qui dégainaient à tour de bras. Pour déplacer les gens, il fallait du lourd, du canon de Navarone, des têtes de gondoles, du Français pure souche, du cor de chasse plutôt que du bandonéon. Nous avions parié, misé gros, nous nous retrouvions en caleçon. Et retenions la leçon. Un million de francs dans les dents. Le soir même, nous tapions nos amis présents au bord du ring qui avaient tous mis la main à la poche pour que nous réglions nos dettes ; 200 000 francs ici, 500 000 là-bas… Pour une première, on reculait de trois cases.

Pour autant, ce Chávez m'avait également tapé dans l'œil. Tout comme son entraîneur Rámon Félix. Une crème, cet homme-là. Généreux, authentique, dévoué. Et gêné, vraiment, que je me sois fourvoyé sur le manque de ferveur que pouvait susciter pareil événement à Paris. Nous avions sympathisé dans l'instant. À défaut de gagner de l'argent, j'avais trouvé un ami.

Et un boxeur.

— Tu apprécies vraiment Chávez, Michel ?

— Et je ne suis pas le seul. Louis en est fada.

— Bon… Sache juste que j'ai un autre Chávez à la salle.

— Un autre Chávez ? Tu veux dire…

— Je veux dire qu'il n'y a simplement que le nom qui diffère. La même boxe, la même *grinta*. Il s'appelle José Luis Ramírez.

— Le Ramírez qui a perdu contre Camacho[1] l'an dernier à Vegas ?

1. Hector « Macho » Camacho (79 victoires, 6 défaites, 3 nuls) a été champion du monde dans trois catégories (super-plumes, légers, super-légers) entre 1983 et 1991. Le Portoricain a boxé pendant… trente ans, jusqu'à ses quarante-huit ans en 2010. Il est décédé deux ans plus tard, en novembre 2012, après avoir succombé à une fusillade. (*N. d. A.*)

— Tu peux le voir ainsi mais, crois-moi, c'est un sacré boxeur. En ce moment, il est blessé mais quand il va revenir, il va tout casser.

— Ah oui ?

— Oh oui !

*

La boxe tient du calendrier de la haute couture. Quand la collection automne-hiver vient à paraître, celle du printemps est déjà bouclée dans les ateliers ; et le catalogue automne-hiver suivant se trouve déjà dans les cartons des créateurs. J'avais appris ça – aussi – de Rodolfo Sabbatini : une réunion en cachait toujours une autre, deux autres, parfois plus, en raison notamment du temps nécessaire pour conclure les contrats des boxeurs via les humeurs de leurs managers.

Pour ne pas perdre les profanes dans ce qui va suivre, il est nécessaire ici de planter le décor de la planète boxe. N'en déplaise aux esprits chagrins, la boxe anglaise est aussi une affaire de coûts et, partant, de transactions financières qui ne datent pas d'hier. Si la boxe amateur, celle dispensée par exemple au programme olympique, est entre les mains d'une fédération internationale[1], la boxe professionnelle est l'affaire d'organismes privés que les promoteurs démarchent pour labelliser leurs réunions. C'est du moins la version officielle et angélique.

À ce jour, quatre instances professionnelles peuvent revendiquer le statut d'organisation mondiale, avec un lien commun entre chacune d'elles : elles sont nées d'une dissidence de quelques-uns de ses membres avec la maison mère qu'est la WBA. La WBA, la doyenne américaine,

1. L'Aiba (Association internationale de boxe amateur). (*N. d. A.*)

présente sur le terrain depuis 1921, a ainsi enfanté la WBC mexicaine en 1963, l'IBF américaine en 1983, et la WBO[1] portoricaine en 1988. Quatre acronymes qui ont à leur tour décliné leur label en titres continentaux et suscité l'envie d'une… dizaine d'autres satellites s'autoproclamant universels[2], mais au rayonnement confidentiel, et même dérisoire.

Dès lors, les mêmes esprits chagrins – des journalistes pour la plupart, mon coauteur compris – déplorent l'inflation des titres mondiaux éparpillés aux quatre vents, qui font parfois l'objet de réunifications entre les quatre principaux organismes mondiaux, et raillent cette dilution qui, à leurs yeux, brouille la lisibilité de la discipline et condamne toute hiérarchie possible en ne dégageant pas un champion unique par catégorie de poids. Ils oublient juste trois choses. Un : que la boxe n'est pas seulement un sport mais aussi un business, un marché économique libéral et mondialisé, comme le sont désormais d'autres disciplines sportives. Deux : qu'on crierait au monopole inique d'un organisme privé dans la situation contraire. Trois : que peu, très peu de boxeurs français auraient pu devenir champions du monde en n'ayant qu'une piste à exploiter au lieu de quatre possibles.

À Coubertin, avec les deux championnats du monde WBC, nous avions bu la tasse, notre trésorerie était sous l'eau, mais nous n'étions pas noyés. Une idée préalable à ce naufrage, qui me maintenait en fait au-dessus de la ligne de flottaison, avait bourgeonné avant la fin de l'hiver : faire sortir la boxe de son périmètre convenu, de ses habitudes de gymnase, pour la faire entrer dans d'autres cénacles,

1. World Boxing Association (WBA), World Boxing Council (WBC), International Boxing Federation (IBF), World Boxing Organization (WBO). (*N. d. A.*)

2. IBC, WBU, IBA, WPBF, GBC, UBO, etc. (*N. d. A.*)

plus huppés, plus insolites, plus attractifs. J'avais retenu ce concept de mon séjour à Las Vegas où de nombreuses réunions de boxe investissaient l'auditorium ou l'amphithéâtre d'un palace avec des combats crédibles, voire avec des titres mondiaux en jeu. Mais pourquoi se priver de la *French Touch* ? J'étais prêt à prospecter le *Moulin-Rouge*, le *Crazy Horse*, ou tout autre cabaret de renommée internationale, quand on me soufflait à l'oreille que le *78*, un cabaret posé au bas de l'avenue des Champs-Élysées, recherchait en permanence des spectacles pour renouveler sa programmation.

Jean-Robert Boudre, le directeur de l'établissement, nous avait cordialement reçus, Louis et moi. La boxe, il n'y entendait pas grand-chose, mais toute nouvelle attraction était la bienvenue dans ses murs. Situé sur l'emplacement de l'ancien Lido, le cabaret était alors réputé pour ses danseuses de revue et ses numéros de tigres. Avec sa décoration soignée, son ambiance feutrée et sa capacité de huit cents personnes, c'était l'endroit que je recherchais pour lancer ma nouvelle formule : accueillir la jet-set parisienne, mais surtout les relations d'affaires de nos partenaires qui avaient accompagné la carrière de Louis, et prêtes à acheter une table pour un dîner-spectacle inédit. La scène des *Bluebell Girls* s'ouvrirait à d'autres pas de danse et le spectateur apprécierait une vodka bien frappée. Jean-Robert Boudre en applaudissait d'avance.

Le couvert était mis, la date du 20 juin 1986 était retenue, mais composer le menu s'annonçait plus épicé. Il nous fallait faire venir de bons boxeurs pour des bourses très raisonnables – sans connaître alors la veste prise à Coubertin, un mois plus tôt. Nos moyens de l'époque ne nous permettant pas encore d'organiser des championnats du monde, aux montants financiers fatalement élevés, j'optais pour une solution intermédiaire : faire venir des pointures mais pour des combats sans titre en jeu. À force de coups de fil, j'avais trouvé une opportunité. Elle me venait de Giovanni Branchini.

Alter ego de Rodolfo Sabbatini en Italie, Giovanni Branchini aurait pu jouer un comte des Carpates dans des films d'auteur. Je l'avais côtoyé cinq ans plus tôt, en 1981, quand il défendait les intérêts de Luigi Minchillo, déclaré vainqueur de Louis dans des circonstances douteuses sur une plage de Formia. Grand prince au port altier et à la prestance aristocratique, souvent vêtu d'une cape verte jetée sur ses épaules, détonnant dans le milieu parfois – souvent – chafouin de la boxe quand il s'agissait de marchander, Branchini en avait probablement nourri une forme de compassion à notre égard. « Tu cherches de bons boxeurs américains ? Appelle les Duva de ma part. »

La famille Duva. Italienne d'origine comme Branchini, mais installée sur la côte Est des États-Unis, dans le New Jersey, ce qui modifie un tantinet la tenue vestimentaire. Les Duva, c'est une autre saga italo-new-yorkaise comme on l'imagine. Le père, Lou, était un entraîneur reconnu aux quatre coins des États-Unis, mais bourru et constamment maussade dès qu'il rejoignait une table. Heureusement, les affaires familiales étaient gérées par Dan, le fils aîné, un avocat courtois au ton apaisé, plus propice à parler business. Les Duva possédaient un héritage venu de je ne sais où : ils avaient pour habitude de recruter des champions olympiques américains de boxe. Une marque de fabrique pour une fabrique de marque. Aux Jeux olympiques de Los Angeles en 1984, ils avaient fait signer quatre d'entre eux[1]. Seule la médaille d'or, *bankable*, comptait à leurs yeux. La famille Duva avait pourtant dû se résoudre à engager un

1. Meldrick Taylor (plume), Pernell Whitaker (léger), Mark Breland (welter), Frank Tate (super-welter). *(N.d.A.)*

médaillé de bronze, unanimement réclamé par les quatre autres titrés, tout aussi noirs de peau, sans quoi ils iraient voir ailleurs. Duva père grommela, Duva fils signa. Le vilain petit canard s'appelait Evander Holyfield [1].

Quand j'avais joint Dan par téléphone, on s'était mis d'accord pour qu'il m'envoie un autre boxeur de son écurie, moins bling-bling, beaucoup moins cher aussi, histoire de voir sûrement la tournure que prendrait ce *deal*. Une bonne tournure : deux semaines avant sa venue à Paris, le désigné volontaire s'emparait du titre mondial IBF des super-welters au fond d'un hangar d'East Rutherford, dans le fin fond du New Jersey. Au milieu des *Bluebell Girls* de la scène du *78*, Buster Drayton allait subitement changer de standing.

Avec Drayton, je mettais la main sur un nom crédible pour inaugurer la soirée du cabaret. Mais pour installer durablement ce concept de réunions en petit comité, avec retransmission en direct sur Canal Plus, La Cinq, ou Antenne 2 – parfois les trois à la fois –, il me fallait ferrer une autre belle prise. Je n'avais pas eu à chercher bien loin : le Thaïlandais Samart Payakaroon, alors champion du monde WBC des super-coqs depuis cinq mois : je le trouvais dans la cour de mon immeuble du cours de Vincennes... Plus précisément, Daniel Allouche, qui deviendra le speaker de nos réunions de boxe après s'être rodé dans des réunions locales, résidait dans le bâtiment d'en face et nos enfants se retrouvaient fréquemment pour jouer. Entre un colin-maillard et un ballon de foot, le lien

1. Des neuf champions olympiques américains des JO 1984 de Los Angeles, Evander Holyfield effectuera la carrière la plus spectaculaire en s'emparant notamment des titres mondiaux unifiés en lourds-légers (1986-1988) puis de ceux de la catégorie-reine des poids lourds (1990-1993). Ses combats (face notamment à Mike Tyson, Riddick Bowe, Lennox Lewis, George Foreman) sont restés dans les mémoires. (*N. d. A.*)

était établi. Daniel, l'un des pionniers de la boxe thaï en France, champion national en 1973 de sa catégorie, avait séjourné à plusieurs reprises en Thaïlande dès la fin des années 1980, et il en avait gardé des contacts bien utiles. Payakaroon, qui n'avait jamais boxé en dehors de Bangkok, était ravi de passer quelques jours à Paris pour quelques rounds. J'ignorais juste qu'il fumait comme un chanteur de reggae dans les vestiaires.

Avec huit cents spectateurs au mieux, nous ne risquions pas cette fois de subir un camouflet en cette soirée du 20 mars. Elle avait été d'ailleurs une réussite, malgré Coluche. Oui, Coluche, qui trouva la mort sur la route de Grasse, la veille. Tous les invités de l'industrie du spectacle s'étaient désistés. Son dernier sketch ne m'avait pas fait rire.

*

Dans le coin bleu, Canal Plus démarrait, hoquetait, mais ne calait pas. Le portefeuille de ses abonnés plafonnait – moins de deux cent mille –, mais au moins avait-on un partenaire qui nous accordait de la visibilité, et un patron des sports, Charles Biétry, qui défendait mordicus les temps d'antenne dédiés. Charles commentait, négociait, commençait à mettre la main à la poche pour les diffusions, mais aussi sentait la boxe. La transpirait.

Dans le coin rouge, La Cinq, encore plus jeune dans le paysage audiovisuel, peinait elle aussi à se faire une place parmi les taux d'audience. Le ring du PAF[1] prenait des coups mais ne rompait pas. Louis poursuivait ses allers-retours jusqu'à son poste de commentateur à Milan, La Cinq diffusait nos premières réunions – Coubertin, le *78* –, mais sans investir le moindre sou. Ce qui commençait à

1. Paysage audiovisuel français. (*N. d. A.*)

nous contrarier. J'avais alors sollicité un rendez-vous auprès de Christian Dutoit, le directeur des programmes, pour évoquer la chose. Louis prit la parole.

— Christian, on ne peut pas continuer comme ça, tu retransmets nos réunions sans mettre un seul billet dans l'affaire…

— Oui, je comprends Louis. Je le ferais si je pouvais, sois-en sûr, mais franchement, on ne peut pas.

J'enchaînai.

— Tu comprends, dis-tu… Comprends-nous alors. Tu as déjà vu ça quelque part, toi, une chaîne qui diffuse gratis ?

Christian Dutoit était manifestement gêné par la situation. Il tournait mécaniquement un stylo dans ses doigts quand, soudain…

— Et si on vous donnait des spots ?

— Des spots ?

— Oui, des spots. De l'espace pub autrement dit.

— Des spots de pubs ?

— Voilà. Disons que je vous en propose pour… pour… Pour deux millions de francs.

Dans l'instant, Louis pensait comme moi. Il rebondissait.

— Cinq millions.

— Cinq millions ? Euh, bon, d'accord comme ça. Je vais vous envoyer un courrier dans ce sens.

Une poignée de main et nous étions partis.

Une fois dans l'ascenseur, on s'était questionnés du regard, Louis et moi. Des spots publicitaires pour cinq millions de francs… D'accord, on avait fait monter les prix pour le plaisir que ça procure, mais qu'allait-on bien pouvoir faire de ça ? On n'avait rien à vendre.

Quelques semaines plus tard, avant l'été 1986, nous voilà tous les deux dans le bureau de Jacques Séguéla, alors cofondateur et patron de l'agence de communication RSCG, qu'on voyait régulièrement passer une tête lors de nos réunions de boxe. Nous souhaitions structurer notre petite entreprise naissante – qui deviendrait AB Stars Production l'hiver suivant – et prendre conseil sur la meilleure manière de développer nos axes de marketing et de communication. Séguéla semblait circonspect.

— Ça me paraît compliqué, de ce que vous m'en dites. Vous voulez vous faire connaître mais auprès de qui ? Quelle cible, quel message ? Et qu'avez-vous à mettre ? Pour quel…

Et Louis l'interrompait.

— Des spots.

— Des spots ? Comment ça, des spots ?

— Des spots de pub télé. Nous en avons pour cinq millions.

— Quoi ? Vous disposez d'espace publicitaire ? Mais où ça ?

— Sur La Cinq.

— Pour cinq millions ?

— Cinq millions.

Jacques Séguéla restait incrédule. Louis comblait le silence.

— Tiens, appelle Christian Dutoit à ce numéro. Fais-le, fais-le ! Il te dira.

Notre hôte s'exécutait, tout en nous jetant un œil soupçonneux.

— Allô, Christian ? Bonjour, c'est Jacques Séguéla. Je suis avec Louis et Michel Acariès dans mon bureau. Ils me disent que tu…

Séguéla raccrochait. Passait une main sur son menton, puis se ressaisissait.

— Je vous en achète pour la moitié. Deux millions et demi, ça vous irait ?

Et comment !

Trois mois plus tard, une campagne publicitaire faisait le tour du monde. Une Citroën AX dévalant la muraille de Chine ! Révolutionnaire, ce Jacques.

José Luis Ramírez. Je n'avais pas oublié tout le bien que m'en avait dit son entraîneur Rámon Félix, devenu un ami le temps de quelques bières de consolation partagées après mon lourd revers financier ponctuant la réunion de Coubertin, en mai 1986, ma toute première de l'ère post-Louis. Renseignements pris, mon frère nous conforta dans cette idée : en dépit d'une longue carrière déjà accomplie, d'un palmarès consistant[1], Ramírez demeurait une valeur sûre. Il ne fumait pas, ne bringuait pas, ne buvait que de la *cerveza*, et Rámon Félix, qui le suivait au quotidien, avait le nez pour sentir la boxe, tout comme Louis. Oui, ce Ramírez serait mieux qu'une doublure de son compatriote Julio César Chávez, que mon frère avait découvert, hébété, dans les studios de télévision milanais. Les deux Mexicains étaient non seulement originaires de la même ville de Culiacán, enfants de la même rue, boxeurs dans la même salle dirigée par Rámon, mais également teintés du même sang qui coule dans les veines du champion hors pair. Si Julio César Chávez était muselé par Don King et ses contrats léonins, nous avions une carte à jouer pour arracher Ramírez au promoteur américain. Les augures s'y prêtaient : Chávez mettait pour la sixième fois son titre mondial des super-plumes en jeu à Monaco, fin août, face à son challenger américain Rocky Lockridge. Et Don King s'y trouverait forcément.

Ses frasques comme son parcours clinquant sont connus de tous dans le monde de la boxe. Né dans l'Ohio des

1. À cette époque, José Luis Ramírez comptait 96 combats (seulement 6 défaites) en treize ans de carrière, et avait échoué à deux reprises pour un titre mondial en poids léger. À la fin de sa carrière, en 1990, il comptera 102 victoires (82 avant la limite), 9 défaites (une seule avant terme) et un titre mondial en poids léger qu'il conserva deux fois en 1987 et 1988. (*N. d. A.*)

années 1930, le premier fait d'armes de Donald King avait été d'occire un débiteur qui lui devait 600 dollars dans une rue de Cleveland, en 1966, ce qui lui vaudra un séjour en prison. Six ans plus tard, il s'attirait les bonnes grâces de Muhammad Ali en l'amenant à un gala de charité dans un hôpital de la ville. L'alliance était scellée. Deux ans plus tard, il devenait immortel en organisant le célèbre *Rumble in the Jungle*[1] de Kinshasa qui opposa Ali à George Foreman en octobre 1974, en ayant le coup de génie de faire régler tous les frais par l'État zaïrois du président Mobutu. Par une capillarité d'autant plus fluide qu'il sortait lui aussi d'un ghetto d'Afro-Américains, King mettait alors sa lourde patte (1,88 m, 120 kg au poids de forme) sur tous les plus grands combats de poids lourds pour devenir financièrement plus lourd que ses boxeurs. Sa première devise ? *Only in America*, un slogan qu'il floquait sur tous ses blousons. Son autre devise ? Les dollars. *Only in cash*. Mais ce qu'en retenaient les médias de toutes nationalités – coiffure improbable, bagou de bonimenteur, démêlés judiciaires avec ses propres boxeurs ou avec le fisc américain, réputation sulfureuse – ne comptait pas vraiment pour moi. King, c'était un redoutable businessman qui jouait de son personnage ; qui jouait surtout à la table des plus grands casinos tout en tenant le sabot.

En compagnie de Rámon Félix, je l'avais retrouvé sur la terrasse du *Loews*, le palace monégasque, à siroter un cocktail sirupeux sur un transat au bord de la piscine. King, on ne peut pas le louper. Mais il ne faut pas se rater. Rámon faisait les présentations. King ne quitta pas son transat.

— Hey Michel, I love la France !

---

1. À voir ou revoir, le magnifique documentaire *When We Were Kings* sorti en 1997. *(N. d. A.)*

OK, OK, moi aussi, j'aimais la France mais j'aimais bien José Luis Ramírez aussi. Comme je lui faisais part de mon intérêt pour le boxeur mexicain, son visage s'était rembruni.

— Non, pas possible !

J'insistais, le ton montait. Puis Rámon s'interposa.

— Écoute Don, j'accepte que tu fasses signer un nouveau contrat à Chávez pour le garder mais, en échange, tu me rends la liberté de Ramírez.

— Non, Non ! Jamais de la vie !

— Je veux que Ramírez soit avec les Acariès. C'est ça ou rien.

— Impossible.

Qui n'est pas français. Je repartais finalement de la terrasse avec le marché conclu. Rámon avait été parfait. Pour la peine, on avait trinqué au bar. Deux cocktails, les mêmes que celui de King, avec une cerise sur le dessus.

*

La réunion confinée du *78*, en juin 1986, ayant contenté tous les acteurs du plateau, nous pouvions maintenant augmenter le gaz sous le faitout. Et composer avec les trois sucreries de notre pièce montée : un relationnel direct avec les fournisseurs (les Duva), de belles assiettes composées (Drayton et Payakaroon, deux champions du monde), un lieu classieux pour la dégustation (le *78*). En somme, nous étions les chefs cuisiniers qui montaient une sauce délicate avec un œil sur la brigade des cuisines tout en surveillant la cuisson du gigot : tout à faire en même temps, mais séparément, avec pour impératif la satisfaction de la clientèle en bout de table.

Mais être au fourneau ne m'empêchait pas d'élaborer les prochains menus. Si le *78* constituait une parfaite rampe de lancement, je devais profiter des circonstances favorables pour mettre un pied dans la haute gastronomie. En d'autres termes, voir plus grand et, déjà, me préparer à changer la garniture.

Première étape : la famille Duva, satisfaite des conditions du baptême du *78*, accepta de faire revenir Buster Drayton en France pour défendre – victorieusement – son titre mondial IBF des super-welters en août, à Juan-les-Pins, combat que nous avions organisé en association avec le promoteur qui rayonnait sur la Riviera, Roger Ferrer. Dans la foulée, elle nous envoya un autre pur-sang de son écurie pour la deuxième réunion du *78*, en septembre : Mike McCallum. Le Jamaïcain, champion de la version WBA des super-welters depuis deux ans, débarquait pour la première fois en France et se présentait comme une réelle attraction, même sans titre en jeu. Les tigres du cabaret pouvaient retourner dans leurs cages. Avec lui, nous revenions sur le devant de la scène et nous pouvions même ajouter un autre félin sur la piste : José Luis Ramírez. Don King avait dû s'y résoudre. *Only in America*, mais plus seulement. Salle pleine, tables garnies, curiosité assouvie des convives comme des médias, combats d'encadrement permettant l'éclosion de jeunes Français, satisfaction générale… Nous avions réalisé un joli carton. Le seul malaise eut lieu en fait dans la salle, qui rassemblait toutes les confessions. En bout d'une table s'était installé Jean-Marie Le Pen, invité par je ne savais quel partenaire.

Deuxième étape : la mayonnaise ayant bien pris avec la famille Duva, importante pourvoyeuse de champions, il fallait battre le fer tant qu'il était show. Il nous était désormais envisageable de mettre sur pied un championnat du monde avec un boxeur français, une affiche qui réclamait dès lors un site autrement plus vaste. Un mois plus tard, le 25 octobre, Saïd Skouma défiait Mike McCallum, titre WBA des super-welters en jeu au Zénith de la porte de Pantin. Le premier championnat du monde organisé en France depuis celui de Louis au parc des Princes ; seize mois à jouer du poing, du gant, du doigt, pour toucher le zénith…

Mon père n'était pas dupe des efforts accomplis. Au cours de la soirée, que nous vivions côte à côte Louis et moi, il nous a soudainement pris par les épaules, nous a resserré sur lui, trois têtes collées les unes aux autres, trois Acariès de Bab-el-Oued, de Marseille, de Paris, pour nous chuchoter à l'oreille. « Mes garçons, vous les avez bien eus. »

Pour boucler l'année en beauté, nous avions remis une dernière fois les couverts en argent au *78*, le 8 décembre. La famille Duva accordait un bon de sortie à celui qu'elle avait rechigné à intégrer dans son écurie de luxe, Evander Holyfield. Le médaillé de bronze des Jeux olympiques de Los Angeles allait lui aussi découvrir Paris, tout autant que la France allait le découvrir. Le tout frais champion WBA des lourds-légers avait accepté de venir pour un dix-rounds et une bourse malingre, qu'on avait compensée en l'envoyant chez Smalto enrichir sa garde-robe. S'habiller à la française, ça fonctionnait à l'époque. Holyfield avait joué le jeu, le spectacle était garanti, sous les yeux brillants de mon père, assis tout près d'un autre connaisseur, Jean-Paul Belmondo.

Oui, avec Louis, nous avions sacrément bien bossé en office.

Dans quelques jours, j'allais même préparer les petits déjeuners.

XIII

Saint-Tropez, tu as aimé papa ?

L'environnement de la boxe en France ronronnait alors comme un vieux chat casanier. Elle tournicotait dans son panier en osier, ne cherchant pas plus qu'une sieste prolongée dans son petit confort de salon. Si Louis ne l'avait pas sorti de ses coussins en tutoyant les sommets, elle se serait endormie pour de bon. Petites réunions, caisse de résonance de quartier, train-train sans vigueur, sans ambition, sans ouverture. La boxe vivotait, roupillait, reproduisait en fait ses schémas connus, éculés, dépassés.

Avec le cabaret du *78*, nous avions initié un concept, un prototype, qui demandait maintenant à s'ouvrir à une plus large clientèle. Mais une question me taraudait jusqu'à l'obsession : comment galvaniser des décideurs, des capitaines d'industrie, des entreprises d'envergure d'investir dans la boxe ? Comment capter leur attention ? Comment régénérer la popularité de la boxe alors que deux nouvelles chaînes, Canal Plus et La Cinq, y étaient disposées ? J'avais finalement trouvé la martingale : créer un club des « VIP de la boxe » ; organiser des réunions de standing dans des endroits sélects et vendre des tables de huit ou dix personnes à un cercle de privilégiés. Des VIP. Il me fallait un pro pour structurer le projet.

Cet homme, nous l'avons croisé sur un trottoir.

Je m'apprêtais à traverser la rue tout en continuant à deviser avec Louis quand une voix nous a interpellés.

— Louis ?

— Mmmh… Oui ?

— Louis, Michel ! C'est Bernard ! Bernard Caïazzo[1] !

— Hopopopopo ! Bernard ! Ah ça alors ! Comment vas-tu mon frère ?

Nous avons poursuivi la conversation dans le premier rade venu. Parce qu'il valait mieux se poser tant nous avions en commun. Vingt-cinq ans qu'on ne s'était pas revus. Bernard avait essuyé comme nous les bancs du collège de la rue du Cardinal-Verdier à Bab-el-Oued, dans la même classe que mon frère, avant que l'exode nous éparpille. Bernard nous racontait la suite, reliait les ponts des deux rives. Il avait étudié à l'ESSEC[2], s'était installé un temps à New York où il avait appris les métiers du marketing avant de revenir à Paris pour créer en 1980 sa société, *Phone Marketing*, pionnière en Europe dans le secteur des centres d'appel qui équiperont les grandes entreprises françaises. Un pied-noir ingénieux, inventif, en avance sur son temps.

— Et vous, toujours à fond dans la boxe ?

Toujours à fond, oui. Et après lui avoir évoqué les dernières tribulations du clan Acariès, me voilà à lui détailler mon projet.

— Super bonne idée, Michel ! L'univers de la boxe va les fasciner. Mais pour attirer l'attention des grands patrons, il te faut quelque chose qui fasse tilt. Quelque chose ou quelqu'un.

---

1. Entre autres fonctions et activités, Bernard Caïazzo est co-président de l'AS Saint-Étienne depuis 2004. (*N. d. A.*)

2. École supérieure des sciences économiques et commerciales. (*N. d. A.*)

— Une tête d'affiche ?

— C'est ça. Un type adoré que tout le monde écoute.

Nous avons quitté Bernard en sachant qu'on se reverrait bientôt. Il nous fallait maintenant poser notre atout. Et même l'As des as.

— Louis, si je te dis tête d'affiche que tout le monde connaît et qui peut nous donner un coup de main, tu dis qu…

— Jean-Paul.

— Jean-Paul ? Ah oui, pas bête, ça. Pas bête du tout. Et pourrais-tu savoir où il se trouve en ce moment ?

— Jean-Paul ? Je sais qu'il est en tournage sur Paris.

— Super. Tu pourrais aller le voir ?

— Sans problème.

En fin de journée, Louis retrouvait Jean-Paul Belmondo dans un studio parisien, assis dans une loge de maquillage. Un assistant-réalisateur lui facilita l'accès.

— Jean-Paul, M. Louis Acariès souhaiterait vous voir.

— Louis ? Mais qu'il entre donc ! On finira ce barbouillage plus tard… Louiiiis, ça me fait plaisir de te voir ! Tu as l'air en forme, dis donc.

— Tu n'es pas mal non plus !

— Tout va bien, j'espère ?

— Oui, nickel. J'aurais besoin d'une petite intervention de ta part. Que je t'explique…

*

Le circulaire n'a probablement jamais tourné rond : à 7 heures du matin, quel que soit le jour de la semaine, le périphérique était déjà engorgé comme l'A7 à hauteur d'Orange un 31 juillet. Je mettais plus d'une heure pour rallier la porte Maillot de mon domicile du cours de Vincennes. Pourquoi Maillot ? J'avais loué un salon de l'hôtel Méridien où j'inaugurais mes petits déjeuners cinq jours par semaine. Autour des tables, des entrepreneurs et des hommes d'affaires curieux, que Bernard Caïazzo avait fait contacter via sa société de centre d'appels située à Issy-les-Moulineaux. La trouvaille avait fonctionné : le message préenregistré de Jean-Paul Belmondo, présentant l'idée des « VIP de la boxe », leur avait été délivré par téléphone, avec cette faconde reconnaissable entre toutes : « Très cher Monsieur, bonjour, oui, c'est lui, c'est moi, c'est Jean-Paul Belmondo qui vous parle ! [...] Vous connaissez mon amour pour la boxe et l'amitié que je porte aux frères Acariès [...] Je vous donne rendez-vous pour partager un projet qui devrait vous plaire... », blabla.

Bébel qui vous parle, même par téléphone, d'une voix enjouée, posée sur une impro impayable, voilà une tout autre manière de retenir l'attention d'un interlocuteur qu'un joli bristol envoyé par la poste. Les retours d'appel n'avaient pas tardé.

Mais après l'opération séduction, il fallait maintenant suivre au niveau de l'intendance. Nappes blanches, serveurs en gants blancs, buffet pantagruélique. J'avais décoré le salon d'affiches de boxe et, surtout, je faisais passer les images des combats disputés au *78* en différé, sur le circuit interne de télévision de l'hôtel. Mes invités, qui se succédaient jour après jour, avaient les yeux rivés sur les écrans, bouche bée ou bouche pleine, tandis que je présentais la structure du projet. De grandes réunions avec de grands champions rien que pour eux – ou presque – dans un lieu haut de gamme avec dîner sélect et vins fins, à raison de 80 000 francs la tablée. Face à des patrons ouverts à l'international, j'avais gardé en bouche ce qu'on appellerait aujourd'hui une *punch line* :

— Quand vous sponsorisez un match de football comme France-Allemagne, vous avez les chaînes télé des deux pays concernés. Quand vous sponsoriserez un championnat du monde de boxe, vous serez visibles sur quatre-vingts chaînes des cinq continents.

Ça claquait plutôt bien au vu des contacts pris dans la foulée.

J'avais peut-être poussé le bouchon un peu loin mais je marquais des points. J'avais reçu mes convives par petits groupes pendant plusieurs semaines, et j'aurais pu prolonger le feuilleton quand, au terme d'une de mes présentations, alors que le salon se vidait, l'un d'eux restait planté près du buffet.

— Michel, viens me voir au bureau quand tu veux. Je suis place de l'Opéra. Voici ma carte.

Je ne connaissais pas Jean-Pierre Bansard mais on s'est compris au premier coup d'œil.

Né à Oran, Jean-Pierre Bansard avait quitté l'Algérie en 1962, comme pratiquement nous tous, sans un sou en poche avant de créer sa société de transports internationaux, qui marchait plutôt bien. Autodidacte, pied-noir, entrepreneur dans l'âme, une moitié de cœur à l'ouvrage et l'autre sur la main, il avait ensuite porté son dévolu sur le rachat d'entrepôts. Nous avions tous deux des ramifications communes et des envies convergentes de développement. Quelques jours plus tard, je me présentais à lui, place de l'Opéra.

— Voilà Michel, ton projet m'intéresse. Je vais t'acheter deux, non, trois tables, lors de ta prochaine réunion.

— Très bien, Jean-Pierre, c'est…

— Je viens par ailleurs de lancer un nouveau concept. Sans entrer dans les détails, c'est une chaîne de centres commerciaux spécialisés dans la vente d'excédents de stocks.

— Elle s'appelle comment ?

— On lui a donné le nom d'Usines Center. C'est encore embryonnaire mais nous avons bon espoir de développer cette activité.

— Ah, très bien…

— Et si tu as besoin d'un sponsor, je peux t'aider. Ce serait quand et où ?

Il aurait pu ajouter avec qui.

*

J'avais ma petite idée. En fait, elle m'avait été soufflée quelques mois plus tôt, sous forme de boutade, par des connaissances croisées l'automne précédent sur les hauteurs du *Loews* de Monaco, là où j'avais été au-devant de Don King, son transat, et son cocktail. La jet-set tropézienne avait mille et une façons de faire la fête pendant mille et une nuits, mais quand elle voulait diversifier ses sorties et se retrouver autour d'un ring et non plus d'une table, elle devait se rendre dans la Principauté voisine en bateau cigarette[1]. Des Tropéziens m'avaient titillé sur la chose, charrié même, renvoyant au « t'es pas cap » de la cour d'école : rapatrier de la belle boxe à Saint-Tropez alors qu'elle était implantée depuis des lustres à Monaco. Georges Carpentier y avait été sacré champion d'Europe des moyens en 1912, et ce qui se faisait de mieux au monde dans cette catégorie noble[2] y était immanquablement présenté dans les années 1970.

Ah oui, pas cap ?

Ce devait être en janvier ou début février 1987, je ne sais plus trop. Je me souviens en revanche du temps, inhabituellement froid, et de cette couverture nuageuse suspendue au-dessus de Saint-Tropez quand je me suis garé place de l'hôtel de ville. On entretient la vision d'un Saint-Trop'

1. Hors-bord à moteur léger et rapide. (*N. d. A.*)

2. Carlos Monzón, Nino Benvenuti, Emile Griffith, Rodrigo Valdés, Bennie Briscoe, Gratien Tonna, Marvin Hagler… (*N. d. A.*)

en string au cul d'un yacht, mais on peut parfois s'y peler en velours côtelé. Jean-Michel Couve, le maire de l'époque, avait accepté de me rencontrer. Il m'attendait, entouré de quelques membres du conseil municipal, à la fois curieux et intrigué.

De la boxe à Saint-Tropez ? Depuis vingt-cinq ans, la station balnéaire n'avait plus rien à prouver en matière de festivités, de soirées, de culturel ou de cultuel. Dieu y avait créé la femme Bardot, la nouvelle vague du cinéma y avait fouetté ses plages, les pionniers du fauvisme en projetaient les lumières crues. Un twist de *chats sauvages*, un gendarme Cruchot énervé et les « nuits blanches » d'Eddie Barclay achevèrent de transformer le village de pêcheurs en une destination de célébrités mouillant dans le port, matées par une houle de badauds transpirant dans leurs maillots.

J'arrivais avec une autre attraction, inédite, plus canaille pour les esprits empesés, mais que ne méprisaient pas mes interlocuteurs. Je leur proposais de frapper fort, de voir grand, de monter coup sur coup deux belles réunions de standing international à l'été qui attireraient les regards, les télés, les personnalités, les noceurs. Deux événements qui entretiendraient le flux, la flamme, le mythe. J'avais les contacts, le bagou – m'aventurant dans la tenue d'une double programmation aux noms ronflants en juillet et août –, et une seule condition : qu'on me libère le parking – aérien – du port pour y déposer tout mon barnum qui viendrait par camion de Paris. La place était libre. On topait là.

L'été allait être chaud. Saint-Tropical.

Avec Louis, nous nous lancions, nous nous projetions, nous nous démultipliions. Dans le paysage pugilistique qui croupissait alors dans des standards étriqués, tout était à ériger – de grandes réunions –, mais aussi à creuser – des idées de lieux, de spectacles, de surprises. Nous disposions maintenant d'un carnet d'adresses consistant, aux quatre coins du ring international, d'une main-d'œuvre de standing et disponible au gré des contrats conclus antérieurement, et d'une crédibilité d'organisateur. Il fallait maintenant inventer, se renouveler, expérimenter. Tenez, j'avais fait revenir le rude champion américain Buster Drayton pour disputer un combat sans titre en jeu, fin février. Mais là n'était pas la nouveauté : le combat s'était tenu à l'hippodrome de Vincennes en présence du jury de l'Académie Goncourt ! Propriétaire du restaurant Drouant, où le cénacle littéraire se réunit chaque automne, mon tout frais ami et sponsor Jean-Pierre Bansard avait convaincu ses membres de venir s'enfoncer dans le bois de Vincennes comme on approche Brocéliande. Visite de l'étrange, des écuries, du paddock, dîner au restaurant panoramique avec vue en surplomb sur le ring, et même course en sulky biplace sur la piste aux côtés d'un jockey professionnel… Un galop d'essai en trot attelé que nos grands romanciers foulaient comme des enfants inspiré des courses de chars de Ben Hur, mais bombe enfoncée sur la tête, mains agrippées à une corde et fessier serré. Edmonde Charles-Roux s'en était beaucoup amusée.

Des académiciens du Goncourt brinquebalés dans une carriole, on inventait de ces trucs…

*

Depuis l'hippodrome du caroubier d'Alger qui avait agité les dimanches de notre enfance dans les pas de notre père, les champs de courses constituaient un terrain permanent et addictif pour assouvir nos envies de jeux, de mises, de cotes, avec ce qu'il faut de chuchotis partagés et de tuyaux sous le manteau pour croire qu'on va décrocher le grand prix d'Amérique chaque semaine. Dans l'ombre paternelle, j'avais été incubé, Louis avait chopé le virus. On parle là de ressentis communs, de fièvre incurable, de flambe aussi, reconnaissons-le. On jouait gagnant, on jouait franco, on misait fort, on pariait gros. On jouait pile, on jouait face, on jetait en l'air. Et que revienne la pièce ou qu'elle parte au loin, on se fichait finalement un peu de sa retombée.

Cette frénésie irraisonnée pour l'univers hippique nous avait poussés à entamer un tour de France pour que notre père soit pleinement comblé, pour que la boucle des pistes soit en partie bouclée. Comme d'autres accompagnent leurs aïeuls sur la terre des ancêtres, sur le promontoire du Machu Picchu, sur le pavage irlandais de la chaussée des Géants ou sur les pentes de l'Annapurna, nous voulions l'amener au bord des mains courantes, là où s'écoutent le ronflement des naseaux, la batterie sourde des sabots, la cavalcade des hommes. Revivre ce que nous avions vécu. Notre chevauchée nous faisait partir en fait pour un tour du monde puisque la France compte presque autant d'hippodromes que de fromages. Pau, Cabourg, Cagnes-sur-Mer, on attrapait le temps d'avant par poignées, à mettre un billet sur l'as, à casser la croûte dans un rade avec une bouteille de champ' quand ça rigolait, à refaire la course, à reprendre la route. On zigzaguait à coups de nationales au gré du possible et des faisables, mon père à l'arrière cette fois, silencieux, l'œil à la vitre, le visage émacié, les mains à plat sur la banquette. En arrivant un jour d'hiver à Chantilly, étape-clé d'un pèlerinage quand il s'agit de cheval, il s'était allongé sur la pelouse, épuisé. « Les enfants, laissez-moi mourir là, comme ça. »

Il était heureux avec nous, nous étions heureux avec lui. Alors, organiser une réunion à Vincennes, le paradis des trotteurs, relevait probablement d'un vœu d'enfant qui croise une étoile filante, mais aussi d'un rêve offert en cadeau pour services rendus à la fratrie, offrande enfermant le carré d'un ring dans un ovale hippique, de mille boucles nouées. De deux gorges serrées.

Mon père n'avait malheureusement pas pu se déplacer jusqu'à Paris. Son tout premier forfait depuis l'envol de la carrière de Louis, quinze ans plus tôt. En compagnie de Louis Bertolini, son ancien compagnon d'armes, son ami de trente ans, nous nous étions relayés au téléphone pour lui commenter en direct les combats de la réunion. Ce n'était pas que le mal s'était insinué puisqu'il squattait depuis longtemps ses pensées noires, abritait même un autre locataire à l'étage du dessous, dans ses poumons, l'un perforé au cours d'un bombardement naval en 1942, l'autre bouffé par les Gitanes. Ses bronches ne devaient plus être qu'un cendrier noirci au goudron. Jamais une plainte, un gémissement, un rictus.

Dans les derniers temps, quand la respiration se faisait plus courte, le propos rare encore plus rare, on venait régulièrement aux nouvelles dans l'appartement marseillais du quartier de La Rose. Puis à l'hôpital de la Timone. Il tenait bon, notre mère se tenait droite, Louis et moi faisions mine de. L'air chuintait à peine de son torse plat.

Avant de partir, il avait laissé un mot sur le buffet, négligemment et pourtant visible, comme lorsqu'il me déposait chaque matin un billet de sa recette de taxi sous un paquet de clopes avant d'aller se coucher. Une feuille de cahier d'écolier à petits carreaux, repliée en quatre, comme s'il s'agissait d'une liste de courses, d'un pense-bête, d'un tuyau pour la cinquième à Auteuil. Son vœu testamentaire tenait en deux phrases.

« Je veux être incinéré.

Et qu'on ne m'emmerde pas avec ça. »

À l'époque, les crématoriums ne s'encombraient pas de cérémonial feutré. Je garderai toujours en tête cette matinée de mars 1987, le bruit sec du bois qui craque dans le souffle des flammes.

Accompagnés de quelques amis intimes, nous nous étions rendus sur la corniche, là où s'élève une imposante pale d'hélice de bateau qui fend le ciel marseillais, structure en bronze, au profilage torsadé sur neuf mètres, qui marque le Mémorial des rapatriés d'Algérie. Avec Louis, nous nous sommes éloignés de la stèle et de nos proches pour nous retrouver au bord du parapet, au bord de notre précipice, en aplomb de la Méditerranée. Le vide sous nos pieds, un effroi qui raidit le corps, juste une fine brise pour couvrir notre silence. L'urne en main, nous étions hébétés, jambes en coton, à ne savoir que dire, à ne savoir qu'en faire, reculant maladroitement le moment de la dispersion des cendres. L'Algérie nous regardait, la mer l'attendait, l'air iodé l'y transporterait.

Bon vent, papa.

*

Se relever. Remonter. Reprendre la partie après un échec, une perte, une douleur, fût-ce un deuil, l'un des plus lourds à porter. Notre père nous avait inculqué cette force de caractère, que l'expulsion armée sans espoir de retour avait endurcie. Nous en gardions une amertume latente, une colère lancinante, qui ne nous ont jamais quittés. Pas un repas, pas un regroupement familial sans que cette rage ne monte de la table d'une manière sourde ou emportée. Louis et ses succès avaient fait reprendre par des foules l'hymne national au nom du père, apaisant furtivement le feu des cicatrices. Nous portions maintenant cet héritage en nom propre, comme un étendard à planter sous de nouvelles latitudes.

En boxe, comme dans le business, l'adversaire n'attend pas que vous vous remettiez d'un coup qui fait mal. La disparition de notre père nous avait mis un genou à terre, mais sa mémoire nous sommait de redresser la tête. Et de reprendre la main. Les négociations avec la mairie de Saint-Tropez avaient débouché sur du concret : nous allions présenter coup sur coup deux championnats du monde : Ramírez-Alli, le 19 juillet pour le titre WBC vacant des légers, et Holyfield-Ocasio, le 15 août pour les ceintures WBA et IBF des lourds-légers. Deux mois plus tôt, tout était acté : les dates bloquées, le parking aérien annexé, les accords entérinés avec les managers concernés, les networks américains *CBS* et *Showtime* engagés – qu'amenait simultanément Bob Arum, gage de notoriété internationale en plus des chaînes françaises. Des semaines de préparation, de négociations, d'organisation par téléphone et fax interposés. J'avais promis du lourd, de l'innovant, et Jean-Pierre Bansard était tout heureux de débuter notre partenariat sur la Côte d'Azur. Cette double confrontation de haut niveau formalisait par ailleurs un accord contractuel avec Canal Plus et Charles Biétry. Plus question de réunions réglées au coup par coup, mais un contrat de trois ans reconductible à l'envi. Une opportunité, une aubaine, source de revenus pérennes, que nous avions toutefois facilitée quand Louis avait boxé pour pas un rond pour la chaîne cryptée. Charles Biétry ne l'a jamais oublié. C'est cette ligne de départ fictive qui nous fit donner le nom d'AB Stars Production à notre société. Non pas « A » pour Acariès et « B » pour Biétry comme de mauvaises langues le rapportaient, mais comme le début de l'alphabet, d'une aventure qui nous ferait utiliser toutes les lettres.

Oui, l'été serait chaud. À grosses gouttes même, quand le promoteur américain Bob Arum, avec qui j'avais ficelé le package tropézien, m'appela.

— Michel, c'est Bob.

— Salut Bob, comment vas…

— Michel, je ne peux pas venir à Saint-Tropez cet été…

Badaboum !

— J'ai un championnat du monde sur le ventre à ces dates.

— Ah… Quel combat ?

— C'est Thomas-Aquino, en super-welters WBC. Les délais d'organisation impartis font que ça tombe en plein dedans.

Patatras !

— Hum… Et tu as déjà ton point de chute ?

— Pratiquement, oui. Encore pas mal de points à rég…

Banzaï !

— Alors, je vais te trouver une solution. Je te propose qu'on l'organise ensemble. J'ai un point de chute génial en France, tu vas voir.

— Ah oui, tu es sûr ? C'est où ? À Saint-Tropez encore ?

— Non, non, je te cale ça dans la semaine, OK ?

— OK, Michel, cinq jours, pas plus.

Tout en raccrochant, je n'avais pas la moindre idée de ce que je lui avais raconté. Je voulais surtout que Bob Arum ne me claque pas dans les pattes pour les deux grosses réunions tropéziennes. Après l'uppercut reçu au menton par son désistement, je devais enchaîner, doubler, et même tripler mes coups.

Bob Arum pouvait se mettre dans la poche les droits américains de retransmission, j'avais sauvé l'ensemble. Trois organisations d'envergure présentées en l'espace d'un mois ! 12 juillet, 19 juillet, 15 août : comme un hat-trick signé par un néopro. Aquino-Thomas ouvrirait le feu (et les bouteilles) dans le cadre du Vinexpo de Bordeaux-Mérignac, les dirigeants du Palais des Expositions s'étant déclarés ravis de proposer leur toute première (et dernière) réunion de boxe. Quant à Saint-Tropez, ma foi, ce fut du Saint-Tropez ! Les deux soirées ont cassé la baraque, et pas seulement parce que notre protégé mexicain – José Luis Ramírez – conquit le titre mondial des légers.

Non, nous avions tous décroché le pompon ! Deux soirées de liesse, deux nuits de folie, de festifs, de fêtards ! Sur le ring, les gradins, les tables du dîner de gala qui suivit… Entre deux combats, ou dans l'attente du faisceau horaire de la télévision américaine, pas de pop-corn ou de musique d'aéroport mais les Gipsy Kings qui mettaient l'ambiance dans les tribunes sous l'air des lampions. Les plus anciens s'en souviennent encore, les Gipsy Kings faisaient se lever les foules, agiter les corps, telle la flûte du charmeur de serpent. Ça chantait *Djobi*, *Djoba* de partout, ça remuait andalou… Été, soirée, Saint-Tropez, le cocktail montait en degrés. Même que la frénésie a emporté l'un des invités. Je m'étais approché de lui.

— Allez Gaston, viens, monte sur le ring, chante-nous quelque chose !

— Mais tu es fou, Michel. Le public de Saint-Trop' est le plus ingrat qui soit !

— Mais écoute ça, Gaston, écoute ! Viens mettre le feu toi aussi !

Ce que c'est que l'amitié… Qui était Gaston ? Mais Enrico Macias ! Entre nous, personne ne l'appelait Enrico.

Ce que c'est qu'une ambiance. *Bamboleo* ? Bamboula pour tout le monde ! C'était le tout dernier tube des Gipsy Kings. Entraînant, envoûtant, irrésistible ! Pour le dîner de clôture, entre smokings et robes de soirée, j'avais privatisé la place des Lices, cocoonée dans des voiles de tulle blanc, rien de moins, et installé des tablées payées au prix fort par les grands entrepreneurs alléchés l'hiver précédent par mes petits déjeuners de la porte Maillot. Trois cents, quatre cents couverts, je ne sais plus, du sélect dans la fiesta, du show-biz dans le business, acteurs, patrons et chanteurs mélangés, et tout ce petit monde festoyait dans l'air tiède et enivré. J'ai encore en tête l'image de l'épouse de l'un d'eux, se déhanchant en jupe moulante sur la table avec son string accroché à l'index. Folie douce, folie pure, folie folle ! Même Eddie Barclay, un habitué de la chose pourtant, se perdait dans cette agitation quand il apostropha mon frère.

— Louis, Louis, Charles Aznavour ne trouve pas sa place !

— Eh bien, donne-lui la tienne !

Sacré frérot.

Je retrouvais Rámon Félix, l'entraîneur de José Luis Ramírez, qui me tombait dans les bras. Nous avions fait un pari, nous l'avions gagné. Le boxeur mexicain remontait sur le toit du monde à vingt-huit ans. On le disait fini, il ne faisait que commencer. Plus tard, bien plus tard, quand les tables se libéraient peu à peu, Jean-Pierre Bansard était venu vers moi, accompagné de son associé Christian Liagre. Sponsor majeur de la soirée, une grande première, il avait été gagné par l'émotion. Je l'avais quitté sur le ring, à chaud, éberlué, brandissant la ceinture mondiale de Ramírez comme un spationaute regarde la planète Terre. Jamais il n'avait imaginé pareil baptême.

— Michel, on va le faire ce contrat.

— Le contrat ?

— Le contrat avec Usines Center ! Avec Christian, qui est à l'origine de ces magasins, on a programmé une dizaine d'inaugurations dans toute la France dans les deux ans qui viennent. Tu nous refais ça, tout ça, avec des combats de feu, des titres en jeu, les Gipsy Kings et tout le toutim, tu vois ?

Sûr que je voyais !

Papa ? Toi aussi tu as vu tout ça, hein ?

XIV

Tapis volant

Nous n'étions pas lancés : nous étions propulsés, catapultés, et même, reconnaissons-le, téléportés. Après trois années de turbulences, Canal Plus prenait définitivement son envol, avec nous en cabine, tandis que La Cinq nous accompagnait sans barguigner, même si Louis avait mis un terme à son rôle de consultant. Plus possible ! Deux chaînes demandeuses d'affiches, de prime time, de spectaculaire, réclamaient désormais notre énergie commune.

Sans nous croire arrivés à Las Vegas ou revenus de tout, les deux réunions de Saint-Tropez avaient épaté la galerie. Bob Arum et les équipes techniques des chaînes américaines nous avaient amené un bout de boxe d'Amérique ; ils découvraient en retour un coin de France, la douceur provençale, la ferveur des nuits chaudes, le plateau d'huîtres chez Sénéquier, la fenêtre de chambre qui s'ouvre sur le cliquetis des mâts dans le port, la terrasse ombragée et ses nappes Vichy où étaient apportés les croissants, le pastaga ou le vin fin selon les heures du jour, sans oublier les dîners festifs au grand air du littoral qui les changeaient d'un buffet dressé dans un salon de *Convention Center*. C'était notre *french flair* qui marchait à l'intuitif, la *french touch* relevée d'une pointe méditerranéenne, et même le french cancan quand il fallait emballer la mesure. Nous avions mis le paquet. À terme, seul Jean-Michel Couve pouvait rétrospectivement bouder son plaisir du moment : la réquisition du parking du port durant tout un mois d'été avait coûté à la circulation estivale, à sa trésorerie municipale, et peut-être son poste de maire.

Nous avions dès lors face à nous des partenaires stimulés, envoûtés par ce que la boxe pouvait générer en termes d'émotions, de captations d'audience, de retombées, après des années d'indifférence, d'oubli, de gâchis. Notre été tropézien avait réveillé les ardeurs, les projets. Précurseur dans la mise en scène et pourvu désormais d'un budget en conséquence, Charles Biétry, le patron des sports de Canal Plus, avait senti la chose, débordait d'idées. Nous cherchions la nouveauté, il traquait l'innovation ; nous dessinions la trame, il renvoyait l'image, la régénérait. La boxe sortait de son sanctuaire figé dans les années sépia, de Cerdan, de *Raging Bull*, du Vél d'Hiv, sans être pervertie par le clinquant. La boxe, Charles la commentait, la respirait, l'approchait au plus près du téléspectateur. Avec caméra autorisée dans les vestiaires, micro posé dans les coins du ring, portraits léchés des protagonistes, il lui faisait toucher l'intime ; avec Jérôme Revon à la réalisation, il avait trouvé son faiseur d'images ; avec Jean-Claude Bouttier assis à son côté au pied du ring, il nourrissait l'histoire, respectait ses passeurs. Ils ont constitué un duo de commentateurs hors pair, l'égal des Couderc-Albaladejo au rugby ou des Roland-Larqué au football.

Bien des fois, Louis lui demandait de venir en soirée faire un saut à la salle de la porte de la Plaine pour jeter un œil sur une nouvelle pépite.

— Alors, Charles ?

— Oui, pas mal, Louis, pas mal du tout ce jeune. Vous comptez le mettre bientôt à l'affiche ?

Cet alignement de planètes nous avait placés en orbite, à des milliers de kilomètres de ce qu'on connaissait jusqu'alors. À des millions de francs de ce qu'on touchait aussi. Un confortable contrat sur trois ans pour commencer, une trentaine de réunions annuelles à monter, de nouveaux sites à dénicher, des boxeurs à préparer... Et voilà que Jean-Pierre Bansard, exalté, y mettait du sien ! Une commande ferme de onze réunions pour autant d'inaugurations de magasins Usines Center à travers la France. En milliers de millions de francs.

Nous décollions pour un voyage à décrocher les étoiles. À accrocher les ceintures.

*

Il n'y a pas un jour de l'année, de nos vies, où nous ne nous sommes pas vus ou appelés. Pas l'esquisse de l'ombre d'un seul. Louis et moi sommes deux frères tatoués à l'encre rouge sang. Deux veines pour une aorte, celle qui part du cœur ; deux gants pour une seule force de frappe. De l'école primaire en tablier gris à Bab-el-Oued des années 1950, au championnat du monde en peignoir blanc des années 1980, Louis et moi avons traversé les tempêtes comme les mers d'huile sur le même bateau. Aucun dilemme, aucune invitation ne nous a jamais fait dévier d'une ligne de vie creusée par la fibre paternelle dans la paume de nos mains. L'esprit sacralisé de la famille, de la loyauté, de la communauté, quitte à élever un rempart, un pack de rugby, un clan contre tout ce qui pouvait les infecter.

Pour les besoins de notre activité, j'étais le plus enclin de nous deux à occuper le terrain médiatique. J'animais les conférences de presse, m'emparais du micro, sollicitais les divers rendez-vous professionnels. Louis se tenait plus en retrait, répondait en creux, moins volubile, moins en recherche de ces rapports constants qu'il considérait souvent futiles. Question de tempérament. Le sien était entier, soudain. Mon bouillonnement intérieur était magma quand le sien pouvait être lave. Mon frère ne supportait pas d'attendre qu'une évidence soit admise, ne comprenait pas qu'une décision de bon sens soit ajournée. Souvent en butte, parfois en bataille. Avec les autres, parfois avec moi. L'amour filial peut s'affranchir des digues de la convenance, c'est même dans ses débordements qu'il se révèle, qu'ils soient faits en bruine ou de grêlons. Je me souviens de sa réplique, alors boxeur, quand je l'avais piqué de la voix du coin du ring.

— Hey, Louis, tu es en train de perdre le combat, là. Tu dors ou quoi ?

— Vas-y donc toi, viens sur le ring pour voir.

Il était dès lors commode de convoquer les préjugés du boxeur, tout juste bon à jeter des crochets gauches, puis à enfiler un survêtement d'entraîneur, mais il n'y a bien que moi – et son épouse Muriel – qui savons : rien de ce qu'on a bâti n'aurait existé sans Louis, le plus souvent à l'origine de nos prises d'initiatives. Toutes nos conceptions, nos stratégies, nos décisions, tout ce qui a demandé sagacité et astuces, coup de force ou nez fin, provenaient d'échanges permanents, enflammés quelquefois, bordés de fous rires aussi. Une complicité infaillible, une complémentarité entendue, une fusion permanente. Des frères jumeaux dissemblables avec six ans d'écart, vous pouvez comprendre ça ? Louis composait la musique, je mettais les paroles, puis je m'occupais des arrangements.

Surtout des arrangements…

*

Ne me demandez pas comment. C'est à cette période que j'ai hérité d'une nouvelle voiture, plus conforme à l'idée qu'on se faisait de notre statut naissant. Une R25

Limousine noire. La classe. Une deuxième main mais une caisse de ministre. Oui, de ministre. Et celui de l'Intérieur s'il vous plaît !

Charles Pasqua n'avait pas encore quitté la place Beauvau et un gouvernement de cohabitation. Il avait toutefois remisé son véhicule blindé à un ami garagiste. Quand l'opportunité s'est présentée, nous étions comme des gosses devant leur premier camion de pompier, à tripoter l'échelle télescopique et le pin-pon intégré. Les perçages de la carrosserie pour connecter le gyrophare et la radio étaient encore apparents. Surtout, entre les deux sièges avant, le boîtier du combiné téléphonique demeurait en l'état. La ligne aussi. Une révolution à l'époque.

— Allô, allô, la maison Poulaga, ici Charles : amenez-moi deux escadrons de gendarmerie pour filer en Corse !

— Et que ça saute !

On s'y voyait, on se marrait. On appelait partout pour rien. Cour de récré pour adultes consentants mais sur la brèche : c'est à cette période, à cheval sur 1987 et 1988, qu'on peaufinait notre offensive. Le Cirque d'Hiver, le Pavillon Baltard de Nogent-sur-Marne, les premières inaugurations Usines Center, un mégaprojet aux États-Unis, une soirée d'envergure à venir à Levallois-Perret…

Nous roulions sur les quais, à hauteur de la place de la Concorde, quand la sonnerie du téléphone retentit. Ce n'était pas Charles mais Muriel, l'épouse de Louis. Qui décrochait.

— Allô ?

— Allô, Louis, c'est moi. Vous êtes où, là ?

— Vers Concorde. Tout va bien ?

— Oui, oui. Dis, je viens de recevoir un appel de quelqu'un qui représente une banque privée suisse. Il dit que son établissement se lance sur le marché bancaire français. Pour se faire connaître, ils aimeraient investir dans une de vos réunions parisiennes, inviter leurs collaborateurs, leur réseau de clientèle, tout ça…

— Ah oui ?

— Même que ce serait bien d'organiser sur place un dîner spécialement pour eux.

— Un dîner ? J'ai une tête de plateau-repas ? Ce serait pour combien ?

— Il m'a parlé d'un millier de personnes.

— Mille personnes ? La vache ! Tu entends ça Michel ? Et il aurait quoi à mettre ?

— Il m'a parlé d'un million de francs.

— Quoi ? Une barre ? Et il lui…

— Le mieux, c'est que vous l'appeliez, toi ou Michel. Je te donne son nom et son numéro : c'est le…

— Et leurs bureaux, ils se trouvent où ?

— Sur les Champs-Élysées.

Autrement dit à dix minutes, même sans gyrophare.

— OK Muriel, on va voir ça.

C'était tout nous, ça. Couper les trajectoires, faire au plus vite, remonter les Champs-Élysées comme on enfile un pantalon, s'engouffrer dans un parking souterrain à proximité du siège administratif de la banque. Et phosphorer en chemin sur la question. En claquant la portière, Louis s'était tourné vers moi.

— Dis, Michel, une banque qui se lance, c'est qu'elle a un peu d'oseille en réserve, non ?

— Oui, c'est ce que je me disais aussi.

— Donc, si elle dit pouvoir mettre un million de francs sur la table, c'est qu'elle peut en mettre deux ?

— Ça me paraît sensé, surtout si elle est suisse.

— Et tant qu'elle est à deux, elle peut monter à trois, ça se tient, non ?

— Je n'ai pas d'arguments contraires.

Nous en étions restés à trois millions en poussant la porte d'entrée qui ouvrait sur un vaste hall classieux et une cage d'ascenseur. Tout là-haut, nous avons été reçus spontanément par une demi-douzaine de gestionnaires bien mis, surpris de nous voir débarquer si vite, mais ravis de discuter les détails comme les termes de cette opération, curieux aussi de découvrir les coulisses d'une réunion de boxe. Notre interlocuteur principal n'avait pas franchement mégoté : d'accord pour deux millions et demi de francs, accord écrit à l'appui, pour mille cinq cents réservations de places de boxe ainsi qu'un barnum dédié à leur réception et frais de bouche. Ce faisant, il soulevait une dernière question.

— Où et quand pourrait-on réaliser ce projet ?

— Dans deux mois, tout près d'ici, à Levallois-Perret. Et on prévoit un chapiteau privatif dans le même périmètre pour tous vos invités.

— Parfait, c'est parfait.

Levallois-Perret, ce n'était pas du bluff ou de l'anticipation, mais la porte d'à côté et un point de chute qui germait depuis plusieurs mois, et même quelques années. Patrick Balkany, le maire de la commune depuis 1983, était à la fois un fan de sport, de boxe, et de Louis. On peut penser ce qu'on veut de cet homme qui a fait régulièrement la une de l'actualité depuis, mais question boxe, c'était un partisan de la première heure et du premier rang. C'est dans les travées du Championnat du monde Monzón-Tonna en 1975 à Paris qu'il avait rencontré Isabelle Smadja, sa future épouse. Combien de fois l'avait-on vu au bord du ring, tirant sur un barreau de chaise, dans nos précédentes réunions parisiennes, ou bien dans les pas de Jacques Chirac – qui nous avait plutôt à la bonne – depuis qu'il avait été membre fondateur du RPR, en 1976… À la tête de la municipalité, il se déployait pour que l'activité sportive prenne corps auprès de ses administrés et si le club de basket bénéficiait d'une notoriété supérieure, c'est bien la boxe qui titillait ses penchants. D'où cette idée de monter une réunion d'envergure sur ses terres pour tester sa viabilité.

Une fois de retour dans le parking, je décrochais le combiné Pasqua, c'est ainsi qu'on l'appelait.

Vingt minutes plus tard, nous nous trouvions Louis et moi face à Patrick Balkany, dans son bureau de la mairie. Passé les civilités d'usage, j'enchaînais.

— Sinon, où en es-tu question billetterie ?

— Ouh là, Michel, c'est dans un peu plus de deux mois, on n'a pas encore commencé à...

Louis entrait alors en jeu, sortait un chéquier et un stylo de sa veste.

— Tiens, Patrick, voilà, la billetterie est ouverte.

La tête de Patrick...

Certes, une part de la caution bancaire qui venait de nous être agréée avait facilité le démarrage. Mais rien de tel qu'une mise de fonds pour accélérer le mouvement ; rien de tel qu'Isabelle, l'épouse de Patrick Balkany, pour le prolonger jusqu'au 12 mars 1988, date de l'événement. Une tornade d'une rare efficacité, Isabelle : en quelques semaines, elle avait tout tiré au cordeau, rapatrié un barnum géant d'Allemagne, piloté la soirée pour mille cinq cents convives en marge de la réunion de boxe montée sous un chapiteau voisin, aux abords du périphérique. La réunion de boxe ? Ah oui, la boxe : mémorable. L'affiche, comme le combat : José Luis Romírez – Pernell Whitaker pour le titre mondial WBC des légers ; le champion du monde en titre face au champion olympique invaincu chez les professionnels ; le guerrier latino contre le funambule américain, le feu et l'eau s'abattant l'un sur l'autre douze rounds durant, pour une décision partagée deux juges contre un en faveur de notre formidable Mexicain.

Nos banquiers d'un soir et leur armée d'invités avaient apprécié leur placement, pas seulement celui en tribune. Patrick Balkany, lui, était emballé.

— On va le construire, notre Palais des Sports ! Il nous le faut ! Pour le basket bien sûr.

Quatre ans plus tard, en 1992, l'enceinte sportive sortait de terre. Et pour honorer le basket, il porterait le nom de Marcel-Cerdan…

*

— Eh Louis, tu as vu ça là-haut ?

— Hé ? Hopopopo…

Nous étions le duo de chanteurs découvrant leurs noms sur la façade de l'Olympia pour la toute première fois. Sauf qu'on ne visualisait pas ici le boulevard des Capucines mais le *strip* de Las Vegas ; pas l'église de la Madeleine mais la cathédrale du Hilton, palace parmi les gratte-ciel de la démesure. « Don King Productions and Michel et Louis Acariès présent… »

Fin octobre 1988, soit sept mois après avoir investi le stade de football de Levallois-Perret, nous posions dans une suite du vingt-deuxième étage et tout en haut de l'affiche. Virtuellement, nous retrouvions Don King sur le palier. Sur le toit-terrasse plutôt. À 50-50 dans la promotion, d'égal à égal, les yeux dans les yeux, dans le désert du Nevada, autant dire chez lui. À 50-50 également dans les bourses négociées pour les boxeurs : un million de dollars pour Julio César Chávez, un million de dollars pour José Luis Romírez. Du jamais-vu pour cette catégorie de poids. L'un détenait le titre WBC, l'autre la ceinture WBA, et derrière cette réunification et nos sourires de façade se devinait en filigrane notre bras de fer avec Don King, à qui on avait tout de même soutiré l'un des deux protagonistes sur la terrasse monégasque du *Loews,* deux ans plus tôt. Notre tension du moment, latente, s'était d'ailleurs révélée au grand jour la veille du combat, lors de la pesée des boxeurs. Le contentieux portait sur le choix des gants, des embrouilles coutumières, sauf que les invectives s'étaient prolongées en coups de poing de part et d'autre : Rámon Félix et moi d'un côté, King et son colosse de garde du corps Doung de l'autre. Deux fois plus grands, trois fois plus lourds, 100 % plus Noirs, rien ne nous faisait peur.

Oui, à Vegas, nous touchions le point culminant, nous y étions, entraînant avec nous un peloton soudé de décisionnaires supporters qui avaient contribué à l'ascension de Ramírez – et à la nôtre du même coup – pour quelques jours de détente pimentés de salsa.

La conclusion du combat avait suscité une forte montée d'adrénaline parmi la communauté hispanique venue assister en nombre à un événement qu'elle s'appropriait plus que tout autre.

Une montée de sueurs froides aussi.

Derrière l'attraction que générait un face-à-face entre deux Mexicains nés dans la même ville de Culiacán, passés par la même école, et habitant dans la même rue, *calle Chorobusco*, l'affrontement mettait quasiment aux prises les deux enfants adoptés de Rámon Félix, leur père spirituel, qui les avait élevés dans son gymnase dès leurs premiers pas. Non seulement leur entraîneur avait douloureusement vécu leur séparation, mais voilà qu'il se trouvait dans un camp contre l'autre, les deux prêts à en venir aux poings. Un dilemme, une déchirure que nous partagions dans une moindre mesure. C'est en découvrant Chávez sur un écran de télévision à Milan, deux ans plus tôt, que Louis avait repris goût à la boxe ; qu'il s'était entiché du talent du champion et de la simplicité de l'homme, au point qu'il lui avait porté secours dans les semaines précédant son combat contre Rocky Lockridge, en août 1986 à Monaco. Le Mexicain s'était sérieusement foulé une cheville à l'entraînement et mon frère s'occupa de le remettre sur pied. Des liens s'en étaient inexorablement tissés. Enfin, l'affiche proposait un duel entre deux amis, quasiment deux frères, que le business avait également convaincus. Il fallait en passer par là. Les deux hommes étaient montés sur le ring dans un état second, enivrés de tequila, tels deux kamikazes se bourrant d'amphétamines avant de se jeter au feu.

Il fallait un vainqueur. Un choc de tête à la dixième reprise abrégeait le combat, provoquant un décompte des points en faveur de Chávez. Don King fanfaronnait, c'était de bonne guerre, mais la soirée qui suivit dans les hauteurs du Hilton respirait le soulagement. Voilà, c'était du passé. Le stress s'était évaporé, les muscles s'étaient dénoués, les gorges s'ouvraient. Passé les salves de coups, le verdict et l'effervescence du vestiaire, Chávez et Ramírez s'étaient jetés tour à tour dans les bras de l'autre. Toutes les portes de chambre de l'étage réquisitionné étaient grandes ouvertes ; entrait, trinquait, et embrassait qui voulait, même Mike Tyson à qui Don King avait promis la moitié de sa part pour mieux ficeler la nouvelle terreur des poids lourds. Je revois encore Chávez et Ramírez dans une baignoire remplie de bière à ras bord, à rire de ce qui les avait fait sangloter.

Don King avait régné sur la nuit, nos beaux jours commençaient pourtant.

Notre PME naissante, encore artisanale, faite de débrouillardises et d'à-propos, avait été déclarée bonne à l'exportation dans le pays qui fabrique les événements et leurs champions. En l'espace de deux ans, nous étions passés d'un désastre financier porte de Saint-Cloud aux astres de Las Vegas. Personnellement, je n'avais plus le statut de frère de champion accroupi au pied du ring mais celui d'un patron de société harcelé par des entraîneurs et des managers pour caser leur progéniture dans nos organisations. Deux ans à assimiler les usages, à se faire la main, un nom, une respectabilité. Deux ans pour constituer parallèlement la Team Acariès, aguerrir de jeunes promesses au rythme accéléré de nos réunions nationales, étoffer leurs palmarès, prendre du coffre pour assouvir leurs ambitions comme pour faciliter nos projets d'expansion. Parce que l'heure viendrait, inéluctablement. Celle qui sacrerait un Français champion du monde, un vide déploré depuis presque trente ans maintenant. C'était une question de temps, de timing, d'opportunité. Faute d'un boxeur *made in France* capable d'apparaître sur l'échiquier mondial et de blackbouler un Roi en douze coups sur une combinaison fou au foie-cavalier à la face, il nous fallait ouvrir d'autres marchés pour maintenir notre standing international. On savait faire maintenant. Six mois après Vegas, l'ouverture se présentait.

Après le *Bamboleo* de Saint-Tropez, après la bamboula de Vegas, déboulait Belbouli. On avait cependant dû jouer serré.

*

— Ce boxeur-là, les enfants, il va falloir vous en occuper. Il a tout pour être champion du monde.

C'était notre père qui nous avait alertés : un boxeur faisait le vide autour de lui dans les réunions de la Côte d'Azur organisées par Marcellin Martin. Originaire de Bennane, en Tunisie, Taoufik Belbouli avait gagné Marseille en 1982, à l'âge de vingt-six ans. Un punch, un corps d'athlète sur les rings, un introverti dès qu'il en descendait. Nous l'avions dès lors incorporé dans le programme des combats d'encadrement autour de Louis dès 1983, dans les arènes de Nîmes, et le fait est que ses poings parlaient pour lui. Champion de France des poids lourds en 1986, Belbouli dégommait tout ce qui se trouvait devant lui et son palmarès (28 victoires dont 22 avant la limite pour une défaite aux points) lui avait fait intégrer le Top 5 des meilleurs mondiaux de sa catégorie des lourds-légers.

Lourd-léger ? L'appellation paradoxale peut prêter à sourire pour le profane, et les journalistes spécialisés ne s'étaient pas privés de railler cette nouvelle catégorie de poids[1] créée au début des années 1980. Le business n'en avait cure. Plus on est de fous, plus on rit, dit le dicton. Plus il y a de catégories[2], plus il y a de réunions, répondent les biftons. Sauf que cette trouvaille ne prenait guère racine.

Mais une petite graine avait germé sur le parking du port de Saint-Tropez, en août 1987. Evander Holyfield venait de conserver son titre IBF des lourds-légers, alors qu'un peu plus tôt dans la soirée, Belbouli s'était également imposé avant la limite. Lou Duva, son entraîneur, avait beau être bougon de nature, il m'avait lâché une confidence.

— Michel, un petit conseil : ne cherche pas à monter un combat Holyfield-Belbouli, ton boxeur va se faire hacher menu. Attends un peu.

— Attendre quoi ?

— Holyfield va prochainement monter chez les lourds car les lourds-légers ne rapportent pas un kopeck chez nous. Garde ton Belbouli au chaud jusqu'à ce que le titre soit vacant…

Duva avait tenu parole. Un an plus tard, en juillet 1988, après avoir fait le tour de la catégorie des lourds-légers en réunifiant les trois titres mondiaux (WBA, WBC, IBF),

---

1. Les lourds-légers (79 à 90 kg) se situent entre les mi-lourds (76-79 kg) et les lourds (plus de 90 kg). (*N. d. A.*)

2. Dix-sept au total aujourd'hui. La création de la catégorie des poids paille (moins de 47,128 kg) en 1987 est la dernière à ce jour. (*N. d. A.*)

Holyfield commençait une tout autre carrière dans la catégorie supérieure, mille fois plus juteuse celle-là. L'ère des costumes de chez Smalto était révolue.

Devenant challenger officiel, notre boxeur franco-tunisien se positionnait comme un prétendant naturel à la succession de l'Américain et nous avions carte blanche par la WBA et son président Gilberto Mendoza pour organiser le combat. La prospection prenant le plus de temps, la priorité était de trouver un lieu adéquat capable de mobiliser les médias, le public, le business. La Tunisie ? Pas d'argent, pas d'engouement pour la boxe. Le Maghreb alors. C'est Jo Zurita, un promoteur marocain avec lequel on travaillait parfois, qui activa son réseau local.

Casablanca tombait bien : la destination nous était inédite, exotique, propice à quelques noubas, et Zurita en était originaire, ce qui facilitait la mise en place. Casablanca tombait surtout à pic : l'inauguration d'une nouvelle chaîne de télévision nationale était programmée pour mars 1989 et l'idée de créer un événement de boxe au cours de sa période de lancement avait emballé ses dirigeants, en tête desquels se trouvait Fouad Filali, gendre du roi Hassan II, et imminent directeur de 2M International, la chaîne en question.

Tout avait été empaqueté sans encombre. La date du 25 mars 1989 était bloquée, l'affiche se tiendrait au stade Mohammed-V dans une bulle métallique contenant six mille sièges, et serait retransmise en direct sur 2M International, tandis que nous prendrions quartier au Sheraton, en centre-ville. Dans la traîne des bagages, toute notre petite troupe de partenaires, capitaines d'industrie et dirigeants de médias, avait suivi le mouvement. Nous comptions même de nouveaux venus de chez Bouygues, qui érigeait alors la mosquée Hassan II de la ville, dont le minaret constitue toujours le plus haut point du monde musulman.

Il nous fallait maintenant trouver un adversaire. Adéquat lui aussi.

Le règlement stipulant qu'un titre vacant doit opposer deux boxeurs classés parmi les dix premiers mondiaux d'une fédération, nous avions épluché les palmarès des candidats putatifs. Le pedigree de Michael Greer correspondait au profil recherché : un solide vétéran de trente-quatre ans ayant quarante-sept combats au compteur, 50 % de victoires avant la limite mais déplorant également six défaites, dont cinq avant le terme, et trois matchs nuls. Oui, ce Greer allait faire la maille. Il fallait maintenant aller le chercher au fin fond de son Tennessee. Johnny Boss, l'agent new-yorkais avec lequel nous étions déjà en relation d'affaires, s'en chargerait. Un titre mondial à la clé, ça ne se refuse pas.

Un après-midi de février 1989, le téléphone de la maison retentit.

— Michel, c'est pour toi, me lança Marie-Jo. Un appel des États-Unis.

— OK. Allô…

— Michel, c'est Johnny. Bon, j'ai pu mettre la main sur Michael Greer.

— Parfait. Alors, il en dit quoi ?

— Euh, rien pour l'instant. Disons qu'il y a un petit problème…

— Quoi, il veut plus d'oseille ?

— Non, non. Euh… Il est incarcéré.

— Hein ? Il est en taule ? Depuis quand ? Bon, on s'en fout de ça… Il en a pour longtemps ?

— Je ne sais pas. Je ne pense pas. Un petit délit m'a-t-on dit, je n'ai pas eu plus de précision.

— Démerde-toi pour en savoir plus. Hé, il y a un titre mondial en jeu, merde ! On ne va pas torpiller une réunion comme ça. Tu connais du monde, non ?

— OK Michel, OK, je fais mon possible.

— Et tiens-moi au jus !

Michael Greer était finalement sorti de prison dix jours avant le combat sans que je sache si sa peine avait été purgée, gelée, ou écourtée. L'essentiel était que notre bonhomme ralliait Casablanca en temps, en heure, et plutôt en forme. Le gaillard n'avait visiblement pas fait que méditer sur son sort en cellule.

À quelques jours de l'événement, alors que nous bouclions les finitions de l'organisation, Fouad Filali s'était présenté à notre hôtel.

— Bonjour Michel, peux-tu m'accorder quelques instants ?

— Bien sûr, bien sûr.

— En privé.

— Oui, viens, suis-moi.

Une fois à l'écart, le gendre du roi m'exposait ses attentes.

— Voilà, on voudrait un K.-O. en huit rounds.

Je cherchais mes mots.

— Euh.. tu veux dire que Belbouli doit mettre K.-O. Greer ?

— Voilà, c'est ça. Mais en huit rounds. C'est bien pour la télévision. Pas trop court ni trop long.

— Oui, bien sûr, c'est bien pour elle.

— Très bien, très bien. On part là-dessus ?

— Euh, oui…

Et mon demandeur satisfait de prendre congé.

Pour tout dire, j'en étais resté comme deux ronds de flanc mais je m'imaginais mal contredire le gendre du roi. La réputation de la boxe à travers les films mêlant promoteurs véreux, mafia en costume rayé et boxeurs allongés sur commande, avait peut-être joué dans le naturel de la requête du tout frais directeur de la chaîne. La chose avait existé, c'est vrai, mais, croyez-le ou non, je n'avais pas le pouvoir de décider de l'issue d'un combat. Du moins pas au millimètre près.

Le 25 mars 1989 au soir, devant un public marocain en transe, l'enfant du Maghreb Taoufik Belbouli s'emparait de la ceinture mondiale IBF des lourds-légers. Par K.-O. au huitième round. Un pur crochet, un pur hasard aussi, qui m'évitait l'incident diplomatique. Devant les cris de joie qui dégringolaient des tribunes, une inspiration me traversait l'esprit. Je me jetais sur Belbouli, qui se tenait alors bras levés au milieu du ring.

— Fais le pas d'Ali, fais le pas d'Ali !

Et Belbouli d'exécuter le légendaire pas de danse de Muhammad Ali, précurseur du *Moonwalk* de Michael Jackson. La salle explosait.

La fête qui suivit avait été belle à Casa et je m'en trouvais libéré. L'aboutissement ne résidait pas seulement dans la victoire de Belbouli qui, pensait-on, lui dessinait un avenir mais, plus intimement, dans l'hommage que nous rendions à notre père disparu. Tu vois, papa, on s'en est occupé de ta trouvaille. Même qu'on l'a portée aux nues.

C'est dans cette liesse d'une soirée festive qu'un télégramme me tomba sous le nez. Il était adressé à Fouad Filali, qui s'était empressé de le faire tourner. Un de ses messagers me l'apportait.

— Tenez, monsieur Acariès.

— Pour moi ?

— Pour nous tous. C'est écrit en arabe. Voulez-vous que je vous le traduise ?

— S'il vous plaît, oui…

— Il est écrit « voilà comment un Arabe peut battre un Américain. »

— Ah oui… Et c'est signé de qui ?

— Mouammar Kadhafi.

Le colonel libyen n'avait pas versé dans le message subliminal.

*

Dans le sillage d'un événement abouti, l'accueil royal – forcément – nous avait incités à monter un camp d'entraînement sur place, au milieu de l'été. Une quinzaine de jours pour profiter de l'air marin, d'un cadre de vie vivifiant, et des installations mises à disposition au *Ryad Salam*, un centre de thalassothérapie et de remise en forme situé sur la corniche surplombant l'océan Atlantique. José Luis Ramírez et son entraîneur Rámon Félix y mettaient la dernière main avant de s'envoler pour les États-Unis, titre mondial à la clé, prévu en Virginie le 20 août. Une petite équipe resserrée autour de Louis et de Jean-Pierre Charvet – trois sparring-partners, dont Thierry Jacob et son manager Bernard Morsh – composait le dispositif.

Champion de France des poids coqs en 1987 et prétendant malheureux à deux opportunités mondiales précoces, Thierry Jacob représentait toutefois un avenir, une famille, une saga, tout autant qu'une ville, Calais. Son père, Jacques, avait été professionnel au début des années 1960 et si son palmarès affichait une balance négative, le boxeur n'avait jamais mis un genou à terre en neuf ans de carrière. Un dur au mal, franc du collier, droit dans ses poings, devenu livreur de journaux le matin et entraîneur de boxe le soir. La chaîne ADN était lancée. Derrière lui arrivaient ses quatre fils, Jacky, Thierry, Bruno et Hervé, puis ses petits-fils, Romain et Joffrey, pour former une dynastie de champions qui perpétue un gène héréditaire depuis près de soixante ans. À Calais, il y a le beffroi, les bourgeois, et les Jacob. Un clan, une foi, un chœur qui n'arrête pas de battre la mesure. Comment, dans ces conditions, envoyer balader son manager Bernard Morsh lorsqu'il était venu jusqu'à nous pour lancer la carrière internationale de Thierry ? Lui-même n'avait pas non plus ménagé sa peine, son temps, son argent. Transporteur routier parti avec un camion sur les routes du Nord pour constituer au final une flotte d'une trentaine de bahuts, il mettait spontanément la main à la poche pour monter les réunions calaisiennes ou boucher les trous de la trésorerie. Là encore, comment lui refuser un coup de main quand il sollicita Louis pour sauver sa société et ses emplois ?

Louis, José-Luis, Jean-Pierre, Rámon, Bernard… Tout ce petit monde partageait quelques jours en bord de mer à la pleine saison. L'après-midi du 4 août, tandis que les boxeurs se rendaient aux soins au centre de thalassothérapie, Bernard et Rámon partirent se baigner. Un courant salopard, des récifs à fleur d'eau, un océan scélérat. On avait retrouvé leurs corps le lendemain, ramenés par le ressac. Nous étions engloutis.

Dans l'avion privé que nous avions affrété pour éviter les démarches sanitaires et douanières jusqu'au Mexique, nous étions quatre prostrés autour du cercueil de Rámon. Louis ne décrochait pas un mot, Jean-Pierre Charvet semblait figé dans la stupeur, José Luis Ramírez se perdait en prières muettes. Moi, je m'évertuais à exhumer les bons moments passés avec un ami chaleureux, pétillant, attachant. Une douceur immanente se lisait sur son visage. Lorsqu'il débarquait à Paris, il insistait pour loger chez Louis, à Nogent-sur-Marne, afin de retrouver un climat familial plutôt que la froideur d'une chambre d'hôtel. Sur un ring, il n'avait pas son pareil. Lors des minutes de repos, quand la rage du combat observait un court répit, il faisait face à son protégé pendant quarante secondes, mutique, statique, puis lui chuchotait ses consignes tout de go. Rien de brusque, de trivial. L'homme qui murmurait à l'oreille de ses boxeurs. Rámon dispensait sa science consommée de la boxe avec intelligence, tact, psychologie. Ce qui ne l'empêchait pas d'être déroutant parfois : au sixième round du combat Ramírez-Alli de juillet 1987 à Saint-Tropez qu'il suivait du coin du ring, au plus fort de l'empoignade, il avait pris la poudre d'escampette pour filer vers le port. Une grosse envie de pisser. Rámon, tu nous as fait pleurer.

Quinze jours après la tragédie, José Luis Ramírez échouait dans sa reconquête d'un titre mondial face à l'Américain Pernell Whitaker à Norfolk, aux États-Unis. Orphelin, démuni, dévasté, il s'était largement incliné aux points.

Plus jamais il ne tiendrait dans ses mains une ceinture mondiale. Plus jamais nous ne remettrions les pieds à Casablanca.

XV

Le grand jeu

À vue de nez, et sans outrance, nous devions à l'époque couvrir 80 % du marché de la boxe en France, ce qui ne manquait pas d'attiser jalousie et ragots. Mais des 20 % restants surgissait un boxeur que personne n'avait vu venir. Le 11 février 1989, soit cinq semaines avant Taoufik Belbouli, un Français devenait champion du monde, trente ans après la défaite d'Alphonse Halimi à Los Angeles, à la trentième tentative d'un boxeur français depuis 1959. Un Français de chez français adoré des Français.

Sa seule fiche signalétique annonçait le profil patriote. Nom : Jacquot. Prénom : René. Lieu de naissance : Toul, en Meurthe-et-Moselle. Signes particuliers : moustache gauloise, gouaille assumée ; manquaient juste la baguette céréales, le béret basque et la Gitane maïs pour satisfaire la carte postale. Taille du palmarès : trois premières années marquées par dix victoires (trois avant la limite), huit défaites, un match nul. Pas de quoi tomber les bras en croix. Et puis un titre national des super-welters a récompensé sa ténacité en 1987, auquel s'est ajoutée une ceinture européenne obtenue un an plus tard, avant qu'il ne la défende victorieusement à trois reprises. On le disait besogneux mais valeureux, limité mais déterminé. La grâce des classements mondiaux, l'intervention divine de Jean-Claude Bouttier auprès de Bob Arum, et les moyens colossaux de l'entrepreneur Marc Braillon, patron d'une multinationale d'intérim (RMO) qui avait lancé son écurie de boxe, ont concrétisé le défi : amener l'Américain Don Curry à défendre son titre WBC des super-welters au Palais des Sports de Grenoble, fief du mécène. Dans la voiture qui nous descendait en Isère, Charles Biétry soupirait : « Pffff… faire mille deux cents bornes dans le week-end pour un round… ». Tous les observateurs partageaient cette prédiction : le combat n'allait pas faire des kilomètres.

Don Curry, surnommé le Cobra, était une terreur, à la fois virtuose et foudroyant, considéré comme le meilleur boxeur mondial toutes catégories confondues en 1985. Sauf que la dégringolade suivit l'ascension, que le prestige devint vestige : au cours des deux années suivantes, le Texan concédait deux défaites cinglantes par K.-O., de celles qui marquent un homme. Sauf que ce soir-là, à Grenoble, le venin était à sec, Jacquot était à bloc. Au bout de douze rounds, le Cobra avait trouvé son fakir.

Il fallait maintenant apprivoiser Jacquot. La prise s'était faite en douceur quand le challenger officiel fut désigné pour la première défense du titre. Il s'agissait de John Mugabi, dont le manager s'appelait Mickey Duff. Entre Mickey Duff et nous, ce n'était pas le grand amour, mais comme partout, quand les intérêts convergeaient, on se serait embrassé sur la bouche. Duff ne voulait pas entendre parler de Marc Braillon. Les grands combats de boxe devaient rester entre les mains des grands promoteurs, le business en famille, qu'importe si le cousin détestait le beau-frère qui maudissait le grand-oncle, qu'importe si on se glissait des peaux de bananes sous les pieds, si on s'engueulait, criait au vol, si on s'intimidait parfois. Pour l'occasion, on se serrait les coudes face aux intrus puis les pognes face caméra.

Duff amenait donc sur son présentoir l'Ougandais John Mugabi, surnommé *The Beast.* Et pour cause : de ses trente-cinq premiers combats, aucun n'avait été mené à son terme, que ce soit ses trente-trois succès enfoncés à la masse de ses phalanges ou les deux revers des poings de Marvin Hagler et Duane Thomas, d'autres requins marteaux. Mugabi le grizzli contre Jacquot le fiérot allait être programmé en région parisienne. Au moins Charles Biétry ne dépasserait-il pas les bornes.

Nous avions remporté les enchères, avec 500 000 francs garantis pour le champion du monde en titre. Et puisqu'il fallait innover, surtout pour un pareil événement, Louis était parvenu à nous rapprocher de l'homme d'affaires saoudien Gaith Pharaon – oui, Pharaon –, propriétaire d'un nouveau parc d'attractions qui avait ouvert ses portes au public en 1987. Situé à Courdimanche, tout proche de Cergy-Pontoise, Mirapolis avait misé sur la culture française, ses contes, ses romans, et les trente-cinq mètres de la statue de Gargantua, figée à l'entrée, témoignant de rêves de grandeur. Après quelques rendez-vous dans les salons de l'hôtel Crillon qui lui appartenait, Pharaon, accompagné du directeur du site à thèmes Marc Tombez, paraphait l'accord. On se promettait un feu d'artifice. Ce fut un déluge.

Le 8 juillet 1989, sur un ring détrempé par une pluie discontinue qui stoppa miraculeusement lors de la sortie des vestiaires de Jacquot, le coup de gong lançait le premier round. Et le dernier. Après deux minutes trente de chasse à l'homme, un Jacquot terrifié s'affala sur le ring, une cheville en vrac après une énième esquive. Le lendemain, le quotidien *Libération* avait titré finement sur la douleur : « Mugabi ne s'est pas foulé. »

La poisse de la soirée, pluvieuse, expéditive, s'était répandue autour des chevilles de Jacquot comme une infiltration d'eau. Une panne d'électricité générale avait gâché la suite de la réunion, prélude à une extinction des feux. Deux ans plus tard, Mirapolis éteignait pour de bon ses lumières et son géant gargantuesque fut déboulonné. L'attraction n'attirait plus.

René Jacquot avait toutefois eu le grand mérite de monter sur le ring face à King Kong, de prolonger un temps sa carrière, et d'accentuer l'essor de la boxe, un peu comme si le Tour de France trouvait un successeur à Bernard Hinault, ou Roland-Garros un enfant de Noah.

*

Qu'importe, notre entreprise tournait désormais à pleines turbines. L'esquif qui avait mis les voiles en 1986 avait donné un paquebot de croisière qui fendait la houle. Qui attirait la foule. Le ring, son puits de lumière violente, électrisaient les sens de cette assemblée païenne. Vu en surplomb, on pouvait la croire magnétisée par un large chaton carré, monté entre quatre cordes, attendant qu'on y enchâsse une chevalière. Aux abords immédiats, lors des grandes soirées, chaque pan du ring délimitait un territoire. Comme une maîtresse de maison qui compose son plan de table au gré des affects de ses convives, nous prenions soin à ne pas commettre d'impair. Par exemple, côté sud, les personnalités du show-biz et les people faisant face aux représentants des médias cantonnés au nord ; à l'ouest, un aréopage d'autorités politiques, élus et hauts fonctionnaires des corps d'État qui pouvaient apercevoir de l'autre côté du ring des personnages moins publics, plus interlopes. En somme, le parterre d'une grosse affiche de boxe concentrait un vivier de têtes connues – vedettes du petit et du grand écran, flics et voyous – qui passaient trois heures sous le même chapiteau, et dans le même code vestimentaire. L'habit ne fait pas le patrimoine.

Menu fretin et gros poissons frayaient dans les mêmes eaux. Francis le Belge étaient de ceux qui venaient rarement à nos réunions parisiennes. Plutôt taciturne, ténébreux, il arrivait incognito, s'installait sans un mot. Il n'y avait bien que les demi-sels qui jouaient les gros bonnets, rabrouaient les hôtesses, sortaient l'argenterie sur le plastron, roulaient des mécaniques, toisaient l'assistance. Pas Francis. C'était un copain des quartiers nord de Marseille, lui de la Belle de Mai, nous de La Rose. Dans les années 1960, nous nous croisions dans les mêmes bistrots, les mêmes stades de football, les mêmes boîtes parfois. Un garçon de nos âges, un enfant de la balle, puis de la bastos, à en devenir l'un des parrains du Milieu marseillais. Pas fréquentable après mais fréquenté avant, on ne pouvait pas le nier, le renier, même quand il est devenu un caïd. Aussi, quand une invitation lui était remise, on ménageait sa venue. Même qu'on s'arrangeait pour qu'il n'apparaisse pas dans le champ des caméras. Pour avoir passé une bonne partie de sa vie en cabane, il n'y avait bien que quelques fonctionnaires de police assis en face de lui qui pouvaient être perplexes.

Avec Jacky Le Mat, autre parrain historique de la Côte, c'était différent. Son âge d'abord, vingt ans de plus que moi. S'il se noyait dans la masse lui aussi, Jacky venait régulièrement aux réunions marseillaises, ou dans les environs, quand Louis boxait. Jacky le fou dans sa vie de fou, Jacky le pote avec ses potes. Pour une partie de belote, une virée en bateau quand il séjournait au Château d'If, c'est ainsi qu'on le connaissait. Pas emmerdeur pour un sou, jamais d'embrouille, de coups tordus, à Marseille, à Paris ou ailleurs. Je me souviens de cette journée rituelle de juillet à Peynier, sur la placette d'un village provençal :

nous avions mis sur pied un concours de boules en hommage à mon père, décédé en 1987, qui avait pris ses habitudes dans ce coin retiré, coquille de maisonnées abritée par des remparts médiévaux, à une petite demi-heure de notre domicile. Plus d'une centaine de participants, des amis d'enfance, y venaient chaque année pour constituer des doublettes et des triplettes entre les rangées de platanes. Jacky tenait à être des nôtres pour cette belle journée en B majeur : boules-buvette-barbecue.

Marseille, le sud, la côte, la mer avaient façonné notre mode de vie. Et la perspective imminente de mouiller dans les eaux de la Méditerranée allait convenir à nos tempéraments.

*

Un an avant la disparition de mon père, j'avais perdu mon autre boussole, Rodolfo Sabbatini. L'homme qui m'avait appris les ficelles du métier avait jeté l'éponge face à ce qu'on appelait pudiquement à l'époque « une longue maladie ». Fumer nuisait déjà à la santé et, dès lors, tirer clope sur clope sur ses Camel avait précipité sa fin. J'avais ressenti un vide immense lors de ses funérailles à Rome. Penché sur sa pierre tombale, je lui avais fait la promesse d'épauler Roberto, son fils, appelé à reprendre ses activités de promoteur. Parmi elles, Rodolfo fournissait depuis quinze ans les plateaux de boxe présentés à Monaco, que ce soit au stade Louis-II du quartier de Fontvieille ou au Sporting de Monte-Carlo.

Au gré de nos réunions montées sur la Côte d'Azur, de Saint-Tropez à Nice en passant par Cannes ou Juan-les Pins, nous avions sympathisé avec Francis Palmaro, le directeur général du casino de Monte-Carlo, mais aussi conseiller national – l'équivalent de député – de la Principauté. L'établissement de jeu appartenait au vaste parc économique (hôtellerie haut de gamme, night-clubs, casinos, restaurants, boutiques de luxe, édifices dédiés aux spectacles comme à l'opéra) géré par la Société des Bains de Mer, couramment appelée SBM. Autrement dit, la SBM constituait – et constitue toujours – le poumon économique de Monaco, et son premier employeur. Quand l'idée d'intégrer l'agenda des festivités princières se matérialisa, Louis et moi savions que nous mettions les pieds au paradis. L'enfer du jeu nous déroulait ses tapis ! Nous étions encore loin d'imaginer qu'on baignerait un mois par an dans les délices du purgatoire.

C'est en décembre 1990 que notre première réunion prit possession du Sporting, un complexe de spectacles situé sur la presqu'île de Larvotto, au nord-est de la Principauté. Notre bal des débutants foulait la somptueuse salle des Étoiles, dont la coupole au toit amovible abrite entre autres le Bal de la Rose, le gala de la Croix-Rouge et les dîners-concerts des plus grandes stars de la chanson. Bref, le gratin pour huit cents convives triés sur le volet. Entre un show de Stevie Wonder et un autre de Tina Turner, nous proposions un championnat du monde WBC des super-moyens, un label suffisamment clinquant pour nous permettre à lui seul de porter sur scène un Argentin méconnu – Dario Matteoni – et un Romain de l'écurie Sabbatini – Mauro Galvano – qui avait l'avantage de drainer le voisinage italien. Le succès de la réunion scellait notre pacte avec Francis Palmaro. La boxe y prendrait désormais ses quartiers d'été, intégrant chaque année le calendrier des événements du Sporting.

Pendant cinq ans, nous allions toucher les étoiles de la salle. Et même tutoyer la plupart d'entre elles.

Nous permettre d'avoir nos entrées dans les salles de jeu monégasques revenait à offrir une barrique de whisky à un Lord écossais. Qu'il était loin le restaurant de Noisy-le-Sec, quand on s'enfumait dans l'arrière-salle avec nos potes, à taper le carton… En période estivale, le casino situé sur les hauteurs de la ville était déplacé au Sporting qui organisait alors son Monte-Carlo Sporting Summer Festival. Quarante-cinq jours de programmation haut de gamme pendant lesquels les artistes se produisaient sur scène et que nous croisions à vau-l'eau dans les loges de la salle des Étoiles, les diners-party, les réceptions organisées sous les tentes blanches au pied de la grande bleue. On croisait Lionel Richie, Eric Clapton, Robbie Williams ; on papotait avec Shirley Bassey, Paul Anka, Paolo Conte, Bono… En fin de soirée, nous quittions les tapis rouges pour ceux des croupiers. Nous nagions avec nos démons, on crawlait dans le Styx, le fleuve des enfers, des nuits entières, évoluant de cercle en cercle, de table en table, du baccara au craps, du black jack au poker, de la tombée du jour à son lever. On jouait cash, banco, banzai ! Des heures à jouer, à rire, à s'étreindre, à flamber, à cramer pratiquement tout ce qui nous passait par les doigts. Nous étions des Gatsby au milieu du grisbi. Et quand les premières lueurs rosissaient le ciel, nous regagnions nos pénates dans le palace voisin.

Quelles années, quels étés, quel panard ! Nous vivions à l'hôtel, une suite à disposition, une autre pour les enfants, les miens comme ceux de Louis. Même qu'un mois d'août, nous avions eu pour voisine de palier Whitney Houston, dont les gardes du corps finirent par surveiller… nos quatre mômes. Dans nos smokings blancs, nous passions de soirées mondaines en soirées privatives, d'un jardin princier à siroter avec les étoiles à une terrasse à étancher la mer jusqu'en Ligurie. Et quand le gong nous ramenait au Sporting, la réunion s'achevait par un feu d'artifice qui tombait en pluie sur la Méditerranée.

Oui, nous y avons laissé de la gomme au casino, plus que les formules 1 du grand prix dans le virage de Sainte-Dévote. Mais quel pied.

*

Lugubre. La pièce dans laquelle on venait de nous introduire était large comme un hall de gare, une impression accentuée par la hauteur sous plafond. Un mobilier rare, sommaire, végétait dans une odeur humide. Tout au loin, vers les fenêtres sales d'où s'affalaient des voiles gris fumée, roupillait un bureau en bois massif qui attendait notre hôte. Avec Thierry, nous claquions des dents dans ce congélateur. Cette première prise de contact avec les autorités de la boxe russe promettait d'être fraîche.

C'est Thierry qui en avait eu l'idée, quelques semaines plus tôt. En cachottier.

— Michel, tu viens, on va voir des boxeurs.

— Des boxeurs ? Où ça ?

— À Moscou.

— Moscou ? Tu veux dire Moscou ?

Il disait Moscou.

Nous qui pensions en permanence Mexicains, Argentins, Amérique, voilà que Thierry nous suggérait de filer plein Est pour une version contemporaine de la campagne de Russie. Nous étions alors en janvier 1990. Nos organisations marquaient un peu le pas en termes de brassage de bons boxeurs et l'Union soviétique avait vécu. Le mur de Berlin, abattu deux mois plus tôt, ouvrait un marché dont on devinait seulement qu'il était immense. La boxe soviétique était non seulement l'une des écoles les plus renommées du monde amateur avec Cuba, mais elle recensait près de trois cent mille licenciés, pratiquement dix fois plus qu'en France. Un monde à explorer, à défricher, à exploiter. Thierry avait flairé l'opportunité, s'était informé, avait entamé des démarches téléphoniques pour convenir d'un rendez-vous avec les autorités compétentes. La Russie vivait sa Perestroïka et la fédération russe de boxe allait ouvrir ses portes à tous les vents d'Ouest. C'est comme ça que nous nous étions retrouvés à nous geler les miches dans ce blockhaus moscovite, au siège de la fédération de boxe, à la sortie de l'hiver.

Thierry était un garçon de nos âges qui avait travaillé avec nous dès la première heure. Et même celles d'avant. Il s'occupait de tout ce qui passait : la logistique, les contrats, les plannings, la billetterie – avec Jacques Ségalié, le père de Muriel – les réservations d'hôtels… Un touche-à-tout fiable, efficace, qui avait d'ailleurs imaginé et créé le logo de notre société AB Stars. Un homme de l'ombre, discret, calme en toutes circonstances. Le portrait craché de son père.

Pour la plupart des gens, Thierry avait pour nom Roque. En vrai, c'était le nom de son père adoptif. En vrai, il était le fils biologique de Louis Bertolini, le compagnon d'armes et d'engagement de mon père. Agent du SDECE[1], Louis Bertolini se trouvait au Maroc au début des années 1950, le temps de faire un enfant, avant de rallier l'Algérie, ses troubles, sa guerre, puis le commando Delta de l'OAS. Responsable de l'opération *Chamois* qui fomenta un attentat (déjoué) contre le général de Gaulle sur le perron de l'Élysée le 20 mai 1962, Louis Bertolini fut condamné à quinze ans d'emprisonnement, ramenés à six, qu'il effectua successivement au pénitencier de Saint-Martin de Ré, aux Baumettes, à Fresnes. Gracié par Georges Pompidou, le père rencontra pour la toute première fois son fils à Marseille, où nous

1. Service de documentation extérieure et de contre-espionnage, qui deviendra la Direction générale de la sécurité extérieure (DGSE) en 1982. (*N. d. A.*)

vivions alors. Thierry venait de fêter ses vingt ans. Notre famille devenait la leur.

*

Notre hall de gare s'animait enfin. La porte, haute comme deux étages d'immeuble, s'ouvrait derrière nous. Les pas d'un petit homme potelé s'approchaient. Il était accompagné d'un plus jeune, chargé probablement d'assurer la traduction. Présentation martiale, mots rares, regard fixe. Pas étonnant que Don King, assis quelques mois plus tôt à notre place dans ce bureau, n'avait pu signer l'affaire. Il avait dû baragouiner trois mots de russe en agitant un fanion CCCP avant de défourailler ses tirades de bateleur face à une trogne impassible mâchouillant du cyrillique dans une pièce insonorisée. King face au patron de la boxe russe, c'est Omar Sy voulant convaincre Vladimir Poutine de monter avec lui sur les planches du Jamel Comedy Club.

Même si le passage inéluctable au professionnalisme allait ouvrir des brèches béantes dans le dispositif du sport soviétique, notre interlocuteur souhaitait des garanties. Un promoteur américain de Reno avait déjà enrôlé cinq boxeurs soviétiques un mois plus tôt, mais tous s'étaient apparemment égaillés dans le désert du Nevada. Des garanties, nous en souhaitions également. Un champion amateur, fût-il d'Europe ou du monde, n'est qu'un lointain cousin d'un champion professionnel. Après une visite des installations sous un dôme excentré de la ville, puis un autre voyage à Saint-Pétersbourg accompli par Thierry et Louis pour jauger des promesses de boxeurs encore amateurs, nous avions conclu l'opération. En avril 1990, nos quatre premières recrues[1] montaient sur le

1. Alicher Akharov, Maga Chanavasov, Dimitri Epichin, Sergueï Kravchenko. (*N. d. A.*)

ring du Pavillon Baltard de Nogent-sur-Marne. Une expérience mitigée : une victoire, un nul, deux défaites. D'autres ressortissants russes suivirent le mouvement de troupe sur une dizaine d'années. Dans l'ensemble, ce n'était pas la Bérézina, l'un d'eux[1] devenant champion d'Europe à plusieurs reprises. Pas Austerlitz non plus. Question mise, la roulette – russe – n'était pas notre jeu préféré.

1. Andreï Pestriaev fut sacré champion d'Europe des welters en 1997 et 1999, mais laissa passer sa seule chance mondiale face à l'Américain James Page au POPB, en octobre 1998. (*N. d. A.*)

XVI

D'INSTINCT

La boxe ne nous est pas tombée dessus ; elle est sortie de notre dedans. Elle raconte notre terreau héréditaire qui se répand en sueur, en salive, en sang. Son magma tapisse nos parois, grouille dans l'incandescent, suinte par nos pores. Parfois, ses plaques tectoniques nous soulèvent, parfois bouillonnent en éruption dans nos emportements. La boxe, notre boxe, vient du plus profond, des batailles des entrailles, que notre condition de pieds-noirs expulsés à coups de pompes aux fesses n'a pas apaisées.

La boxe fascine ou répugne, interpelle les esprits ou les braque, c'est selon. Selon qu'on veuille regarder une vérité à nu ou qu'on en détourne les yeux. Son expression est primitive, dépouillée, animale, nous renvoie à nos violences organiques comme s'y confrontent l'accouchement, le trépas, l'amour aussi, qui est volupté et sexe, tendresse et foutre. Oui, la boxe, l'esquive du tronc ou l'uppercut au menton, c'est de l'amour à l'état brut.

Pour moi, pour Louis, tout était affaire de tripes, de cœur, de mental en fusion dès qu'il s'agissait d'encadrer une carrière professionnelle. Quel que fût le boxeur, le relationnel pesait bien plus que le palmarès. Que l'homme fût ouzbek, colombien ou bourguignon, que sa condition fût juive, musulmane ou catholique, nos décisions étaient dictées par une notion introuvable par des DRH ou des algorithmes : l'instinct.

Louis avait un nez pour ça. Un nez de parfumeur qui détecte le mariage heureux de fragrances quand rien ne le laisse deviner. De Julio César Chávez à Bruno Girard, du torero mexicain au Solognot de Romorantin, Louis sentait l'alchimie à venir, dynamite ou combustion lente. Ses certitudes étaient instantanées, ses impulsions déroutantes, parfois même effrayantes.

Je me souviens de cette soirée d'octobre 2007 à Buenos-Aires. J'avais amené mon fils Sébastien au stade de Luna Park pour qu'il renifle la boxe d'Amérique latine tandis que je devais me faire une idée d'un possible adversaire de Brahim Asloum en vue de lui organiser un championnat du monde. Nous étions reçus cordialement par Oswaldo Rivero, le promoteur argentin avec lequel nous étions régulièrement en affaires. Il nous avait placés au bord du ring, tandis que huit mille Argentins s'étaient massés dans la moiteur du stade couvert, planté au cœur de la mégapole. Sébastien découvrait la ferveur latino. Le ring devenait cage au-dessus d'une fosse aux lions quand Juan Carlos Reveco apparut dans la lumière. Surtout, ne pas se fier aux mensurations du petit homme (1,57 m pour 48 kg) mais plutôt à ses états de service. Invaincu en dix-sept combats, le jeune Argentin s'était déjà taillé une réputation de tueur en série dans sa catégorie des poids mi-mouche, dont il était le champion du monde WBA. Son débit mitraillette et les balles rasantes lancées de ses poings avaient troué la plupart des cibles mouvantes qui s'étaient présentées. Ce n'était pas un mi-mouche, mais une guêpe, un taon. Face à lui s'avançait un Mexicain, cartouchière en bandoulière. Cinq rounds plus tard, Reveco cochait une dix-huitième victime sur la crosse de ses gants.

C'est dans les secondes de liesse générale qui ont suivi que mon téléphone portable a vrombi dans ma poche de pantalon. C'était Louis.

— Michel ?

— Oui, Louis. C'est la folie ici, je t'entends à peine… Ça va ?

— … gne !

— Quoi ?

— Si… le… je… !

— Hein ? Je ne comprends rien ! Répète !

— Signe-le, …te dis !

— Signer qui ? Reveco ?

— … iii !

— Pour Brahim ?

— Oui !

— Mais tu es fou ! C'est un assassin ! Et il fait 48 kg, Brahim 52 ! Jamais il ne pourra descendre à ce poids !

— Fous-m… paix, je t… dis… signer !

Bip-bip-bip.

Je restais figé. Sébastien me questionnait d'abord du regard, mais voulait l'entendre.

— Il veut que tu signes ce Reveco pour Brahim ?

— Pfff… Il est fou ton oncle.

Certes, Louis avait dû capter une chaîne improbable pour m'appeler sitôt après le combat, cependant je n'en démordais pas. Mon frère était fou, l'image devait sauter, l'écran ne pouvait restituer la sauvagerie, l'exécution. Mais c'était mon frère.

Plus tard dans la soirée, j'ai retrouvé Oswald Rivero dans une salle de restaurant.

— Asloum à Paris ? D'accord Michel. Tu paies bien, on le fait.

Pendant deux mois, Brahim a mangé du chou au matin, du chou au midi, du chou au soir tandis que Louis modifiait sa garde. Le 8 décembre 2007 au Cannet, Brahim devenait champion du monde.

*

Louis avait connu la lumière et voilà qu'il préférait l'ombre, celles que ses yeux supportaient. Entraîneur de boxe, il n'y avait jamais songé à l'heure de raccrocher les gants. Il s'imaginait plutôt driver un trotteur, préparer une monte, courir les hippodromes ou les rivages, cavaler plein vent, écouter le roulement des sabots et le souffle des naseaux, avec l'ombre du père tapie dans les foulées. La boxe, c'était sa vie d'avant, une belle carrière de champion, une exposition permanente, des doubles pages dans *Paris Match*, des flashs déclenchés de tout angle, du visible en tout lieu, lui qui ne voyait guère. Sept dixièmes à un œil, trois dixièmes à l'autre, sans compter l'autre côté obscur, cette hypoglycémie latente, incurable, qui avait ruiné sa fougue tant il devait s'économiser sur douze rounds. Louis avait dû se faire violence pour la dompter, devenir stratège, cérébral, peut-être même trop. Il s'en était caché, se cache toujours derrière ses lunettes teintées ; pas seulement du soleil méditerranéen, lui qui vit désormais à Cannes, mais pour se protéger, se camoufler. Encore une histoire de monture à ménager.

On ne se débarrasse pourtant pas comme ça de l'atavisme. Son rôle de consultant pour La Cinq lui avait remis le cœur à l'ouvrage, puis le nez à la fenêtre, et enfin les mains dans le cambouis. Plus d'un an après la fin de sa carrière, en 1985, il passait de temps à autre à la salle de la porte de la Plaine, devisait avec les entraîneurs du moment, s'adossait un temps à un mur pour suivre une leçon. Son flair débusquait des boxeurs comme un chineur des raretés, une fois lustrées. Sans avoir l'air d'y toucher, sans s'octroyer de prérogatives, il s'était rapproché de l'un d'eux, Tex Nkalankete. Un

Français d'origine congolaise, humble parmi les humbles, arrivé sans le sou de Léopoldville[1], qui partait à l'aube faire son footing le long du périphérique parisien avant de prendre son bleu de travail pour assurer l'entretien du complexe sportif. Tex deviendra champion d'Europe des super-légers en 1987, titre qu'il défendra à trois reprises.

L'instinct guidait Louis, l'affect le galvanisait. Le rapport à l'autre était une question de fluide, d'ondes, de feeling dénué d'arrière-pensée, de ces choses qu'on n'apprend pas. Du haut de ses six ans, rappelez-vous, Louis avait pris un petit Arabe sous son aile, avec lequel il partageait ses goûters, ses jeux, ses devoirs. Plus tard, à Paris, au pied d'un car le ramenant de colonie de vacances, il ne voulait plus se séparer d'un enfant noir de l'Assistance publique. Bien plus tard encore, à New York, quand il s'entraînait au Times Square Gym, il était tombé sur un tout jeune Français, collectionneur d'affiches de boxe. Trois jours après, il l'embarquait avec lui à Las Vegas. Allez hop, un gamin sous le bras, direction le Nevada, et personne cette fois pour l'en dissuader ! Le garçon poursuivra sa route jusqu'à la rubrique boxe de *L'Équipe*. Coup de tête, coup de cœur, c'était tout Louis.

*

Comme les feuilles d'un calendrier qui défilent en accéléré, nos organisations se sont enchaînées au rythme d'un cheval au galop. Notre réseau était installé, les connexions établies, les partenaires satisfaits. Il s'agissait maintenant de durer, d'entretenir la machine, de tenir nos engagements. Nous posions nos valises dans les villes, dans les îles, en banlieue, en tout lieu. Ce pouvait être un soir de semaine au

1. Nom de Kinshasa, la capitale de la République démocratique du Congo, jusqu'en 1966. (*N. d. A.*)

gymnase d'Élancourt (Yvelines), cinq jours plus tard au casino Atlantis de l'île antillaise de Saint-Martin, avant d'embarquer le surlendemain pour un dôme high-tech en plein Tokyo, puis filer droit dans un bouge argentin à Salta, au pied de la cordillère des Andes, pour finir le mois au Palais des Sports de Paris Bercy, qu'on a dû remplir une vingtaine de fois. Mais quels que soient les parcours en zigzags ou les itinéraires tordus, les trajectoires de nos boxeurs étaient la résultante d'un choix de cœur avant de penser business. Louis tenait en premier lieu à sonder leurs âmes et leur rage intérieure bien avant leur force de frappe. Seul un psychologue du ring, torturé par ses propres démons, peut découvrir chez l'autre ce qui est enfoui. L'affect dominait les décisions de Louis avant de s'impliquer, voire de s'investir à temps plein, jusqu'à ce que son entêtement lui donne raison.

Il en fut ainsi pour les tout premiers boxeurs français sacrés champions du monde au début des années 1990 ; pour les cordées suivantes qui ont planté à leur tour un drapeau sur le toit de leur monde[1]. On dit le promoteur de boxe véreux, magouilleur, bandit ? Mais demandez-leur !

---

1. Dix-sept boxeurs français ont obtenu (ou défendu) un titre mondial sous la férule de Louis et Michel Acariès. Chronologiquement : René Jacquot (super-welter WBC, 1989), Taoufik Belbouli (lourd-léger WBA, 1989), Fabrice Bénichou (super-coq IBF, 1989-1990), Gilbert Delé (super-welters WBA, 1991), Thierry Jacob (super-coq WBC, 1992), Anaclet Wamba (lourd-léger WBC, 1991-1994), Jean-Baptiste Mendy (léger WBC, 1996-1997 puis léger WBA, 1998-1999), Laurent Boudouani (super-welter WBA, 1996-1999), Khalid Rahilou (super-léger WBA, 1997-1998), Julien Lorcy (léger WBA, 1999 et 2001), Bruno Girard (super-moyen WBA, 1999-2000 et mi-lourd WBA, 2001-2003), Jean-Marc Mormeck (lourd-léger WBA, 2002-2005, WBA-WBC, 2005-2007), Salim Medjkoune (super-coq WBA, 2002-2003), Medhi Sahnoune (mi-lourd WBA, 2003), Mahyar Monshipour (super-coq WBA, 2003-2006), Fabrice Tiozzo (mi-lourd WBA, 2004-2006), Brahim Asloum (mi-mouche WBA, 2007). (*N. d. A.*)

Demandez à Bruno Girard, à Mamadou Thiam, à Thierry Jacob, à Laurent Boudouani, à Khalid Rahilou, à qui vous voulez. Des mésententes parfois, quelques accrochages, bien sûr, qui n'en compte pas dans son environnement professionnel ? Il n'y a bien qu'un seul d'entre eux avec lequel le courant n'est pas passé. Un seul en vingt-cinq ans ; un seul dans la grosse centaine de carrières, de titres européens et mondiaux que nous avons menés. Un seul que nous ne voulons plus voir ni entendre. Le seul en fait avec lequel notre démarche était forcée, relevait du pur business pour trouver un successeur à Fabrice Tiozzo dans la catégorie des lourds-légers. Un seul qui a déchiré le pacte de confiance. Jean-Marc Mormeck pour le nommer.

Pour les autres, tous les autres, combien de prises de risque, de charges émotionnelles, de paris fous, car bien peu pouvaient raisonnablement prétendre à un titre mondial ? En dépit de leurs frasques, de leurs sautes d'humeur, de leurs incartades de trublions – en somme, de ce qui nous a fait Louis et moi –, comment rester insensible devant l'inclassable Fabrice Bénichou quand son père vous conjure de l'aider ? Comment ne pas donner une chance à Thierry Jacob quand on sait ce que sa famille tout entière sacrifie ? Comment ignorer l'empathie que dégagent les frères Julien et Pierre Lorcy, et leur insupportable père ? Comment trahir le père François, curé à Levallois-Perret, quand il vous parle de son frère, Anaclet Wamba, en ponctuant sa dernière phrase d'un : « je vous le confie » ? Alors, du pied passé à l'étrier avec Tex Nkalankete, Louis a peu à peu enfourché son cheval de bataille selon les disponibilités, les affinités.

C'est vrai, Louis avait un faible pour certains. Pas forcément le plus impressionnant, la plus belle gueule, le plus showman. Pour eux, qui ne représentaient pas grand-chose au départ, Louis a inversé les courbes, renversé les tables, traversé les mers. Pour eux, il faisait comme pour lui. Mamadou Thiam était de ceux-là.

C'est Jean-Pierre di Stefano, un ancien professionnel, qui l'avait récupéré au début des années 1990 dans sa salle de boxe de Salon-de-Provence.

— Louis, tu me crois, hein ? Michel, tu me fais confiance ? Vous me connaissez tous les deux depuis des lustres. Vous ai-je planté une fois ? Mamadou, c'est du solide, il frappe comme une mule des deux mains. Disons qu'il faut juste le guider un peu… Faites-le venir à Paris, faites-vous une idée. Vous, vous saurez y faire. Et vous ne serez pas déçus.

Thiam était arrivé avec un sac de sport sur le dos, les yeux plantés au sol et le « b'jour » timide. Louis l'a alors regardé se mettre en garde, se déplacer, frapper au sac, comme l'avait fait Jean Molina trente ans plus tôt avec lui à Marseille. Mamadou transpirait, Louis ne mouftait pas. Puis ils se sont enfermés dans le bureau. Je les observais par la vitre. Lorsque j'ai vu la main de Louis relever le menton de Mamadou, j'avais compris.

Louis lâchait les chevaux.

Il ne driverait certes pas un trotteur mais la carrière d'un enfant sénégalais qui peinait à parler, à écrire, dont le début de vie cahoteux l'avait amené à quelques séjours à l'ombre. Mamadou Thiam était têtu, profondément gentil. Louis modelait, façonnait ; Mamadou écoutait, grandissait ; Louis transpirait, inspirait. Mamadou Thiam est devenu champion de France des super-welters. Puis champion d'Europe en 1998, titre qu'il a conservé pendant quatre ans et cinq défenses. Alors, forcément, son heure approchait, un titre mondial se profilait. Louis et Mamadou ont passé deux mois dans un camp d'entraînement sur l'île de Saint-Martin. Deux mois seul à seul, face à face, tête contre tête. C'est à

Miami, en juillet 2000, que la belle histoire a trouvé son épilogue. Sauf que c'est une histoire de boxe.

Il s'appelait Trinidad. Un sniper des rings. Félix Trinidad avait lui aussi son histoire à écrire des deux mains. Le puncheur portoricain venait de battre Oscar De La Hoya, était invaincu après trente-sept combats, le restera jusqu'au quarantième. Mamadou est tombé au troisième round, puis il est remonté sur un ring, a même reconquis le titre européen. Mais le ressort était cassé. Son entêtement l'a remplacé. Au cours de ses huit dernières années de carrière qui l'ont emmené à quarante ans, Mamadou s'est peu à peu perdu dans le brouillard de l'obstination, dans d'autres combats sans fin, des errements sans but, des allers au tapis sans retour possible, dans des réunions au loin pour des bourses plates, en Pologne, au Monténégro, en Bosnie, par-delà les frontières du raisonnable. Jamais assez de combats de trop.

Que représentait donc le râblé Mamadou Thiam aux yeux de Louis ? Qu'est-ce qui pouvait réunir un Sénégalais introverti et le pied-noir marseillais Louis Acariès ? Que lui inspirait l'échalas Bruno Girard ? Que pouvait-il trouver de génial chez ce bon samaritain de Romorantin ? Celui-là, quand il frappait à la porte, personne ne l'entendait. Une carrière jusque-là aussi longiligne que lui, sans accroc ni relief. Ni puncheur ni styliste, mais un cœur de spartiate, une confiance aveugle, une intelligence adaptée à ses moyens. Louis savait que Bruno Girard pourrait. Il y a mis 100 % de son temps, Bruno 100 % de son énergie. En l'espace de trois ans, de 2000 à 2003, Bruno Girard a disputé huit championnats du monde, en a remporté cinq dans deux catégories de poids distinctes. Lorsqu'il a mis les voiles, il est devenu éducateur sportif à Pruniers-en-Sologne, dans son Loir-et-Cher, où il fait grandir à son tour des enfants des écoles primaires et de centres aérés. Les liens sont allés au-delà d'un ring. Louis a offert un cheval à sa petite fille Océane.

La quête de mon frère ne se résumait pas à un sentiment de fierté nationale, d'orgueil cocardier. Louis s'était attaché aux pas du Kirghize Orzubek Nazarov, à ceux de l'Américain Ronald Wright, de l'Argentin Juan Martin Coggi, qu'importe le poids, la couleur, l'étendard.

C'était en avril 1992 sur l'île d'Ischia, à quelques encablures de Naples. Roberto Sabbatini nous avait invités à l'une de ses réunions, histoire de partager une bonne table après le menu pugilistique de la soirée. Le combat principal étant passé, je me tournai vers Louis.

— Bon, il est 23 heures, on va grailler ?

— Attends encore un peu.

— Attendre quoi ? J'ai la dalle, moi.

— Il reste deux combats de six rounds. Je voudrais voir un petit jeune.

— Pfff…

Une demi-heure plus tard, un jeune Ghanéen descendait du ring après avoir écrabouillé son adversaire.

— Tu as vu ça, Michel ? Tu as vu ? Celui-là, il faut le faire signer tout de suite !

— Bon, d'accord, il a été expéditif mais de là à…

— Faut le signer ! C'est son onzième combat, c'est un crack, un vrai !

Je retrouvais le boxeur dans son vestiaire, mais pas seulement. Une horde de compatriotes l'accompagnait, et l'un d'eux m'apostrophait.

— Vous êtes Michel Acariès, c'est ça ?

— Oui, je…

— Salopard ! Ça fait un an qu'on t'appelle et que tu ne réponds pas !

— Quoi ? Qu'est-ce que c'est que cette…

— On t'a téléphoné tous les jours, tous les jours !

Je réalisai alors. Et engageai le même ton.

— Tous les jours ? Tu veux dire toutes les nuits ! C'était donc toi qui m'emmerdais la nuit quand j'essayais de dormir ? Et tu crois que j'allais répondre à quelqu'un qui ruinait mon sommeil ? Tu ne laissais même pas de message !

Le bonhomme réalisait à son tour. En un tour de main, l'invective se retournait en sourire. À l'africaine.

— Bon, enfin, tu es là, c'est le principal. Viens que je te présente Ike Quartey. On l'appelle Bazooka.

Ike était adorable, Quartey déterminé, Bazooka explosif. Il avait commencé sa carrière dans une salle de cinéma à Accra en 1988. Il la finira dans le St Pete Forum de Tampa, en Floride, en 2006, après avoir traversé la France d'un bout à l'autre, de Berck à Castelnau-le-Lez, puis les États-Unis de part en part, d'Atlantic City à Las Vegas, du Madison Square Garden de New York au Forum de Memphis, toujours armé de son bazooka. Champion WBA des welters de 1994 à 1997, Quartey avait été déclaré battu sur décision – plus que contestable, deux juges contre un et deux knockdown à un – par la mégastar Oscar De La Hoya, en 1999, à Las Vegas. Voilà ce qu'avait senti Louis en retardant l'heure des pâtes aux fruits de mer un soir d'avril 1992, dans la baie de Naples.

*

Je m'affichais en promoteur-organisateur-négociateur, quand Louis était l'architecte. Mais aussi plombier, couvreur, électricien, carreleur, tous ces corps de métier qui font d'un gourbi une demeure, d'un chantier une forteresse. Pour entrer dans l'équipe des bâtisseurs, pas besoin de CV, de pedigree, de lignée. Tenez, c'est en soignant une sévère entorse de Julio César Chávez, en août 1986, à quinze jours de son championnat du monde contre l'Américain Rocky Lockridge à Monaco, que Louis rencontra Salvador

Gimenez. Personne ne connaissait Salvador, tout le monde l'appelait Chico. Il était alors un adolescent cannois, de parents espagnols, qui tournait dans l'univers de la boxe, de la fête, de la plage. Débrouillard, disponible, prêt à rendre service avec sa bouille joviale, sa connaissance du terrain varois et, surtout, sa maîtrise courante de l'espagnol. Ce garçon, Louis l'avait eu d'emblée à la bonne. Alors, Chico est arrivé parmi nous pour s'occuper de toutes les urgences, les bobos, les services, les commissions, en plus d'assurer les traductions avec Chávez ici, Ramírez plus tard, et la cohorte de boxeurs sud-américains qui venait donner le change dans nos réunions. Ses activités échappaient à toute grille, tout échelon, tout barème. Elles étaient rémunérées et déclarées au ressenti, les points d'indice étant la confiance, la discrétion, la démerde. Chico, c'était notre aide de camp, notre garçon de courses, notre petit frère. Il est aujourd'hui agent dans le football en Argentine.

Ainsi fonctionnait notre petite entreprise. Familiale dans un premier temps, bientôt assise sur un organigramme de trajectoires dissemblables, jeunes espiègles ou vieille garde, juifs ou cathos, de sensibilités diverses, qu'importe, pourvu que les pièces dépareillées composent un puzzle complet, harmonieux, efficace. Une collaboration de quinze ans pouvait naître d'une circonstance fortuite comme d'un lien profondément ancré.

André Delatour était de cette souche qui nous reliait à notre mémoire. Cet ancien officier chasseur alpin avait été tout aussi proche de mon père que de Louis Bertolini, à l'heure de son service militaire en Algérie. Devenu membre de l'Association pour la défense des intérêts moraux et matériels des anciens détenus de l'Algérie française (Adimad) que présidait Bertolini, il avait été de la petite équipe qui avait organisé les Fêtes méditerranéennes au parc Borély à Marseille, en 1967, en vue de porter secours aux pieds-noirs nécessiteux. Michèle Torr et Tino Rossi s'étaient joints à la manifestation. Des pluies diluviennes aussi. Le bide financier fut tel que l'association croula sous les créances. Pour éponger l'inondation et les dettes, un commando d'anciens gradés n'avait pas trouvé mieux que de commettre un braquage. Puis deux. Puis douze. Au treizième, la police, un brin agacée, les attendait. Ballon pour tout le monde.

À sa sortie, André Delatour s'était rangé en se posant à Mont-de-Marsan, son fief natal. D'où ce combat que nous avions monté dans les Landes pour leur rendre service, à lui et à son ami poissonnier Roger Santos qui s'occupait de la salle de boxe locale. Louis y était devenu champion de France des super-welters en juillet 1980 dans le cadre des traditionnelles Fêtes de la Madeleine, ce qui changeait un peu des Fêtes méditerranéennes. Par la suite, comme c'était tout de même un beau bébé avec un faux air de Robert Mitchum pas commode, André était tout désigné pour s'occuper de la sécurité lors de nos réunions, sur le ring notamment. Pour faire la police en somme.

Notre attelage composite s'agrégeait de rencontres inopinées, sans calcul, comme une amitié désintéressée. Cristina nous était venue par le monde de la nuit, de la noce et de ses fiestas. Son CV aurait fait décamper n'importe quel chasseur de têtes. Ex-femme de Francis le Niçois, un julot qui disposait de filles à Paris, de machines à sous à Marseille et de bistrots louches un peu partout, Cristina avait tenu un bar de nuit au pied de Montmartre – pas nécessairement de ceux où on consomme au zinc –, quand Pigalle était Pigalle. Elle avait ensuite repris une autre affaire de même facture dans la plus chic rue de Ponthieu, dans le pourtour des Champs-Elysées, au début des années 1980. Nous venions régulièrement dans le quartier finir une soirée – ou la commencer – aux *Planches*, une boîte de nuit branchée de la rue du Colisée. C'est dans ce petit périmètre de nyctalopes agités qu'on avait spontanément sympathisé. Au cours d'une de ces nuits de fêtards, Cristina nous avait présenté celui qu'elle appelait son « frère », Sami Kebchi. Sami incarnait l'image du playboy de la nuit parisienne : un grand beau gosse volubile à la peau mate et aux cheveux mi-longs de jais, musculature saillante, sourire carnassier, charmeur impénitent, il avait le don d'enchanter une soirée et de séduire les belles de nuit. Son emprise séductrice se lisait aussi dans sa générosité, sa douceur. Il savait tout autant captiver les yeux d'un enfant rieur que des gros bonnets de la finance. Sami pratiquait la boxe thaïlandaise – il deviendra d'ailleurs champion du monde en 1990 – et rayonnait dans le quartier des Champs-Elysées. Nous l'avions connu quand il était en charge de la sécurité aux *Planches*, puis quand il mit quelques billes dans *La Place,* une discothèque de la rue de Ponthieu, avant de jeter le grappin sur *La Péniche*, qui était amarrée face à la Tour Eiffel. Dans la spirale de notre répertoire, nous l'avions à notre tour présenté à Charles Biétry qui contribua à en faire un organisateur de réunions de boxe Thaï pendant vingt ans. Tout rigolait, s'emballait, s'enchaînait. Cristina a très vite été de toutes nos bringues, de nos réunions, et même de nos déplacements, au point de devenir un temps la compagne d'un de nos boxeurs, le Mexicain Genaro Léon, et du même coup la mascotte clinquante de notre contingent de latinos. Pendant de Sami, elle avait l'art de mettre l'étincelle dans les yeux des hommes, le feu sur une piste de danse, l'embrasement dans une piscine quand elle s'y répandait, flotteurs à l'air. Élancée, callipyge, la chevelure blonde incendiaire posée sur un maquillage soutenu, la diablesse enserrée dans des tenues affriolantes était devenue une copine à l'égal de nos copains. Elle pouvait tout aussi bien amener un brin de folie au bord d'un ring à chahuter l'arbitre qu'embarquer Sami et nos quatre enfants dans sa décapotable pour s'enfiler quatre séances de cinéma. Et quand il était question de ménager un dirigeant, un arbitre, ou un élu récalcitrant, un passage dans sa gargote à filles de la rue de Ponthieu dénouait les cravates des plus scrupuleux.

Tel était notre petit monde, fait de bric-à-brac et de tout à trac, de portes ouvertes à toutes heures, de fenêtres sur cour de garages comme sur jardins Renaissance, et même de soupiraux et de lucarnes d'où filtraient toutes sortes de lumières qui ont éclairé nos jours et nos nuits pendant plus de vingt ans.

XVII

Gagner le respect

Carpentras, le samedi 1er octobre 1994. La soirée s'annonce belle. Deux mille personnes sont venues remplir l'Aréna de Cosets. Le plateau est de qualité, dominé par l'apparition de notre nouvelle terreur, le Ghanéen Ike Quartey, qui va défendre pour la première fois son titre mondial WBA des welters face à un coriace argentin. Cinq combats d'encadrement sont programmés, dont celui de Khalid Rahilou, notre champion d'Europe des super-légers, qui monte irrésistiblement dans les classements mondiaux. Une victoire de plus et Khalid devrait intégrer le top 10 de la WBA, dernière porte à franchir avant d'envisager un championnat du monde.

Je suis assis au premier rang, comme toujours. À ma droite se trouve Gilberto Mendoza. Mon ami Gilberto. Voilà plus de dix ans qu'on se côtoie et nous avons appris à nous connaître. Gilberto est le président de la World Boxing Association [1], la fédération internationale la plus puissante, et vit sur les hauteurs de Caracas, la capitale du Venezuela, depuis qu'il a quitté pour ses études l'industrieuse ville de

1. Gilberto Mendoza dirigera la WBA de 1982 à 2015. Il est décédé en 2016. (*N. d. A.*)

Barquisimeto. Boxe-Caracas-fédération internationale : le raccourci pourrait visualiser un gros bras moustachu à bagouzes et pas commode. Il est vrai que l'homme dénote. Dans un monde tapageur traversé par les rapports de force, Gilberto tranche par sa personnalité affable, lettrée, au phrasé doux, au geste économe, avec un don abouti pour la conciliation et la modération. Par-delà ses occupations courantes, Gilberto voue une passion dévorante à l'histoire de France. Son intérêt se porte plus particulièrement sur l'épopée des rois de France, le cardinal-ministre Mazarin dont il loue la finesse politique, le rôle de conseiller de l'ombre de la Papauté puis de Louis XIV, s'attardant moins sur l'enrichissement personnel du roturier italien. Lors de son séjour en France, Gilberto a accepté mon invitation pour profiter de quelques jours dans le Vaucluse, visiter la Cité des Papes d'Avignon où Mazarin a séjourné, se balader sous les remparts à remonter les ruelles et le temps, finir une soirée entre vins fins et table d'hôtes, avant de conclure la virée à Carpentras pour se rendre compte du potentiel d'Ike Quartey.

Nous voilà côte à côte au pied du ring alors que Khalid Rahilou enjambe les cordes du ring sous les acclamations. Dans six semaines, notre boxeur ira défendre son titre européen au Danemark face au dénommé Jacobsen, et il a besoin d'un combat sans enjeu, d'une dernière mise en jambe. Face à lui, un certain Mario Morales, venu de Baja California, péninsule façonnée comme une stalactite, longue de mille kilomètres, qui tombe dans le Pacifique en partant de Tijuana. Et le fait est que le boxeur mexicain s'y connaît en plongée : il reste sur sept défaites de rang, dont quatre par K.-O. Autant dire que Rahilou peut être confiant. Et moi aussi. Lisez bien entre les lignes ce qui suit…

Le début du combat est prévisible. Le pauvre Morales ne fait que reculer, dépassé par la vitesse du Français qui ajuste ses directs avec précision. Gilberto allume un cigare, je salue à droite et à gauche des gens du regard quand des clameurs s'échappent. Bing ! Rahilou à terre ! Je n'ai rien vu. Rahilou se relève, secoue la tête, repart à l'assaut. Ouf, juste un incident de parcours. Je peste pourtant intérieurement : ça fait quand même mauvais genre ce knock-down, sous les yeux du patron de la WBA. Je me décontracte, calme ma respiration. Boum ! Rahilou à nouveau à terre ! Cette fois, j'ai vu. Rahilou a ramené sa gauche bien trop en bas après avoir décoché un direct et Morales lui a asséné en retour un crochet à la joue. Rahilou peine à recouvrer ses esprits, remonte doucement sur ses jambes, l'arbitre le questionne du bout des lèvres. Je suis pétrifié. Rahilou est en train de perdre un combat impossible à perdre.

— Morales, il est K.-O. Tranquille.

C'est la voix de Gilberto qui me chuchote ces mots à l'oreille. Dans l'instant, je reste figé. Ai-je bien compris ? Il a bien dit Morales et non Rahilou ? Je fais le mort.

Le combat reprend. Rahilou refait surface, domine enfin son vis-à-vis quand survient la huitième et dernière reprise. Badaboum ! Rahilou à terre ! Pour la troisième fois ! Je suis statufié. Je suis énervé. Je suis en colère. Merde, pas ça, pas contre ce chicano ! Khalid est en train de nous saborder l'organisation de son championnat du monde !

— Il est K.-O., Morales. Tranquille, Michel, tranquille.

Cette fois, j'ai bien entendu. Sans bouger la tête, Gilberto a posé sa main sur mon genou, comme pour me réconforter. Non seulement j'ai entendu, mais j'ai compris. Cinq minutes plus tard, Rahilou sera déclaré vainqueur aux points sous les huées.

*

La loi, c'est mieux quand on l'écrit. La séquence qui vient de précéder, ce qui va suivre, ne trahit aucun comportement inhabituel mais reflète une réalité. Le sport, c'est de l'émotion, c'est vrai ; c'est aussi du business. L'un est tributaire de l'autre et réciproquement. Que des esprits pudibonds s'en offusquent, c'est leur droit. Mais leur vision de l'univers du sport est obsolète, d'un autre siècle, d'un autre âge, à supposer qu'il ait existé comme ils l'évoquent. Le football et ses scandales à répétition, le Comité international olympique et ses dérives en continu, le rugby et ses frasques… Toutes les disciplines qui génèrent d'importantes transactions financières versent plus ou moins dans des pratiques olé-olé, ou douteuses, ou déviantes. Pas plus la boxe que les autres. Pas plus le sport que les sphères économiques ou politiques. Aussi, quand on est promoteur, l'essentiel est de promouvoir. C'est la loi du milieu, du système, de l'argent. Je me suis retrouvé du bon côté de la loi. Et comme l'écrivit Montesquieu, la liberté est le droit de faire tout ce que les lois permettent.

En boxe, les règles ne s'accompagnent pas systématiquement de textes. Je les ai apprises en observant ceux qui les ordonnaient. Rodolfo Sabbatini m'avait inculqué les ficelles du métier et permis d'accéder au dôme qui abrite les plus grands organisateurs de la planète. Don King, Bob Arum, la famille Duva, Barry Hearn, Mickey Duff… Dès que j'ai eu la possibilité de m'asseoir à leur table, les règles du jeu étaient simples : c'était les leurs. Le tout premier combat, celui qui décidait des affrontements sur un ring, se tenait dans ce cénacle. Il fallait dès lors rivaliser à armes égales.

Au milieu des années 1980, notre première occupation fut de crédibiliser la valeur de la boxe française aux yeux des décideurs internationaux. Ils en étaient restés à Marcel Cerdan. À peine avaient-ils gardé souvenir de la carrière de Jean-Claude Bouttier, ou alors avec ce brin de nostalgie – « ah, Monzón ! » – qui ruinait le présent. Nous disposions de combattants valeureux, de stylistes, de puncheurs parfois, mais pas de champions. De ceux qui captent, magnétisent, subjuguent, s'imposent en frappant les esprits. D'où notre stratégie initiale de recruter large, de présenter notamment des Sud-Américains aguerris, reconnus, aptes à susciter des retransmissions télévisées, le nerf de la guerre pour qui recherche notoriété, présence sur le marché, rentrées financières. Cinq ans après nos premières armes, en 1990, trois Français devenaient champions du monde en l'espace de six semaines[1]. C'était un leurre. Pour qui connaît la boxe, peu, très peu de boxeurs français pouvaient se prévaloir du niveau mondial. Il était alors nécessaire de les monnayer.

À mon époque – et je ne peux évoquer que celle-là tant elle me paraît révolue aujourd'hui –, les qualités requises pour faire son trou tenaient en quelques mots. Plan A : le bagou, la débrouille, l'intuition, la présence d'esprit ; plan B : la diplomatie par l'argent, sinon, le passage en force. Il faut rappeler que la boxe professionnelle est gérée par des entreprises privées, les fédérations internationales. Pour la version officielle, elles disposent de classements mondiaux conditionnés aux résultats des boxeurs, et du sort de chacun. La vérité est plus nuancée.

Chaque année, toute fédération internationale organise sa Convention dans un site dépaysant. L'occasion de rassembler toutes ses composantes, de nommer ses boxeurs et combats de l'année, d'adresser ses remerciements, de faciliter des retrouvailles, de dresser de somptueux buffets, et de laisser des affaires s'initier ou se conclure dans les couloirs. Pour un promoteur, l'une des meilleures manières de se manifester auprès de l'organisme mondial est de participer financièrement aux réjouissances. Mais l'air de rien, c'est important. Glisser une page de pub dans le programme,

1. René Jacquot (11 février), Fabrice Bénichou (10 mars), Taoufik Belbouli (25 mars). (*N. d. A.*)

souscrire à une aide quelconque au développement de la boxe dans une région du monde, remettre un chèque à une Fondation, contribuer à une animation… Bref, lâcher quelques milliers d'euros généreux. En gros, il fallait investir, montrer patte blanche, comme d'autres règlent leurs cotisations d'adhérents à un cercle privé.

L'étape suivante obéissait à une pratique tacite, toute en subtilité. Avoir un boxeur qui grimpe dans les classements mondiaux au gré de ses victoires, c'est bien ; qu'il se rapproche de la place de challenger, c'est beaucoup mieux. Là encore, il faut jouer sans se dévoiler, puisque ça se savait immanquablement. Gilberto Mendoza, le patron de la WBA, était une personnalité d'envergure à Caracas où il jouissait d'une grande notoriété. Il était alors chaudement suggéré de jouer les bienfaiteurs pour se faire remarquer en douceur : faire une bonne action envers le diocèse, un don pour une association caritative, une aide bienvenue pour les veuves des pompiers… C'était la congrégation des scouts qui revenait le plus souvent. Oui, une B.A. pour les scouts… Il fallait faire preuve d'une générosité de bienheureux. Certains diront arroser pour que ça germe. J'y voyais pour ma part une facilité pour qu'un boxeur classé douzième monte soudainement à la quatrième place dans sa catégorie de poids, éventuellement à celle de challenger mondial. Mais il n'y avait là rien d'exceptionnel : tout promoteur important usait des mêmes astuces, envers la WBA ou ailleurs, chaque fédération ayant ses lubies. C'était le jeu. Les scouts de Caracas ne s'en sont jamais plaints.

Cette présence muette permettait non seulement d'être dans les petits papiers des « législateurs », mais aussi de jouir à son tour d'une influence grandissante auprès de leurs administrés. Un superviseur, un arbitre, un juge, tous avaient vent des bons offices délivrés en amont. Si bien qu'un combat qui tournait au vinaigre n'était pas fatalement rédhibitoire. C'est à son interventionnisme et à son influence qu'on reconnaissait aussi un bon promoteur, quand il fallait montrer ses crocs ou ses muscles au moment opportun. Tenez, en voilà deux qui suivent.

27 février 1988, à Porto-Rico. Jean-Baptiste Mendy se présente dans le colisée Roberto Clemente de San Juan pour se faire les dents. « Jean-Ba » est en pleine bourre : belle gueule et tête bien faite, la coqueluche des médias et des salles parisiennes vient d'enchaîner vingt-deux victoires en trois ans. On tenait là une future tête de pont. Devant lui avance le boxeur local Angel-Luis Garcia dont le palmarès est moins clinquant : une victoire en neuf combats. Du gâteau. Du moins jusqu'au quatrième round. Jean-Ba vient de prendre en contre une droite au menton et s'affale brutalement sur le dos. Consternation. L'arbitre le compte jusqu'à dix. C'est fini. Avec Bernard Dambrosio, son entraîneur, nous sommes tout aussi sonnés.

Plan A : présence d'esprit.

Au cours de la soirée, nous allons voir son manager portoricain. Palabres, échanges, puis monnaie d'échange : avec l'appui du superviseur, une vieille connaissance, la décision est retournée en no-contest[1] tout en proposant une bourse coquette pour un match retour en France dans les plus brefs délais. Accord conclu. Deux semaines plus tard, le 12 mars 1988, en match d'encadrement de Ramírez-Whitaker sous le chapiteau de Levallois-Perret, Jean-Baptiste Mendy retourne le compliment : victoire par K.-O. au troisième round. Parole de scout.

1. Décision peu fréquente, qui signifie que, pour une raison quelconque, le combat n'aboutit à aucun résultat, tout en étant notifié sur le palmarès des deux boxeurs. *(N. d. A.)*

24 janvier 1997 au Convention Center d'Atlantic City. Patrick Charpentier est en tournée américaine. Notre champion d'Europe des poids welters doit se faire un nom auprès des médias américains car la perspective de l'opposer à Oscar De La Hoya n'est plus un mirage au vu des pourparlers que j'ai pu échanger à cet égard avec Bob Arum. Charpentier est bien charpenté. Il aime la boxe et le vélo et ses cuisses le lui rendent bien : jamais vu des cannes pareilles chez un boxeur. Il reste qu'il tient de la foudre entre les poings. Pour se faire la main, il lui est proposé Bobby Heath, un boxeur de Pennsylvanie qui compte dix succès pour cinq défaites et deux matches nuls. Le combat est conclu en quatre reprises. Charpentier surclasse son adversaire jusqu'à ce qu'un choc de tête ne lui occasionne une sale coupure au front dans la dernière reprise. Selon le règlement en vigueur à l'époque, notre boxeur est déclaré battu parce que blessé et ne pouvant poursuivre le combat, bien qu'il ait largement dominé les débats.

Plan B : passage en force.

Je joue alors mon rôle. Je crie, hurle au scandale, monte sur le ring et postillonne tout ce qui me vient en bouche vers l'arbitre comme les juges. « Hey, you know who I am ? You saw the fight, you cannot do this ! Take care, I will refer it to your boss. Do you want that[1] ? » Les types sont interloqués. Kathy Duva, alors promoteur de la soirée, ne veut pas d'esclandre. La décision sera cassée, commuée en match nul. Un an et demi plus tard, Patrick Charpentier finira sa carrière sur un rêve : un championnat du monde face à messire De La Hoya dans le Sun Bowl d'El Paso, au Texas. Autant dire dans un chaudron latino. Un rêve brisé en trois rounds.

1. « Hé, tu sais qui je suis ? Tu as vu le combat, tu n'as pas le droit de faire ça. Fais gaffe, je vais en parler à ton patron ! C'est ce que tu veux ? » (*N. d. A.*)

Pour se faire entendre, on n'a pas trouvé mieux. Il faut soit être aimé comme Gandhi, soit être craint.

*

Même le boxeur – ce n'est pas un reproche – n'a qu'une vague idée de ce qui se trame en coulisse. S'il se doute que tout n'est pas catholique ou virginal comme dans un camp de louveteaux, il voit rarement au-delà de sa bourse. Pourtant, son combat dépend d'autres combats. Celui qui oppose notamment les managers, les promoteurs. Là aussi, des coups pleuvent.

Pour évaluer l'intérêt d'une affiche comme sa valeur marchande, pas besoin de business plan : tous les acteurs à l'échelle internationale ont en tête un « argu » pour chaque secteur du volume financier global – la valeur nominale des boxeurs, leur pouvoir d'attractivité financière et médiatique, le pourcentage lié à leurs activités, les frais d'organisation… À charge ensuite de négocier de gré à gré les variables d'ajustement, sachant qu'un pour cent d'une offre de bourse peut représenter plusieurs dizaines de milliers de dollars, avec ce qu'il faut de bluff ou d'intimidation pour l'obtenir.

Avec les King, Duva, Arum et autres habitués, les tractations se déroulaient dans un premier temps le plus simplement du monde : « Tu veux combien pour tel boxeur ? – 300 000. – Je t'en donne 200, tu viens ? – Non, 280 », etc. Nous avions tous intérêt à accorder nos violons puisque, dans le cas contraire, les offres étaient soumises aux enchères, auprès des fédérations concernées, avec ce que cela suppose d'incertitudes sur la proposition adverse.

Comme nous étions les derniers arrivés dans ce club privé, nous devions jouer des coudes. Aux yeux des Anglo-Saxons, nous étions au départ deux petits Français tout juste bons à leur donner un coup de main pour dégoter un faire-valoir ou un site d'organisation. Pour s'imposer et traiter d'égal à égal, il nous fallait parler aussi fort qu'eux, parfois plus fort. Et dans ce registre, on se défendait plutôt pas mal.

Louis et moi étions en fait complémentaires sans qu'on le recherche vraiment. Je prenais les contacts, défrichais le terrain, négociais les contrats, mais quand une entourloupe se profilait, Louis venait en renfort. Que ce soit face à Don King, qui faisait la pluie et le beau temps – plutôt l'orage ou la sécheresse –, à qui nous rendions trente centimètres et quarante kilos, ou un autre. Je me souviens de l'une de nos entrevues avec King dans sa suite de l'hôtel Hilton à Las Vegas. Nous étions alors en copromotion à 50-50 et l'Américain nous remettait la liasse des places qui nous revenaient pour les invités. J'y jetai un œil.

— Louis, regarde.

Louis consultait à son tour les billets et leurs attributions de sièges et rangs. Il se tourna vers Don King.

— C'est quoi, ça ?

— Vos places, les amis, vos places !

— Ah oui ? Montre-nous les tiennes pour voir.

— Mais ce sont les mêmes, Louis.

— Les mêmes ? Tu te fous de moi ? Tu nous as collé des sièges au pigeonnier. Arrange-nous ça et vite.

Et de jeter les billets en flocons sur la moquette.

Don King se souvenait peut-être d'une récente prise de bec lorsqu'il nous avait invités chez lui, dans sa Mansion de Fort-Lauderdale, en Floride. Le temps était à la signature d'un contrat important et Don King était tout miel. Louis avait déposé sa mallette, sur la table basse, au milieu d'un salon immense ouvrant sur des baies vitrées qui découvraient un parc gazonné à l'anglaise. Passé la visite, nous voilà de retour dans le salon. Les termes du contrat évoqués par King ne sont plus vraiment ceux qu'il nous avait exposés.

Je lui fais savoir. Il pousse un grognement, fait mine d'être surpris, et fouille alors dans son attaché-case posé en vis-à-vis de celui de Louis.

— Non, je vous confirme que…

Ni une ni deux, Louis empoigne le rabat de l'attaché-case qu'il referme violemment sur les doigts de King.

— Aïïïïïe ! Mais t'es malade ?

— Moi malade ? Mais qui est malade ici ? Qui a voulu enfler l'autre, hein ? Qui ?

Et King de se tourner vers moi.

— Mais il est fou, ton frère.

Le doigté de Louis, c'était quelque chose. Bien souvent, j'ai dû arrondir les angles mais cette fois-là, King ne l'avait pas volé.

Si Don King avait la main sur la boxe, il redoutait plus que tout une option : devoir aller aux enchères pour conclure l'organisation d'un combat puisqu'il ne pouvait avoir prise sur les enjeux de la partie adverse. En janvier 1997, King avait eu un aperçu de notre détermination : Khalid Rahilou – qui avait enchaîné huit victoires après sa mésaventure face à Morales – allait défier son poulain Frankie Randall, alias *The Surgeon*[1], chez lui à Nashville. Ce combat, titre mondial WBA des super-légers à la clé, nous le voulions. Louis avait monté un camp d'entraînement de deux mois sur l'île antillaise de Saint-Martin afin que Rahilou se familiarise notamment aux chaudes conditions climatiques qui les attendaient dans le Tennessee. Sauf qu'il y avait un mètre de neige quand ils sont sortis de l'avion… Bref, dès que ce combat fut rendu possible, j'avais regardé King droit dans les yeux pour le lui dire.

— Don, tu me le donnes celui-là !

— Pas question !

1. Le chirurgien. (*N. d. A.*)

— Tu me le donnes ou nous allons aux enchères.

— Mais arrête ça, Michel ! C'est des conneries tout ça.

— Tu sais qu'on le veut. On est même prêts à mettre un gros paquet de fric là-dessus.

King avait finalement cédé au bluff. Randall fut dépossédé de son titre à la onzième reprise. Rahilou exultait avec nous. King s'en mordait (déjà) les doigts.

Trois ans plus tard, changement de tactique de King. Le 22 juillet 2000, notre Mamadou Thiam se retrouve à Miami face à Félix Trinidad, couronne mondiale WBA des superwelters en jeu. Sur le papier, le combat est déséquilibré même si la frappe sèche de Thiam permet d'y croire un peu. Sur le ring, ça l'est encore plus. Le Portoricain surclasse Mamadou et s'impose en trois rounds. Alors que Trinidad est porté en triomphe, je me retrouve sur le ring, à trois mètres de King. Je la joue ironique, pouce levé.

— Bravo Don, tu as un grand champion avec Trinidad. Tu as gagné, bravo !

— C'est toi le grand champion, enculé ! Tu m'as pris un sacré paquet de fric !

Je ne lui avais rien pris mais, pour lui, c'était tout comme. En lui imposant de lâcher un million de dollars sur la table au terme de notre négociation pour s'attribuer l'organisation du combat sans passer par une mise aux enchères, King avait misé presque aussi gros que lui. Ce qui eut le don de le mettre dans cet état…

C'était le jeu. Le jeu des enjeux. Mais tel le joueur de poker, celui qui raflait la mise un soir d'avril pouvait se retrouver minable un jour d'octobre. Nous-mêmes avons été lésés plusieurs fois. J'ai toujours en tête l'affrontement entre Pernell Whitaker et notre Russe Andreï Pestriaev, en 1997 à Mashantucket (Connecticut). Pestriaev avait surclassé l'Américain, sauf pour trois paires d'yeux, celles des juges qui avaient déclaré un match nul. In-com-pré-hen-si-ble.

À l'annonce du verdict sur le ring, j'avais arraché la feuille récapitulant le pointage des juges des mains du speaker Michael Buffer. Des vigiles m'étaient tombés dessus pour me repousser dans un coin du ring mais je ne décolérais pas.

Même si j'entretenais plutôt de bons rapports avec la famille Duva, organisatrice de l'événement, ça n'empêchait pas les coups tordus. Ou les intimidations pour les éviter. Quand Lou Duva nous avait laissés entendre qu'il se porterait acquéreur aux enchères d'un combat concernant Ike Quartey, le sang de Louis n'avait fait qu'un tour. « Je te saigne comme un cochon si tu fais ça, tu entends ! Couic, comme un cochon ! »

Eh oui, copains comme cochons sur les photos en smoking, mais pour ça, ne pas être gros-jean comme devant.

Il arrivait même que les usages en cours ne s'embarrassent pas toujours de tact. King, encore lui, se promenait avec des liasses de dollars dans sa poche – il en fallait pour amadouer « Iron » Mike Tyson, quand le champion du monde des lourds fronçait les sourcils. Au printemps 1998, alors que Laurent Boudouani – un authentique champion, celui-là – avait tenu tête (match nul) au Panaméen Guillermo Jones lors de la défense de son titre WBA des super-welters à Albuquerque, un match revanche avait été décidé avec Don King à Las Vegas, trois mois plus tard. Dans l'intervalle, se tenait sur quelques jours la Convention annuelle de la WBA à Caracas, où nous étions tous conviés. King s'y était installé un bureau. Une fin de matinée, passant devant la porte restée entrouverte, Louis aperçut de dos la silhouette de Laurent Boudouani. King l'avait fait venir.

Louis s'invitait.

— Laurent ? Qu'est-ce que tu fais là ?

— Ah, salut Louis… Euh, ben, il m'a demandé de le suivre.

— Ah ? Et c'est quoi cette enveloppe que tu tiens ?

— Euh, c'est un cadeau de bienvenue qu'il m'a dit.

— Un cadeau de bienvenue ? Ben voyons. Et il dit combien ce cadeau ?

— Je ne sais pas… Dix mille dollars, je crois.

— Sympa, le cadeau, hein ?

— Oui, oui…

Louis pointa alors Don King du doigt.

— Jette-lui à la figure.

— Quoi ?

— Jette-lui à la figure !

— Que je lui j…

— Oui !

Laurent balançait l'enveloppe et quittait la pièce avec Louis.

Un mois et demi plus tard, Boudouani repartait de Las Vegas avec sa ceinture mondiale, après avoir déclaré vainqueur aux points du Panaméen. Dans l'avion du retour en France, il abordait mon frère.

— Dis, Louis, je voulais te demander quelque chose…

— Dis-moi Laurent, dis-moi.

— Tu te souviens quand tu m'as trouvé dans le bureau de King ?

— Oui, parfaitement. Eh bien ?

— Les dix mille dollars, en fait, j'aurais pu les garder ?

Louis souriait, tout en haussant les épaules.

— Maintenant que tu le dis…

Don King ne reculait devant rien. C'est d'ailleurs ce qui le caractérisait. Je l'avais surpris, par une indiscrétion, dans les locaux de Canal Plus quand il s'était mis en tête d'acheter les droits audiovisuels des réunions organisées en France. Sans succès. Pareil à TF1 quelques jours plus tard. J'étais cette fois arrivé sur les lieux, forçant la porte de Jean-Claude Dassier, alors patron des sports.

— Jean-Claude, ne fais pas ça, d'accord ? Avec King, tu ne sais pas où tu mets les pieds.

Dassier n'y a pas risqué un orteil.

Un combat de boxe se gagne en puissance ou en tactique. Son business est du même ordre. Le punch qui dissuade, c'est l'oseille qu'on y met ; l'intelligence qui permet de durer, c'est l'art de la négociation. Rodolfo Sabbatini, encore lui, m'avait enseigné un autre précepte pour garder la main : faire en sorte de capitaliser un titre en le remettant en jeu... à soi-même. La mécanique avait du bon : organiser des combats franco-français. À condition d'être crédibles, ils enchantaient tout le monde et remplissaient notamment Bercy jusqu'aux cintres. Cette possibilité était – et reste – très courtisée d'autant qu'un tenant du titre n'a pas obligation de rencontrer son challenger officiel sur une durée de six mois. Entre-temps, le champion peut dès lors monnayer son bien par dérogation face à un adversaire listé dans les dix premiers mondiaux de sa catégorie. D'où l'intérêt d'avoir un boxeur sous contrat dans cette tranche supérieure. Ou de l'y faire monter. Quand ce n'était pas le cas, nous prenions ce qu'on appelle une option, à savoir proposer cette opportunité mondiale à un boxeur classé dans le Top 10, français ou étranger, en échange de la signature d'un contrat qui prévoyait l'éventualité de plusieurs défenses de titre s'il venait à l'emporter. Et ainsi de suite avec les challengers suivants.

Par exemple, le titre mondial WBA des super-légers a tourné pendant deux ans entre Khalid Rahilou, Jean-Baptiste Mendy, Julien Lorcy et Orzubek Nazarov, que nous avions tous sous contrat. Ou bien encore la ceinture de champion WBA des super-coqs que se sont partagés pendant quatre ans Salim Medjkoune puis Mahyar Monshipour entre 2002 et 2006. Une chasse gardée coutumière, un enclos en vase clos qui pouvait vivre assez longtemps pour envisager une autre stratégie le jour où nous serions à court d'oppositions.

C'était de fait la guerre entre promoteurs pour entrer dans la spirale. Mais de bonne guerre. À toi, à moi. Un coup bas ? Un retour à l'envoyeur. Un coup de salaud ? Une monnaie de sa pièce. Sur un ring, tant qu'on est debout, il faut répondre. Mais une fois le combat terminé, la paix revenue, les boxeurs se saluent, se parlent, s'étreignent parfois. Nous ne faisions pas différemment.

Ce devait être au début des années 1990. Notre toile d'araignée était tissée. Parmi nos diverses connaissances, nous avions pris en sympathie Pierre Marchesseau, un cuisinier qui avait propagé la mode du frichti mitonné devant la clientèle. Pierre Marchesseau, qu'on avait rencontré alors qu'il travaillait en cuisine pour les dirigeants de La Cinq, était jovial, inventif, suractif, et n'allait pas tarder à devenir un chef étoilé, « le cuisinier des stars », qui recevait à sa table Lady Di, Jacques Chirac, Johnny Hallyday… Progressivement, il créa un hôtel-restaurant à Avoriaz, puis un autre à Cabourg face au champ de courses, avant de transformer *Le Petit Bedon* de la rue Pergolèse, dans le XVIe, en restaurant gastronomique. Marchesseau avait vu grand, trop grand, et bien vite, fut financièrement aux abois. Acculé, il nous demanda de l'aide une fois, deux fois, trois fois, jusqu'à ce que je mette le holà… « Hey Pierrot, on va où comme ça ? » Plus très loin. Pierre nous vendit le tout. Si on se débarrassait de l'établissement de Cabourg – nous n'y allions jamais –, nous avions gardé celui d'Avoriaz, ce qui nous permit d'organiser plusieurs réunions [1] avant de le revendre à son tour. En revanche, nous éprouvions une affection autre que gustative pour *Le Petit Bedon,* qui se trouvait à proximité de mon domicile de la rue Flandrin où j'avais déménagé depuis peu. L'enseigne

1. Dont un championnat IBF des super-welters Gilbert Delé – Gianfranco Rosi en janvier 1993, avec Fabrice Tiozzo et Ike Quartey en combat d'encadrement. (*N. d. A.*)

avait été lancée en son temps par Jean Marais et Jean Cocteau, ce qui apportait au lieu un cachet délicieusement suranné et germanopratin.

Le restaurant comptait une quarantaine de couverts, un chef cuisinier aux petits oignons, une carte de qualité, et une cave assez exceptionnelle. Certains soirs de réunions de boxe parisiennes, nous privatisions la salle, proposant des tablées qui faisaient honneur à la réputation de la cuisine française mais aussi à ses vins. Sans forfanterie, les menus étaient dignes de souvenirs. L'art de recevoir faisait partie de nos armes de séduction et nos invités en repartaient époustouflés, pompettes parfois. Bob Arum, Don King, Dan Duva, Gilberto Mendoza, les huiles des fédérations internationales, les arbitres… On régalait l'assemblée ! À force de servir et d'en remettre des louches, nous avions fini par tout épuiser ou liquider, la cave principalement, ce qui nous avait contraints à revendre l'affaire. Qu'importe, entre deux cuvées spéciales ou deux prestigieux millésimes, les esprits se rabibochaient le temps d'un festin, d'une soirée, à la manière du banquet qui clôt les albums d'Astérix. Jusqu'à la prochaine crasse.

XVIII

13e ROUND

Ce gamin m'intriguait. Même que j'avais écourté ma fin de matinée, et, partant, contrarié celle de Marie-Jo, mon épouse, et de Reina, la sœur de Rámon Félix, que nous hébergions pour quelques jours. Voilà plus de onze ans que l'entraîneur mexicain avait trouvé la mort dans la baie de Casablanca mais je gardais contact avec sa famille. Ce jour-là, le dimanche 1er octobre 2000, nous découvrions avec Reina la carte du brunch d'un nouveau restaurant mais, inconsciemment, j'avais dû manifester une certaine fébrilité avant même de la consulter. Marie-Jo le remarquait.

— Tu veux rentrer ?

— Quoi ? Non, non, qu'est-ce qui te fait dire ça ?

— Ta jambe. Elle n'arrête pas de bouger. À en faire vibrer la table.

— Ah, c'est vrai ?

— Je te connais comme si je t'avais fait… Tiens, prends les clés. On sonnera pour entrer.

Elle devinait tout, Marie-Jo.

Le temps de me préparer un café serré et j'allumais le poste de télévision de la cuisine. Les fesses sur un tabouret de bar, me voilà transporté à Sydney, à neuf heures de distance et dix-sept mille kilomètres à vol d'oiseau, pour assister à la finale olympique des poids mi-mouches. Ce gamin m'intriguait vraiment. Au cours de ses combats précédents, il avait successivement battu le champion olympique sortant et le champion du monde de sa catégorie. D'autant que, s'il touchait juste, ce boxeur de poche était touchant. Une spontanéité, un naturel devant les caméras, un répondant malicieux, un visage d'enfant, une vista. Et puis, comme beaucoup, j'avais été gagné par les trémolos dans la voix de Jean-Claude Bouttier au commentaire, à mesure que le combat approchait de son terme. Enfin, j'avais sursauté à l'annonce du verdict qui le déclarait vainqueur de l'Espagnol Rafael Lozano. Ce petit homme captait toute la lumière. On suivait dans l'instant ses tout premiers pas de champion olympique, à hurler sa délivrance, à se jeter tout de go dans les bras de son entraîneur Dominique Nato qui l'entourait, comme un minot retrouve son père, à s'enrouler dans quelques sanglots et un drapeau français. Ce môme s'habillait des couleurs de la France. Ce môme chialait aux premières notes de *La Marseillaise*. Ce môme avait eu le don de susciter chez moi une émotion sans égal.

Au terme de la cérémonie de remise des médailles, j'appelais Louis.

— Louis, tu as vu ça ?

— Ça quoi ?

— Ben, la finale de Brahim Asloum ! Tu as…

— Non.

— Non ?

— M'emmerde pas avec ça.

— Mais regarde donc ce petit bonhomme ! Fallait le voir en pleurs sur le podium ! Faut le faire, Louis, faut le…

— Ça ne m'intéresse pas.

Pour Louis, les Jeux n'en valaient pas la chandelle. Un mioche de 50 kg, et amateur en plus ! Je connaissais mon frère. En pareil cas, juste laisser passer quelques jours.

Brahim Asloum avait été sacré champion olympique de boxe – du jamais-vu depuis 1936 en France – lors du dernier jour du programme des Jeux, et il n'y en eut que pour lui à son retour à Paris. Le gamin savait y faire. Un vrai pro, sur cet aspect du moins. Je rappelais Louis.

— Alors, tu en penses quoi ?

— Mmmmm…

— Tu ne trouves pas qu'il faudrait qu'on tente une approche ?

— Mouaif… Je vais regarder les vidéos de ses combats mais, franchement, la boxe amateur, moi…

Une semaine plus tard, Louis avait privatisé le premier étage de la brasserie *Le Flandrin*, toute proche de chez moi. Autour de Brahim, nous avions invité à déjeuner Robert Louis-Dreyfus – grand fan de Louis depuis toujours –, qui était alors le patron d'Adidas et le président de l'Olympique de Marseille ; mais aussi Charles Biétry, Michel Denisot, et Jean-Claude Bouttier, côté Canal Plus. On retrouvait également Jean-Luc Delarue, animateur, producteur, raide dingue du môme de Bourgoin-Jallieu qu'il ne lâchait plus d'une semelle, au point d'en devenir son imprésario, ainsi que son directeur de communication à Réservoir Prod, Vincent Labrune. Au menu, l'avenir de Brahim. Entre deux conversations, Louis reniflait le petit phénomène souriant, facétieux, curieux de tout, qui échangeait posément. L'adolescent de vingt et un ans rayonnait, épatait tout son monde. Un ado qui pourrait être son fils. Qui le deviendra d'une certaine manière.

Quelques semaines plus tard, après d'autres réunions affinant le projet, nous nous étions rendus chez lui, à Nicolas-Vermelle, tout près de Bourgoin-Jallieu. C'était important pour Brahim de nous présenter à toute sa famille, ça l'est devenu pour nous. Ses parents nous avaient reçus dans leur pavillon, entourés de leurs dix enfants. Brahim était l'un d'eux, pas plus, pas moins. Il avait débarrassé les reliefs du déjeuner, ramassé les miettes de pain, rangé la vaisselle.

Au cours du repas, par bribes, nous avons appris de lui, d'eux. Une famille fière, digne, qui avait trimé pour payer sa maison. Les parents venaient de Bou Saâda, au sud-est d'Alger. Le Papa était arrivé en métropole à l'âge de quatorze ans – tiens, comme moi –, la maman cinq ans plus tard. Lui avait enchaîné des petits boulots avant de prendre le bail de la boucherie de l'avenue de la Libération. La famille Asloum avait grandi dans une HLM de Champfleuri, un quartier excentré au nord de Bourgoin-Jallieu classé zone urbaine sensible. Une cité comme on avait connu Louis et moi, à Sarcelles, au Petit-Clamart, à Marseille. Brahim était le quatrième de leurs dix enfants, tous enfants d'enfants d'émigration, des Français musulmans pourvus d'une éducation à en faire pâlir des écoles de jésuites. De Brahim, on avait compris qu'il avait été le petit chéri de sa maman. Chétif dès sa naissance, fragile durant l'enfance, le petiot se réfugiait souvent dans ses jupes, jusqu'à l'ourlet de son adolescence. La boxe pour son Petit Prince ? La Maman ne pouvait même pas le concevoir. Cinq ans plus tard, après plusieurs années de pensionnat à l'INSEP [1], le Petit prince était sacré roi du monde. En nous confiant leur fils, les parents se demandaient où ils mettaient les pieds ; nous savions en les écoutant où nous mettions les nôtres.

Trop d'analogies, de similitudes, de parallèles. Jamais Louis ne s'est investi de la sorte pour un bébé boxeur, de son berceau du professionnalisme à sa consécration ultime. Pendant sept ans, ils ont grandi ensemble, du ring aux repas, des footings aux soirées. Mais passé l'euphorie collégiale des débuts, le duo a essuyé mille tempêtes, les uns

1. L'Institut national du sport, de l'expertise et de la performance, le vivier du sport de haut niveau situé dans le bois de Vincennes. (*N. d. A.*)

dénigrant les combats à l'économie de Brahim, retrouvant Louis à travers sa boxe, les autres déplorant qu'une pépite ne sublime pas ses carats dans la lumière des rings. Champion de France, champion d'Europe, Brahim échouait à deux reprises pour un titre mondial[1] et Canal Plus notre partenaire historique, allait bientôt jeter l'éponge.

L'abnégation avait pourtant fini par payer, le 8 décembre 2007, au prix de bien des sacrifices ; d'un défi assez fou même, puisque Brahim avait dû perdre près de dix kilos en six mois pour faire le poids des mi-mouches, quand on sait que la prise d'âge, elle, pousse dans le sens inverse. En s'imposant aux points face à l'Argentin Reveco, Brahim devenait le premier boxeur français champion du monde après avoir été champion olympique. Sept ans après s'être jeté dans les bras de Dominique Nato, il reproduisait la même effusion dans ceux de Louis. Elle était belle cette embrassade, ils étaient beaux ces bras noués, ils étaient grands tous les deux. À vingt-sept ans, Brahim entrait dans la force de l'âge, son sillon était tracé, la voie royale.

Mais le canal était bouché.

Charles Biétry avait quitté la chaîne cryptée ; Michel Denisot, qui lui avait succédé, ne supervisait plus ce pôle. En lieu et place, nous devions désormais traiter avec Rodolphe Belmer, directeur marketing du groupe Canal, Jean-Louis Dutaret, responsable des droits et acquisitions, et Alexandre Bompard, le patron du service des sports. Deux fondus de sport et de boxe, avec lesquels nous travaillions main dans la main, avaient laissé le témoin à trois managers de courbes et de chiffres. Le vent avait viré de bord.

1. Battu aux points par l'Argentin Lorenzo Parra pour le titre WBA des mouches, le 5 décembre 2005 au Palais Omnisports de Paris-Bercy ; défait aux points par le Vénézuélien Omar Andrés Narváez pour le titre WBO des mouches, le 10 mars 2007 au Cannet. (*N. d. A.*)

Si notre contrat courait jusqu'à fin 2009, les négociations autour du prochain combat de Brahim traînaient en longueur. La boxe n'était visiblement plus dans les petits papiers de nos interlocuteurs quand, enfin, leur proposition nous fut délivrée après des mois d'attente. Elle chutait de moitié, de 750 000 euros à 350 000 euros alors que Brahim n'était plus un challenger mais le tenant du titre ! Un camouflet très mal vécu par Louis. Vingt-cinq ans plus tôt, mon frère avait boxé gratis pour les débuts de la chaîne mais, visiblement, l'époque, les hommes, leurs liens, la loyauté, avaient tourné casaque. Je me retrouvais alors écartelé au milieu du torrent, à retenir mon frère pour qu'il ne fasse pas de malheur, à garder le fil de la négociation pour en tirer un meilleur parti. Mais le désaccord enflait progressivement en litige, puis en contentieux, puis en bras de fer juridique. Ma posture, inconfortable, devenait intenable. D'un côté, un conflit opposant mon frère et Brahim à Canal Plus ; de l'autre, deux années de contrat télévisuel à honorer, devinant bien que c'étaient là les dernières. Je m'accrochais toutefois à l'idée que Brahim ne resterait pas un champion sans défense, sans l'honneur et la fierté qu'il nous avait apportés.

Oui, peut-être était-ce le moment de tenter autre chose, autrement, ailleurs… Non, bien sûr que non ! Il était grand temps d'agir, là, maintenant ! Pour Brahim, pour Louis, pour moi, pour mon fils Sébastien à qui je venais récemment de transmettre les clés de nos activités. C'est le destin qui se manifestait, me tirait hors de ce sommeil troué d'insomnies. Depuis des lunes, je voulais revoir ce soleil, avec la peur de me jeter à l'eau. Sortir du lit du fleuve pour revenir au ruisseau. Je tournicotais autour depuis trop longtemps, comme un satellite qui ne touchera jamais sa planète, et voilà qu'un Petit Prince me poussait dans le dos. Oui, pousse Brahim, pousse, on va le faire là-bas ! Je me sentais prêt. Prêt à entreprendre ce voyage dans le temps, à renouer le fil, à suturer la plaie. Je devais faire ce grand saut vers ce que j'avais été, ce qu'on avait vécu, ce qui nous avait fait, ce qui nous restera. Allez, prendre sa respiration, avancer d'un pas, et enjamber un mur haut de quarante-six ans comme un humanoïde traverse la porte du temps.

*

Nous avons passé quelques jours à Alger, fin octobre 2008. À rechercher les cailloux perdus derrière nous, les pierres qui nous réchauffaient. Avec Louis et son épouse Muriel, nous remuions du bout des lèvres les alluvions qui avaient obstrué la gouttière de nos mémoires, exhumant ici un jeu, plus loin une odeur, là-bas un événement. La nostalgie, ce baume apaisant, ne pouvait toutefois couvrir les plaies que Bab-el-Oued et l'Algérie avaient endurées depuis notre départ précipité. Des guerres civiles, des inondations, des fléaux à répétition, des marées de feu et de sang que j'avais pris de plein fouet, devant la télévision, un journal, une conversation de rue. Qu'avions-nous fait de ce beau pays ?

Nous étions là à sonder les murs et les hommes dans la perspective de monter ce projet d'un championnat du monde pour Brahim, de sang algérien, de foi musulmane, de terre laïque, d'éducation républicaine, incarnation propre à rapprocher deux rives qui s'épient du regard, quand on connaît la force herculéenne que le sport dégage pour rallier des communautés. Doit-on attendre la chimérique déclassification des archives liées aux *Événements* d'Algérie pour faire les premiers pas ? Cette réunion serait belle, ce combat serait dur, mais la fierté universelle. Et puis, qui sait. Louis et moi, et nous pieds-noirs, et eux harkis, et ceux de toutes convictions avec lesquels nous avions respiré le même air, couru dans les mêmes cours d'école, commis les mêmes exactions, pleuré les mêmes larmes, peut-être commencerait-on à raccommoder nos tissus déchirés.

Cornaqué par le Comité olympique algérien, nous avons visité des stades, ouvert des salles, pris des repères, rencontré des personnalités algériennes, échafaudé des idées. Dans notre petite délégation, marchait à nos côtés Rym, une amie tunisienne qui dirigeait une agence internationale de communication rayonnant sur la Libye, la Tunisie et l'Algérie. Avec son époux Slim, un industriel algérien qui avait lancé la marque de jus de fruits Rouiba – ville où est née Muriel, l'épouse de Louis –, le couple disposait d'un trousseau de clés pouvant ouvrir bien des accès, puisqu'ils y croyaient eux aussi.

J'étais rentré d'Alger à la fois apaisé, vidé de ces années de congestion accumulée et, en même temps, de ce que mes yeux et mes oreilles m'en avaient rapporté, attristé du sort de cette nation qui ne trouvait pas totalement la paix. L'Algérie restait engluée dans ses conflits larvés, cette jeunesse oisive, son destin boulonné à une société sans perspectives. Notre rêve de voir Brahim vainqueur, heureux, projetant ses bras en l'air sur le ring, et tous autour avec lui, a duré quelques mois, jusqu'à ce qu'il s'évanouisse à son tour. Brahim gambergera un an et demi avant de se produire une dernière fois sur un ring, en avril 2009, tentant un financement par abonnement sur Internet qui flanchera par la faute d'un bug informatique. Louis coupera définitivement le cordon ombilical avec sa matrice qu'est la boxe, s'aventurant pendant cinq ans dans le marigot de l'Olympique de Marseille en tant que conseiller du président Dreyfus. Plus jamais il n'est remonté sur un ring, à sentir les cordes chauffer ses reins.

*

Nous n'avions pas imaginé que le titre mondial acquis par Brahim quinze jours avant Noël 2007 serait le dernier gros cadeau, de ceux qu'on ouvre dans des cris d'exclamation. Je n'étais plus très loin de mes soixante ans et mes artères m'avaient déjà rappelé cet âge deux ans plus tôt, en 2005, après deux alertes que j'avais surmontées en trinquant, insouciant, à l'après. Mais ce nouveau pépin de santé m'avait donné à réfléchir. Sébastien, qui m'avait déjà donné des gages de fiabilité en travaillant à mes côtés, pourrait ne plus être seulement mon fils, pourrait ne pas être seulement mon successeur, mais devrait porter l'héritage d'une lignée. Je pensais aussi à Marie-Jo, ma compagne depuis vingt-huit ans, à qui j'avais offert plus d'absences que de présence. C'était le moment. Nous nous sommes mariés le 7 juillet 2007 à la mairie du Cannet, entourés de nos proches, avec festivités à suivre dans un grand hôtel de Cannes. Il faisait grand beau pour célébrer les retrouvailles familiales, les ramifications d'un arbre généalogique touffu qui s'étaient rassemblées autour de son tronc commun. Les enfants virevoltaient comme des moineaux dans le parc, les couples s'embrassaient, les aïeuls reprenaient une coupette. Je me souviens que ma mère n'arrêtait pas de danser, insistant pour que je tourne avec elle.

Douze jours plus tard, je l'avais appelée un soir, comme chaque soir, vers 21 heures. Elle faisait tout un drame de ne pas mettre la main sur son sèche-cheveux. Sacrée maman ! Vers 22 h 30, c'est Louis qui m'appelait. Comme chaque soir. Jamais un jour sans se parler ; jamais un soir qu'on se sépare sans qu'il m'embrasse sur le front, appelle-moi quand tu es arrivé, à demain.

— Michel…

— Oui mon frère.

— Michel, c'est maman…

Non, pas maman.

Louis l'avait retrouvée inerte dans l'appartement marseillais du quartier de La Rose qu'elle occupait depuis quarante-quatre ans. Cet appartement, le même, bâtiment 2, dixième étage, que nous avions investi en réfugiés en 1963, en provenance de Sarcelles. Avec Louis, nous n'avions eu de cesse de lui faire connaître tout ce que nous pouvions lui offrir. Une suite à Las Vegas, un séjour dans les îles, des billets glissés dans son sac à main, et pourquoi pas une maison, hein maman ? Une jolie demeure provençale avec tout ce qu'il faut, avec un jardin chargé de palmiers, avec un sèche-cheveux dernier cri, avec vue sur la mer, le bleu de la Méditerranée… C'était non, non, non. Sa vie était là, ses amies étaient là, au cinquième, au deuxième, au rez-de-chaussée, aux bâtiments 1 ou 3. Elle rayonnait sur son territoire, tenait la cité de La Rose en respect, perpétuait notre univers de la cité des Vieux-Moulins de Bab-el-Oued qu'elle n'a jamais véritablement quitté. Chaque dimanche matin, elle tenait à faire son tiercé au café PMU du quartier du Merlan ; s'asseoir à une table, commander un café serré et cocher invariablement les chiffres 1-7-4 et 9, ceux de la plaque d'immatriculation de l'Ariane noire de mon père qui avait survécu à l'exode. Et quand elle ne pouvait s'y déplacer, Jean-Pierre di Stefano ou un autre samaritain se faisaient un plaisir de l'y emmener. Même son médecin traitant nous en avait avertis : « Si vous l'enlevez de là, elle meurt. » Deux à trois fois l'an, elle acceptait de quitter son quartier pour nous rejoindre à Paris, « mais pas plus parce qu'il faut les tenir là-bas ». Le soir, à l'heure du coucher, la cheffe de meute de La Rose se faisait conteuse de veillée. Dans une chambre, elle retrouvait son petit-fils Sébastien, éteignait l'une des deux lampes de chevet, et lui racontait des histoires de grand-mère de quand elle était jeune fille, le marché des épices, les rumeurs du port, les jardins en dévale, les chants des pêcheurs, la vie auprès de son grand-père, tout ce qui faisait son Algérie. Et les deux s'endormaient côte à côte.

*

Je me demande parfois ce que sont devenus quelques-uns de mes premiers copains de Bab-el-Oued, Jeannot Esposito, Antoine Menella, Jacques Riccio. Je me demande souvent ce que ma mère aurait fait en revoyant aujourd'hui le Clos de La Rose, une plateforme de la drogue, un nid à règlements de comptes, une cité de la peur. Je me demande toujours ce qu'aurait fait mon père à ma place, si mes décisions sont les bonnes. Mais, sans en dire un mot, il aurait sûrement apprécié que le nom Acariès se perpétue à travers les salles de boxe. Sébastien marchait depuis peu sur ses jambes quand son grand-père est parti loin devant. Un Papy qui l'aurait probablement tanné, plus que je ne le fais moi-même. C'est plus fort que moi.

J'aurais tendance à dire que Sébastien fera partie des plus importants promoteurs de boxe à venir. Les chiens ne font pas des chats. En 2008 et 2009, je lui avais laissé le soin de superviser nos réunions mensuelles au Cirque d'Hiver dans le cadre d'une nouvelle organisation qu'on avait intitulée *Le Grand Tournoi*. L'habit lui tombait plutôt bien et, progressivement, il prit la main sur les négociations, le recrutement des boxeurs, la prospection des sites, la recherche de partenaires. Il n'y a ni école, ni diplôme, ni formation pour ça. La boxe s'était imposée à lui depuis toujours, sans forcer sa nature ; le ring, son parc bébé ; la salle d'entraînement, son aire de jeux ; les réunions, ses soirées télé ; les déplacements, ses sorties d'ado. À dix-huit ans, l'année de son baccalauréat, il avait pourtant mené sa barque d'entrepreneur vers d'autres jetées, a traversé galas et galères quand la boxe croupissait en eaux calmes, en était revenu épaissi, prêt à empoigner le gouvernail du vaisseau amiral, avec l'abattage de son père, le grain de folie de son oncle, bien qu'on l'attende au premier récif venu avec un nom pareil.

C'est à mon tour de le suivre. Je suis dans ses pas comme mon père l'était derrière moi. Un pas pesant, inquiet, à lui marteler deux fois, trois fois, quatre fois les mêmes recommandations, as-tu pensé à ça, as-tu rappelé Untel. Il répond oui, là où j'aurais tempêté. Je resterai celui qui posait deux billets de 100 francs sur le buffet de la cuisine, l'un pour Marie, l'autre pour Sébastien, comme mon père le faisait en revenant à la nuit à l'appartement. Je suis pied-noir, Sébastien est enfant de la Méditerranée, dévoué à sa famille, fidèle en amitié, tactile. Quand je le vois travailler, les écouteurs enfoncés en permanence dans les oreilles, à l'affût de tout, à jouer entre les lignes des décalages horaires en pianotant sur son téléphone, je me dis que le monde a changé. Je ne vais pas vous bassiner sur ma vision de la boxe d'aujourd'hui, que c'était mieux avant, blabla. Je préfère l'après, la projection, le devenir, celui qu'incarne, plus loin encore, Aïdan, enfant de Marie, mon petit-fils. Une vraie tornade, un petit homme, déjà, à six ans. Aïdan a notre musique dans le sang. Deux gants de boxe sont posés sur la housse de son violon. Il gambade sur les rings, brandit les ceintures de champion, écoute *La Marseillaise* les yeux fermés.

— Louis, mate un peu l'énergumène ! Regarde ça ! Tu vois comment il s'y donne au sac de frappe, ton petit-neveu ? Eh, mon frère, tu en dis quoi ? À quoi tu penses, Louis ?

Remerciements

Les auteurs tiennent vivement à remercier Patrice Hoffmann pour l'intérêt porté à ce projet éditorial et la confiance manifestée dans le suivi et la rédaction de cet ouvrage.

Ils expriment également leur gratitude envers Marc Grinsztajn qui a soutenu la réalisation de cette histoire échevelée et dense.

Enfin, les auteurs n'oublient pas ceux qui, à l'intérieur de la machinerie Flammarion, ont contribué à ce que ce récit prenne la forme d'un livre, entre autres Marie Audet, Emilie Brusson, Caroline Fortoul, Jacqueline Menanteau, Fred Ouzana et Emma Saudin.

Note du coauteur

PAS À PAS

Un livre en marchant, ce n'était pas couru d'avance. La rédaction des lignes qui précèdent résulte pourtant d'une promenade de santé. Environ 160 000 pas au total, à raison de 8 000 foulées lors de chacun de nos rendez-vous. Soit, au gré du podomètre qui ne quitte plus le poignet de Michel Acariès, une distance de 112 kilomètres. En somme, la vingtaine d'entretiens réalisée debout, côte à côte, relie Paris à Orléans, ou à Rouen, ou à l'entrée de Reims. Il fallait bien ce corps à corps volubile pour reconstituer les cheminements du personnage qui a roulé sa boxe jusqu'aux pointes des points cardinaux.

Cette variante du Promeneur du Champ-de-Mars est déplacée dans le temps et l'espace. Ce n'était pas un champ mais le tour du lac du bois de Boulogne ; ce n'était pas en mars mais d'avril à octobre 2016, des bourgeons qui naissent aux bras des arbres aux feuilles rousses qui en tombent.

Avant d'accepter de ratisser sa mémoire, Michel Acariès a pris le temps. L'idée de se raconter l'a peu à peu titillé, mais se dévoiler à ciel ouvert avec ce coauteur le réfrénait. À l'époque où je m'occupais de l'actualité boxe pour des médias – l'Agence France-Presse à Londres, feu le quotidien *Le Sport*, puis *L'Équipe* –, nous avions connu des périodes tendues, voire de crispation. J'étais un « tordu de journaliste », celui qui cherchait la petite bête, et ne se gênait pas pour la sortir quand il la trouvait.

Michel a mis huit mois pour sortir du bois. Ou plutôt pour y mettre les pieds avec un sherpa envahissant, bavard, impatient. Huit mois pour me jauger sur pied, pour évaluer ma démarche, le sens et le ton qui seraient donnés à son histoire et à celle, indissociable, de son frère Louis, à la saga du clan Acariès, de Bab-el-Oued à Las Vegas en passant par Marseille et Paris. Prudent, il me donnait d'abord rendez-vous dans un café tout proche de chez lui, puis dans une brasserie, puis, en toute fin, chez lui, avant de partir en balade.

Michel, voilà qu'arrive le bout du chemin. Merci pour ta générosité, ta confiance, qui n'était pas facile à accorder, je le reconnais. Je ne pouvais pas être à la hauteur de ce que tu as vécu, mais au moins m'as-tu donné la main pour grimper. La marche, ça fait du bien au cœur.

Table

CET OUVRAGE
A ÉTÉ ACHEVÉ D'IMPRIMER
SUR ROTO-PAGE
PAR L'IMPRIMERIE FLOCH
À MAYENNE EN MARS 2018

N° d'édition : L.01ELJN000800.N001. N° d'impression : 92434
Dépôt légal : avril 2018
Imprimé en France

Cet ouvrage a été mis en pages par IGS-CP
à L'Isle-d'Espagnac (16)